Isar-Volksschule		
Schul-jahr	Schüler	Klasse
[redacted]		

[redacted]

praxis

Wirtschaft und Beruf 9/M9

Bayern

Autoren
Roland Dörfler
Andreas Gmelch
Josef Moser
Helmut Nicklas

westermann

Symbolerläuterungen:

Methodenseite

Medienkompetenz

Inhalte für M-Klassen

Vorbereiten. Organisieren. Durchführen.
BiBox ist das umfassende Digitalpaket zu diesem Lehrwerk mit zahlreichen Materialien und dem digitalen Schulbuch. Für Lehrkräfte und für Schülerinnen und Schüler sind verschiedene Lizenzen verfügbar. Nähere Informationen unter **www.bibox.schule**

westermann GRUPPE

Druck A[2] / Jahr 2021
Alle Drucke der Serie A sind inhaltlich unverändert.

Redaktion: Michaela Ostendorf
Umschlaggestaltung/Layout: boje5 Grafik & Werbung, Braunschweig
Druck und Bindung: Westermann Druck GmbH, Georg-Westermann-Allee 66, 38104 Braunschweig

ISBN 978-3-14-**116387**-2

Wie kannst du dich auf den Quali vorbereiten? 6
Informationsverarbeitung 6
Allgemeine Lerntipps 6

Arbeit 8

Welche Bedeutung hat Arbeit? 10
Wie verändert sich die Arbeitswelt? 12
Was treibt den Wandel an? 13
Welche neuen Werkstoffe und Techniken beeinflussen die Arbeitswelt? 22
Wie verändern sich berufliche Qualifikationen? 24
Flexibilität und Mobilität 25
Unterschiedliche Beschäftigungsverhältnisse 26
Erhöht die veränderte Arbeitswelt die Arbeitslosigkeit? 28
Welche Konsequenzen ergeben sich daraus für Schule und Arbeitsmarkt? 29
Wo liegen die Gefahren, den Arbeitsplatz zu verlieren? 29
Wie kann man Arbeitslosigkeit vorbeugen? 30
Lernbilanz 31

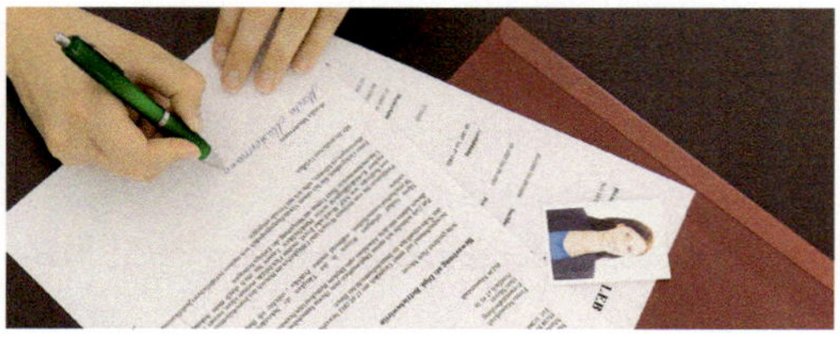

Berufsorientierung 32

Wo stehe ich mit meiner Berufswahl? 34
Was heißt duale Ausbildung? 34
Was ist typisch in meinem Wunschberuf? 36
Berufsausbildung an Berufsfachschulen 39
Keinen Ausbildungsplatz – was dann? 40
Fortbildung statt Stillstand! 42
Anpassungsfortbildung 42
Aufstiegsfortbildung 43
M **Wie kannst du Arbeit und Beruf im Praktikum erleben?** ... 46
Inhaltliche Vorbereitung 46
Organisatorische Vorbereitung 48
Methodische Vorbereitung 48
Wie führst du dein Betriebspraktikum erfolgreich durch? .. 49
Wie bereitest du dein Betriebspraktikum nach? 50
Hat dir das Betriebspraktikum bei deiner Berufswahl geholfen? 51
M **Was musst du bei deiner Bewerbung beachten?** 52
Das Bewerbungsschreiben 52
Der Lebenslauf 55
M **Wie gelingt das Vorstellungsgespräch?** 56
Woher bekomme ich Hilfen für meine Berufswahl? 58
Wie helfen dir die Berufsberater der Arbeitsagentur? 60
Welche Veranstaltungen helfen dir bei der Berufswahl? 61
Berufsinformaitonsveranstaltung 61
Ausbildungsmesse 61
Lernbilanz 62

Recht 64

Was regelt der Berufsausbildungsvertrag? 66
Welche Rechte und Pflichten haben die Vertragspartner? 68
Wie entscheidet ihr die folgenden Fälle? 69
Wovor schützt dich das Jugendarbeitsschutzgesetz? 70
Fallbeispiele zum Jugendarbeitsschutzgesetz 71
Lernbilanz 73

Wirtschaft 74

In welche Grundfunktionen ist ein Betrieb gegliedert? 76
Rückblick in die 8. Klasse. 76
Was braucht's noch? 76
Was genau passiert in der Verwaltung? 77
Rund ums Personal im Betrieb: Was musst du wissen? 78
Welche Fragen stellt sich der Chef rund um das Personal? 78
Welche Interessen haben die Mitarbeiter? 80
Wie können die Mitarbeiter mitbestimmen und mitwirken? 81
Welche soziale Verantwortung hat der Betrieb? 82
Was bedeutet „soziale Verantwortung"? 82
Wo hat der Betrieb eine „soziale Verantwortung"? 82
Welche Verantwortung haben Betriebe außerdem? 84
Wie führt ihr eure Betriebserkundung durch? 85
Welchen Betrieb werdet ihr erkunden? 85
Was müsst ihr zur Vorbereitung alles tun? 86
Was sind eure Überlegungen unmittelbar vor der Erkundung? 87
Jetzt geht's ab in den Betrieb 87
Wie war's im Betrieb? Was habt ihr erfahren? 88
M **Die Betriebserkundung mit einem Leittext** 89
Welche Dienste leisten die Geldinstitute für uns? 90
Was sind Banken und Sparkassen? 90
Wo kommen wir in Kontakt mit Banken und Sparkassen? 90
Warum sind Banken so wichtig für unser Land? 92
Wie wurde früher gehandelt? 92
Für wen sind die Banken heute wichtig – und warum? 92
Wie fließen die Geldströme über die Banken? 93
Welche Möglichkeiten hast du, bargeldlos zu bezahlen? 94
Was bedeutet, bargeldlos zu bezahlen? 94
Was ist unbedingt notwendig, damit man bargeldlos bezahlen kann? 94
Wie funktioniert eine Überweisung? 95
Was ist Onlinebanking? 95
Was ist eine Dauerauftrag? 95
Was ist eine Lastschrift? 96
Was ist eine Debitkarte? 96
Was ist eine elektronische Geldbörse? 97
Wann kann ich kontaktlos bezahlen? 97
Was ist eine Kreditkarte? 98
Was sind Onlinebezahldienste und wie funktionieren sie? 99
Was ist „mobile-payment"? 99
Welche Regeln gibt es beim bargeldlosen Zahlen? 100
Gibt es unterschiedliche Bedingungen für Jugendliche und Erwachsene? 100
Was sind die Voraussetzungen? 101
Warum ist Sicherheit bei Onlinegeschäften wichtig? 102
Was beachtest du beim Onlinebanking? 102
Was beachtest du als Konsument bei Onlinegeschäften? 103
Welche Zahlungsmöglichkeit nutzt du in Zukunft? 104
Warum, wofür und wie sparen wir eigentlich? 106
Wie kann ich sparen und was ist dabei wichtig? 107
Was bedeuten die Formen der Geldanlage im Einzelnen? 108
Welche Chancen und Risiken gibt es bei Krediten? 110
Was ist eine Kredit? 110
Welche Vorteile bietet ein Kredit? 110
Welche Nachteile oder Risiken gibt es bei Krediten? 111
Welche rechtlichen Hürden gibt es bei Krediten? 112
Einen Experten befragen 114
Was bedeutet soziale Marktwirtschaft? 116
Was heißt Marktwirtschaft? 116
Gibt es Marktwirtschaft überall? 116
Wie ist die Situation in Deutschland? 116
Was macht die soziale Marktwirtschaft in Deutschland so sozial? 117
Was bedeutet Arbeitslosigkeit – auch für den Staat? 118
Warum werden Menschen arbeitslos? 118
Welche Folgen hat Arbeitslosigkeit? 119
Wie funktioniert das System der sozialen Sicherung? 120
Was ist das Ziel? 120
Wer bezahlt das alles? 120
Welche weiteren Sicherungen gibt es im sozialen Netz? 121
Was kannst du selbst tun? 121
Ist Wirtschaftswachstum immer gut für die Menschen? 122
Was ist Wirtschaftswachstum? 122
Welche Folgen hat Wirtschaftswachstum zunächst? 122
Kann man Wirtschaftswachstum messen? 122
Warum ist es gut, wenn die Preise stabil bleiben? 124
Was bedeutet Preisstabilität? 124
Was bedeutet „Kaufkraft"? 124

Welche Nachteile entstehen, wenn die Preise steigen und die Kaufkraft sinkt? ... 124
Wie hat sich die Kaufkraft entwickelt? ... 125
Wie kommt es zur Inflation? ... 125
Lernbilanz ... 126

Projekte und Technik 128

Projektarbeit – ein wichtiger Lernweg in der Mittelschule . 130
Ziele der Projektarbeit ... 130
Die Projekte in der Jahrgangsstufe 9 ... 131
Projektunterricht - wir erinnern uns ... 131
Die Projektprüfung ... 132
Projekt: Eine eigene Wohnung – Ja oder Nein? ... 134
Bausteine für das Projekt Wohnen ... 135
Welche Vorstellungen hast du von deiner Wohnung? ... 136
Persönliche Lebenseinstellung ... 136
Warum ist die Einschätzung der persönlichen Situation wichtig? ... 137
Welche Mindestanforderungen muss deine Wohnung erfüllen? ... 138
Welche Kosten muss ich kalkulieren, wenn ich mir eine Wohnung leisten will? ... 141
Wohnungssuche – nicht so einfach! ... 142
Wie hilft mir die Wohnungsanzeige bei der Suche? ... 142
Was ist für die Wohnungsbesichtigung wichtig? ... 143
Kann ich mir die Wohnung wirklich leisten? ... 144
Der Mietvertrag ... 145
Wie richte ich meine Wohnung ein? ... 146
Wie gehst du zweckmäßig vor? ... 146
Einzug in die neue Wohnung ... 147
Wohnprojekt auswerten und präsentieren ... 148
Fragen zur Projektauswertung ... 148
Bewertung des Wohnprojekts ... 148
Präsentation des Wohnprojekts ... 148
M Reflexion des Wohnprojekts ... 149
Projekt Testen von Waren und Dienstleistungen ... 150
Warum ist ein Testprojekt eine wichtige Hilfe für dich? . 150
Bausteine für das Projekt Testen von Waren und Dienstleistungen ... 151
Welche Waren und Dienstleistungen testen wir? ... 152
Wie soll das Projekt ablaufen? ... 153
Welche Qualitätsmerkmale testen die einzelnen Gruppen? ... 153
Wo informieren wir uns über Produkte? ... 154
Auf dem Markt ... 154
In der Verbraucherzentrale ... 154
Bei der Stiftung Warentest ... 155
Im Selbsttest ... 155
Wir testen Reisebüros für die Klassenfahrt ... 156
Testkriterien für den Reisepreis ... 156
Unser Testergebnis ... 157
Wir testen Apfelschorlen ... 158
Welche Kriterien testen wir? ... 158
Welche Testmethoden wenden wir an? ... 158
Unser Testverlauf ... 159
Wir testen Mikrowellengeräte ... 160
Welche Kriterien testen wir? ... 160
Wie läuft unser Test ab? ... 161
Reflexion des Projektes Test ... 162
Projekte in Zusammenarbeit mit den Fächern Technik sowie Ernährung und Soziales ... 163
M **Warum achten Unternehmen auf die Qualität?** ... 164
M **Wie gewährleisten Betriebe die Qualität ihrer Produkte?** ... 166
Mit welchen Maßnahmen sichern Betriebe die Qualität? 166
Qualitätsmanagement im Betrieb ... 167
M **Qualitätssicherung durch professionelle Testverfahren im Betrieb (Erkundung im Betrieb, Leittext)** ... 168
Qualitätsmanagement bei der Küchenfertigung ... 169
Reflexion des Projekts Qualitätssicherung ... 170
Lernbilanz ... 171

Glossar ... 172
Stichwortverzeichnis ... 174
Bildquellenverzeichnis ... 175

Im Schülerband wird oft nur die männliche Form genannt, damit die Texte lesbarer sind. Männer und Frauen/Jungs und Mädchen sind natürlich gleichermaßen gemeint.

Gemeinsames Lernen macht mehr Spaß.

Fragt euch gegenseitig ab.

Wie kannst du dich auf den Quali vorbereiten?

Am Ende der 9. Klasse kannst du an einer freiwilligen Leistungsfeststellung teilnehmen. Wenn du diese erfolgreich bewältigst, hast du den qualifizierenden Abschluss der Mittelschule erworben. Diese zusätzliche Leistungsfeststellung nennt man abgekürzt „Quali“.
Für das Fach Wirtschaft und Beruf besteht die Aufgabe im Quali aus der Projektprüfung in Kooperation mit den berufsorientierenden Wahlpflichtfächern.

Ihr habt in den letzten Jahrgangsstufen bereits mehrere Projekte durchgeführt. Dabei habt ihr auch Projektmappen und eine Präsentation zum Projekt erstellt. Nehmt diese Unterlagen zur Vorbereitung der Projektprüfung im Quali. Außerdem ist es wichtig, dass ihr die grundlegenden Inhalte des Unterrichts der 9. Jahrgangsstufe in den beiden Fächern wiederholt. Denn bei eurer Präsentation können die prüfenden Lehrkräfte hierzu Fragen formulieren.
Im Schulbuch werden am Ende eines jeden Kapitels in Form der Lernbilanzen die wesentlichen Inhalte zusammengefasst. Es ist deshalb notwendig und sinnvoll, diese vor der Projektprüfung noch einmal durchzuarbeiten. Nutzt dazu auch die dort erstellten Lernkarteien.

Informationsverarbeitung

Damit die Inhalte in deinem Kopf bleiben und du das Gelernte nicht so schnell vergisst, gibt es einige Hilfen:

- Lies dir die aufgeschriebenen Fragen (Karteikarten) durch und versuche sie zu beantworten, ohne vorher auf der Rückseite der Karteikarte nachzusehen. Überprüfe dann aber deine Lösung.
- Notiere dir zu jedem Meilenstein, was du bis dahin bearbeitet haben willst.
- Lasse dich jede Woche abfragen (Eltern, Freunde, Mitschüler, Tante, Oma usw.).
- Bilde eine Lerngruppe mit einigen Mitschülern. Trefft euch regelmäßig zum Lernen.

Ordnung am Arbeitsplatz erleichtert das Lernen.

Lass dich nicht ablenken!

Allgemeine Lerntipps

- Je besser du im Unterricht aufpasst und mitmachst, desto weniger musst du zu Hause lernen.
- Fange rechtzeitig mit dem Lernen an und wiederhole regelmäßig schon ab Schuljahresbeginn die behandelten Themen.
- Dein Lernplatz sollte möglichst ruhig, hell und aufgeräumt sein. Bei einer ordentlichen Lernumgebung kannst du dich leichter auf das Wesentliche konzentrieren.
- Es sollte in deinem Lernzimmer auch nicht zu warm sein. Regelmäßiges Lüften bringt dir frische Luft (Sauerstoff) zum Denken.
- Lerne nicht zu lange am Stück. Jeden Tag 30 Minuten ist besser als am Wochenende 3 Stunden auf einmal. Zwischendrin solltest du auch mal eine Pause machen (15 Minuten lernen, 5 Minuten Pause, 15 Minuten lernen).
- Mache dir einen Lernplan, in den du einträgst, wann du lernst. Versuche, den Lernplan einzuhalten.
- Überprüfe jede Woche, ob du noch im Zeitplan bist. Wenn nicht, musst du „Sonderschichten“ einlegen.
- Während der Hausaufgaben und Lernzeiten solltest du dein Handy ausschalten. Auch Musik und Fernsehen lenken dich ab.
- Wusstest du, dass auch das Essen und Trinken dein Lernen beeinflussen? Viel trinken (Säfte, Wasser, Tee) und gesundes Essen (Obst und Gemüse statt Fertigpizza und Chips) fördern die Denkleistung.
- Damit du richtig fit bist, um etwas lernen zu können, solltest du auch rechtzeitig ins Bett gehen.
- Wenn du regelmäßig sportlich aktiv bist, wird dein Kopf frei fürs Lernen.

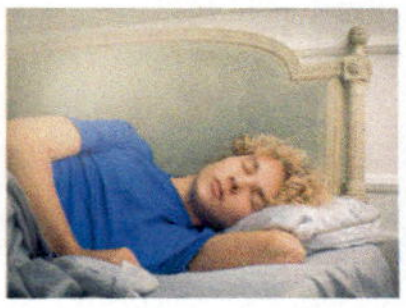

Beispiel für einen Lernplan

	Montag	Dienstag	Mittwoch	Donnerstag	Freitag	Samstag
8						
9		Unterricht				
10	Unterricht		Unterricht	Unterricht	Unterricht	
11						
12		Mittagessen				
13	Mittagessen	Hausaufgaben	Mittagessen	Mittagessen	Mittagessen	**Sonntag**
14	Sport	Lernen	Musik	Hausaufgaben	Hausaufgaben	
15				Lernen		Lernen/ Wiederholen
16	Hausaufgaben		Hausaufgaben			

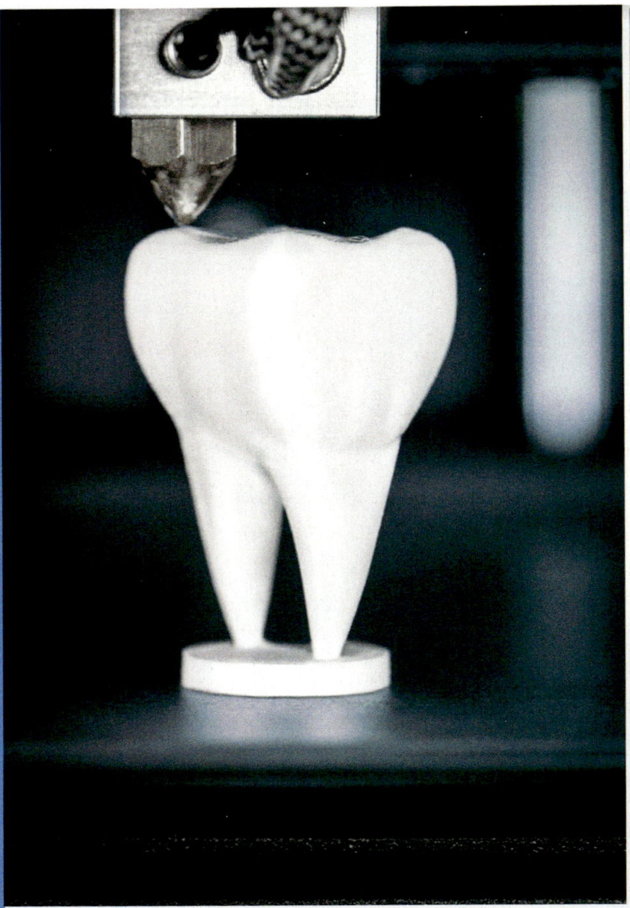

Arbeitswelt
Innovation
Prozesse
Digitalisierung
flexibel
Kommunikation
ARBEIT 4.0

In diesem Kapitel lernt ihr:

- die Unterschiede von Erwerbs- und Nichterwerbsarbeit zu reflektieren und deren Bedeutung zu bewerten,
- neue Begriffe zum Wandel in der Arbeitswelt zu beschreiben: Digitalisierung, Globalisierung, Tertiarisierung, neue Techniken, wie z. B. Gentechnik, RFID, 3D, Robotik, Nanotechnologie,
- persönliche Konsequenzen für euer künftiges Berufsleben abzuleiten,
- die Notwendigkeit des lebenslangen Lernens zu begründen,
- Mobilität und Flexibilität als Voraussetzung für eure erfolgreiche Berufslaufbahn zu bewerten,
- berufliche Qualifikation als Grundlage für euren Berufsweg einzuschätzen,
- unterschiedliche Formen der Beschäftigung im Arbeitsleben (z. B. Leiharbeit, Minijob) zu bewerten,
- euch selbstständig über den Zusammenhang des Wandels der Arbeitswelt und Arbeitslosigkeit zu informieren und einzuschätzen, wie ihr Arbeitslosigkeit vorbeugen könnt.

ARBEIT

Erwerbsarbeit ist vielfältig.

Welche Bedeutung hat Arbeit?

Millionäre haben genug Geld zum Leben. Sie könnten sich Dauerurlaub leisten. Der Gedanke ist bestimmt verlockend, dass man in solch einer Situation nicht mehr zu arbeiten bräuchte.
Die meisten Superreichen gehen einer regelmäßigen Beschäftigung nach. Warum machen sie das? Sie hätten es doch gar nicht nötig. Oder doch?
Wenn du diese Überlegung des Nichtstuns weiterspinnst, dann wird dir schnell deutlich, dass wir nicht nur arbeiten, um Geld zu verdienen. Nichtstun und Faulenzen erzeugen auf Dauer Langeweile und Unzufriedenheit.
In unserer Gesellschaft dient Arbeit für die meisten Menschen in erster Linie dazu, ihren Lebensunterhalt zu sichern, ihre Familie zu ernähren und ein möglichst sorgenfreies Leben führen zu können. Mit ihrer Arbeit erwerben sie Geld oder Güter als Lohn. Fachleute sprechen deshalb von **Erwerbsarbeit.**
Für viele Menschen bedeutet die Arbeit im Beruf jedoch mehr. Sie wollen Sinnvolles tun, mit Menschen Kontakt haben, anderen helfen, beweisen, was sie können oder Ansehen erwerben. Im Idealfall überwiegen diese Motive und die berufliche Erwerbsarbeit wird zur Berufung.

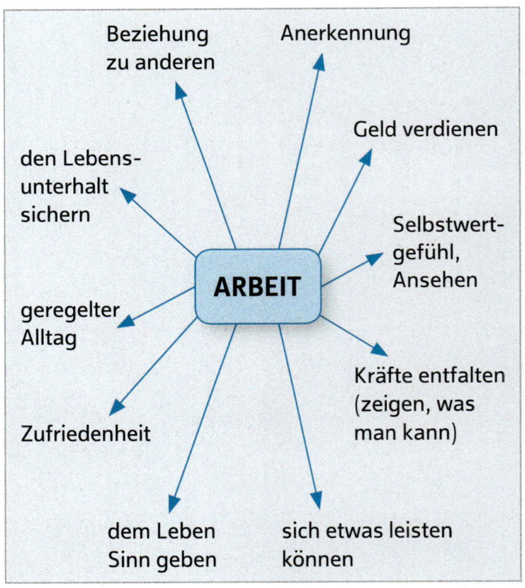

Warum arbeiten wir?

Das Schaubild zeigt viele Motive, warum Menschen die Arbeit zum Leben brauchen.

1. „Der Mensch lebt, um zu arbeiten.“ ⇔ „Der Mensch arbeitet, um zu leben.“
Sammelt zu beiden Aussagen passende Argumente und diskutiert dazu in einer Pro-und-Kontra-Debatte.
2. Das Schaubild stellt die positiven Funktionen von Arbeit für den Menschen dar. Arbeit wird aber auch oft als Belastung empfunden. Findet solche belastenden Faktoren und ergänzt euer Schaubild auf einem Blatt Papier, indem ihr Pfeile mit diesen Begriffen in entgegengesetzter Richtung einzeichnet.

Ehrenamtliche Arbeit

Arbeit ist für jeden Einzelnen notwendig und sinnvoll. Aber auch das Miteinander in einer Gemeinde, einem Staat oder auch ländergreifend gelingt nur, wenn die Menschen arbeiten.

Es ist schon verblüffend: Wenn wir von Arbeit sprechen, dann denken wir in erster Linie an Erwerbsarbeit. Der größte Teil der Arbeit, die in unserer Gesellschaft geleistet wird, ist aber **Nichterwerbsarbeit**, d.h. Arbeit, für die kein Entgelt bezahlt wird.

Bei der Hausarbeit helfen alle.

Im Haushalt fallen viele verschiedene Arbeiten an. Bei der Hausarbeit wird produziert und es werden Dienste geleistet. In der Familie fallen weitere Arbeiten an, die man oft gar nicht so wahrnimmt und entsprechend wertschätzt:

Beziehungsarbeit wird immer dann geleistet, wenn sich Menschen einander zuwenden.

Beispiele:
- Ein Kind wird getröstet.
- Den Kindern wird eine Gute-Nacht-Geschichte vorgelesen.
- In der Familie wird gemeinsam ein Gesellschaftsspiel gespielt.
- Verwandte oder Freunde kommen zu Besuch und werden bewirtet.

Eine besondere Form der Zuwendung wird durch **Pflegearbeit** geleistet:
- Eltern pflegen ihre Kinder, z.B. wickeln, füttern, baden, bei Krankheit.
- Eltern pflegen die Großeltern.

Viele Menschen engagieren sich in Vereinen oder Organisationen. Sie leisten ehrenamtliche Arbeit. Ohne sie wären viele gesellschaftliche Aufgaben nicht zu bewältigen, wie du an den Bildern oben erkennst.

3. Sämtliche Arbeiten, die im Haushalt anfallen, kann man auch „kaufen". Sucht Beispiele und ermittelt die dafür zu zahlenden Preise. Ihr erkennt dadurch, was Hausarbeit wert ist.

4. Wie sind in deiner Familie die Aufgaben im Haushalt verteilt?

5. Es wird zunehmend schwieriger, Menschen für ehrenamtliche Tätigkeit zu gewinnen. Was sind die Gründe dafür?

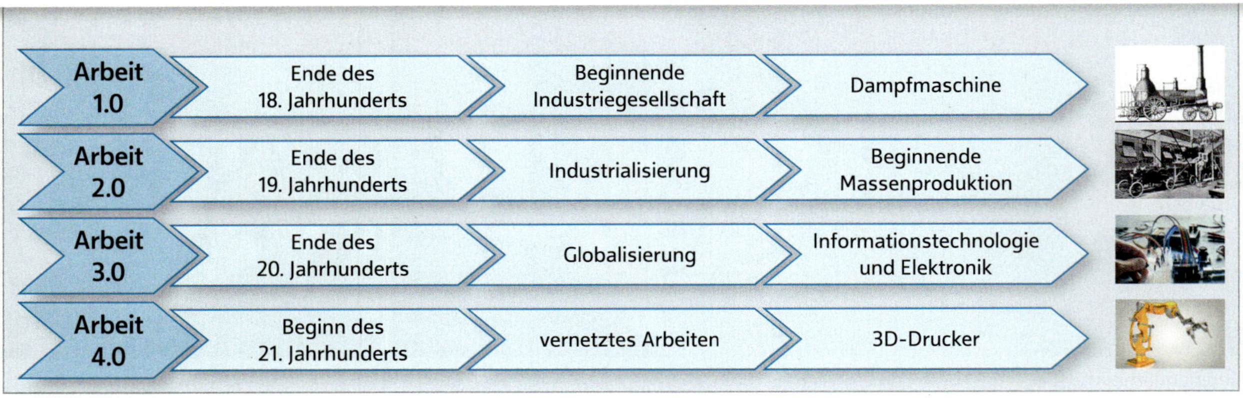

Die Arbeitswelt hat sich verändert.

Wie verändert sich die Arbeitswelt?

Arbeit 4.0 ist das Schlagwort, mit dem der Wandel in der Arbeitswelt in unmittelbarer und naher Zukunft beschrieben wird. Warum „4.0"?

Arbeit 1.0: Beginnende Industriegesellschaft vom Ende des 18. Jahrhunderts (Erfindung der Dampfmaschine) und die ersten Arbeiterorganisationen (Vorläufer von Gewerkschaften).
Arbeit 2.0: Beginnende Massenproduktion am Ende des 19. Jahrhunderts. Die Industrialisierung brachte neue soziale Probleme mit sich, wie lange Arbeitszeiten, niedrige Löhne, Kinderarbeit. Maßgebende Neuerung ist die Nutzung der Elektrizität.
Arbeit 3.0: Beginnt in der Weimarer Republik mit der Herausbildung des Sozialstaats. Diese Phase wurde nach dem Zweiten Weltkrieg fortgesetzt. Die Arbeitnehmer erhielten mehr Rechte auf Grundlage der sozialen Marktwirtschaft: Arbeitgeber und Arbeitnehmer verhandeln sozialpartnerschaftlich auf Augenhöhe miteinander. Technisch folgt gegen Ende des 20. Jahrhunderts die Ausstattung mit elektronischen Anlagen und Systemen (IT) sowie die Automatisierung in der Fertigung.
Arbeit 4.0 (seit etwa 2000) nennt die gegenwärtigen und bevorstehenden Entwicklungen der Arbeitswelt. Arbeiten wird vernetzter, Arbeiten werden vernetzter, z. B. werden Maschinen firmenübergreifend vernetzt und eingesetzt. Der Informationsaustauch zwischen Maschinen, Unternehmen und Volkswirtschaften erfolgt digital. Sowohl Arbeitgeber als auch Arbeitnehmer müssen flexibler sein.

(vgl. hierzu: https://www.arbeitenviernull.de/dialogprozess/gruenbuch/arbeiten-40.html)

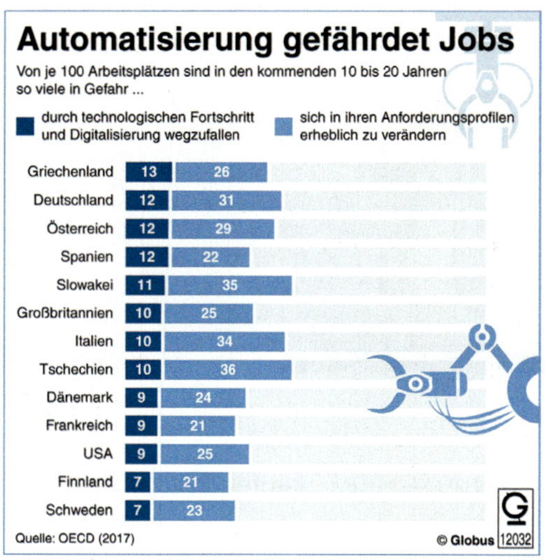

Führt eine Pro-und-Kontra-Diskussion zum Schaubild „Automatisierung gefährdet Jobs". (Passt die Überschrift des Schaubilds zu den statistischen Aussagen?)

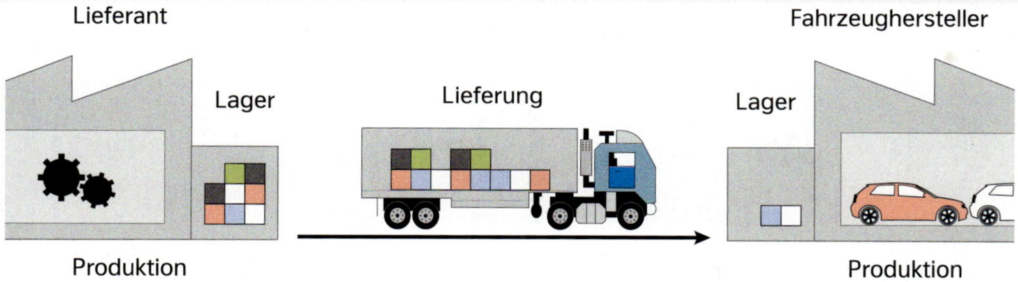

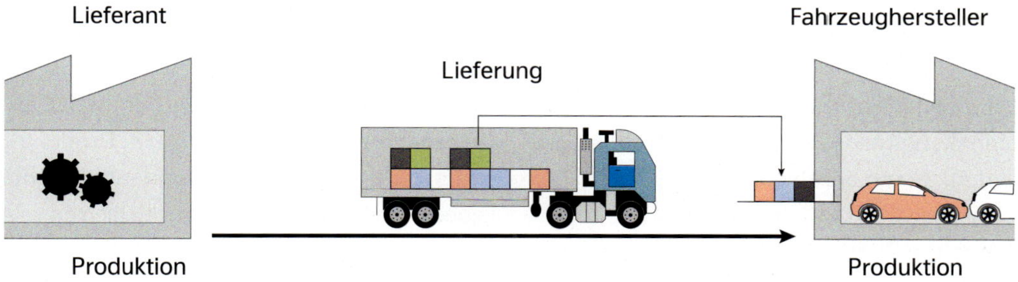

So funktioniert Just-in-time-Lieferung.

Was treibt den Wandel an?

Digitalisierung

Der digitale Wandel bündelt eine Vielzahl von Veränderungen. Dieser Wandel kann rasch erfolgen durch den Einsatz neuer Informations- und Kommunikationstechnologien (IKT). Inzwischen haben diese Techniken in großem Umfang in die Unternehmen Einzug gehalten:

- Video-Telefon-Konferenzen (weltweit)
- 3D-Konstruktion mit 360°-Darstellung
- computergesteuerte Fertigungsreihenfolge
- effiziente Nutzung der Werkstoffe
- Vernetzung mit Zuliefer- und Abnehmerbetrieben
- Verringerung des Lageraufwands

Just in Time

Um Lagerkosten zu sparen, werden die für die Produktion benötigten Teile auf die Minute genau („Just in Time") direkt an die Fertigungsstraße geliefert. Es ist also kaum ein Eingangslager dafür nötig. Die Lagerhaltung findet auf der Straße statt. Dabei sind diese zugelieferten Teile je nach Kundenwunsch verschieden, aber bereits an die Reihenfolge in der Fertigung angepasst. Beispielsweise werden die Reifen für Pkws in der bestellten Größe und mit den gewünschten Felgen punktgenau geliefert.

Beide Partner haben davon Vorteile: Es wird nur das gefertigt, was auch tatsächlich gebraucht wird. Sie entwickeln eine dauerhafte Geschäftsbeziehung, die entsprechende Sicherheit bedeutet.

Allerdings steckt darin auch ein Risiko. Denn es besteht eine Abhängigkeit, die bei Schwierigkeiten des einen Partners sich automatisch auf den anderen Partner negativ auswirken kann.

3D-Konstruktion: Das Werkstück wird am Computer programmiert, so dass es am Bildschirm in alle Richtungen gedreht werden kann.

Effizient bedeutet hier, dass möglichst wenig Abfall bei der Produktion entsteht. Überschuss wird durch Recycling in den Produktionsprozess zurückgeführt.

Erkläre den Satz: Die Lagerhaltung findet auf der Straße statt.

Anlieferung in exakter Reihenfolge

Der Zulieferer muss die Zeiten möglichst exakt einhalten. Ansonsten muss er Strafe an das Unternehmen bezahlen.

Investitionskosten: Neue Maschinen und Anlagen müssen angeschafft werden. Dafür muss das Unternehmen Geld ausgeben; es muss investieren.

Wenn die Zulieferung behindert wird, z. B. durch Verkehrsstaus oder Unfälle, durch Unwetter oder Arbeitskämpfe, dann ist der geplante Zeitpunkt der Anlieferung nicht einzuhalten. Es kommt zu Produktionsstörungen.

Kilometerlanger Lkw-Stau

Autonomes Fahren: Fortbewegung von Fahrzeugen, mobilen Robotern und fahrerlosen Transportsystemen, die sich weitgehend selbstständig verhalten

Um dieses Risiko zu vermindern, siedeln sich die Zulieferer gerne in unmittelbarer Nähe des Herstellers an.
Damit vermeiden sie, dass die Liefer-Lkw im Stau feststecken. Denn dieses Problem ist in den letzten Jahren deutlich größer geworden.

Digitalisierung verändert unser Leben

Die Informations- und Kommunikationstechniken beeinflussen grundlegend die Art und Weise, wie wir wirtschaften, arbeiten und leben.

Der Wandel durch Digitalisierung bietet für Unternehmen viele Chancen, z. B. Produktivitätssteigerungen, mehr Kundennähe und Exportchancen, aber auch manche Risiken wie Investitionskosten. Die deutschen Leitindustrien wie Maschinen- oder Automobilbau müssen „neue Produktionswelten" entwickeln.

Entwicklung von Elektroautos

Allerdings droht ihnen hier eine neue Konkurrenz um die Technologieführerschaft durch Unternehmen, die aus dem IKT-Bereich kommen und in die industrielle Produktion vorstoßen. Große IKT-Anbieter entwickeln z. B. Fahrzeuge, die autonom fahren, und sind so Konkurrenten für die Automobilindustrie.

Zukunft des Autofahrens?

Paketlieferdienste boomen:

Onlineplattformen

Im Dienstleistungsbereich entsteht eine „Wirtschaft auf Bestellung“. Dabei treten Onlineplattformen als schnelle und kostengünstige Vermittler von Dienstleistungen auf.

Der Onlinehandel über Marktplätze ist ein wesentlicher Bestandteil des E-Commerce in Europa.
Onlinemarktplätze zeichnen sich dadurch aus, dass auf einer Plattform verschiedene Händler Waren anbieten können. Man unterscheidet zwischen geschlossenen und offenen Marktplätzen. Auf offenen Marktplätzen kann sich nahezu jeder Händler direkt selbst anmelden. Bei geschlossenen Marktplätzen entscheidet der Betreiber, ob ein Händler zugelassen wird oder nicht.
Des Weiteren unterscheiden sich die Marktplätze in der Angebotsart (Sofortkauf, Sofortbuchung, Auktion, Inserat, Kleinanzeige) und damit auch in der Möglichkeit, ob die Transaktion direkt auf dem Marktplatz passiert oder erst bei Übergabe der Ware bzw. bei erfolgter Dienstleistung.

Die Dienstleistungsbranche ist derzeit zum Umdenken gezwungen: Im Zuge des digitalen Wandels findet eine unaufhaltsame Veränderung von Märkten und damit der gesamten Gesellschaft statt. Die Märkte entwickeln sich immer mehr in Richtung Plattform-Ökonomie (Plattform-Wirtschaft):
Die Plattformen sind auf Software und Rechenvorgänge aufgebaut. Sie verändern die Art und Weise, wie wir miteinander arbeiten und wie unsere Gesellschaft funktioniert.

Information, Preisvergleich, Bestellung und Lieferung von Waren und Dienstleistungen sind für den Verbraucher einfach und bequem. Allerdings sind damit auch Nachteile verbunden. So leidet der Einzelhandel in den Städten durch die Onlinebestellungen. Die Zunahme von Paketlieferungen und Rücksendungen sorgen für Umweltbelastungen durch die Lieferfahrzeuge. Nicht selten untergraben die Plattformanbieter das Arbeitsrecht. Wer über die Plattform vermittelt wird, arbeitet ohne Tariflohn, ohne Arbeits- und Gesundheitsschutz.
Beispiele für Onlineplattformen sind:
- Postlieferdienste
- Lieferdienste für Speisen
- Mitfahrzentralen
- Auktionsmärkte
- Suchmaschinen
- Software-Konzerne
- Hotel- und Reisevermittler
- Preisvergleichsplattformen
- Arbeitsvermittlung

E-Commerce: Handel und Dienstleistungen auf elektronischem Weg, meist über das Internet

1. Was ist mit „Wirtschaft auf Bestellung“ gemeint? Erläutere.
2. Nennt Beispiele für die verschiedenen genannten Onlineplattformen.

Streik im Motorenwerk in Ungarn

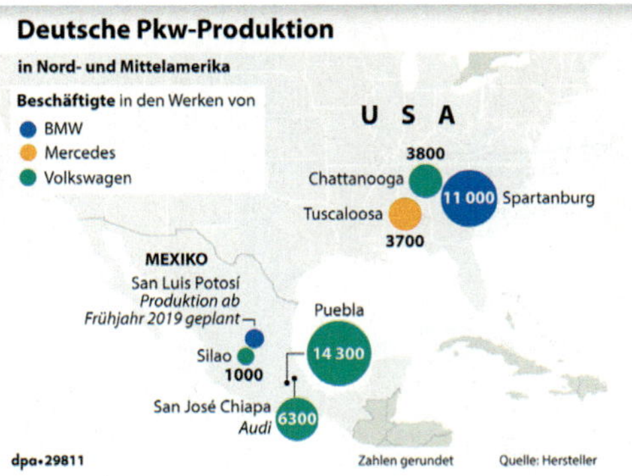

Deutsche Kfz-Hersteller sind weltweit tätig.

Internationale Konzerne

Die großen Automobilhersteller Deutschlands produzieren nicht nur im eigenen Land, sondern in ganz Europa und sogar weltweit. Damit nutzen sie Vorteile in der Lieferkette, im Lohnniveau und sie erschließen sich leichter neue Märkte.

Aber auch innerhalb eines Konzerns kann es zu Problemen in der Lieferkette kommen. In dem größten Motorenwerk des deutschen Konzerns in Györ (Ungarn) kam es im Januar 2019 wegen unerfüllter Tarifforderungen der ungarischen Gewerkschaft zu einem einwöchigen Streik.
Deshalb konnte das ungarische Werk keine Motoren ins Stammwerk nach Deutschland liefern. Die Produktion musste hier stillgelegt werden.

Die 12.000 Mitarbeiterinnen und Mitarbeiter bauen jährlich etwa zwei Millionen Benzin-, Diesel- und neuerdings auch Elektromotoren. Weil die Motoren für die Autoproduktion in Deutschland fehlten, konnten mehr als 10.000 Autos verschiedener Baureihen nicht gebaut werden. Mehr als 10.000 Beschäftigte mussten eine Zwangspause einlegen.

global: rund um den Erdball, weltweit

Die IG Metall Bayern unterstützte den Streik allerdings und teilte mit, die ungarischen Mitarbeiter würden durchschnittlich nur 1.100 Euro brutto im Monat erhalten, dabei seien die Lebenshaltungskosten in Ungarn vergleichbar mit denen in Westeuropa.

Der andauernde Streik hatte auch weitere Werke des Gesamtkonzerns getroffen, wo andere Modelle gebaut werden. Auch in einem Werk in der Slowakei in Bratislava mussten Schichten abgesagt werden. Dort werden große SUV-Modelle für den deutschen Konzern gebaut.

Mittelstand und „hidden champions“

Die internationale Vernetzung deutscher Unternehmen betrifft nicht nur die Automobilindustrie und ihre Zulieferer. Chemie- und Pharmaunternehmen, Maschinenbauer, Unternehmen der Elektrotechnik und Telekommunikationsanbieter sind sogar weltweit aktiv. Sie haben ihre Produktionsstätten und ihre Absatzmärkte auf allen Kontinenten.
Aber auch weniger große Unternehmen aus dem so genannten Mittelstand sind global aufgestellt. Deutschland besitzt viele „hidden champions“, also „verborgene Weltmeister“, Unternehmen, die meist gar nicht so bekannt sind. Sie haben den Vorteil, dass sie als „kleinere“ Einheiten flexibler und schneller reagieren können, wenn sich die Marktsituation ändert, als die „großen Flaggschiffe“ der Industrie.

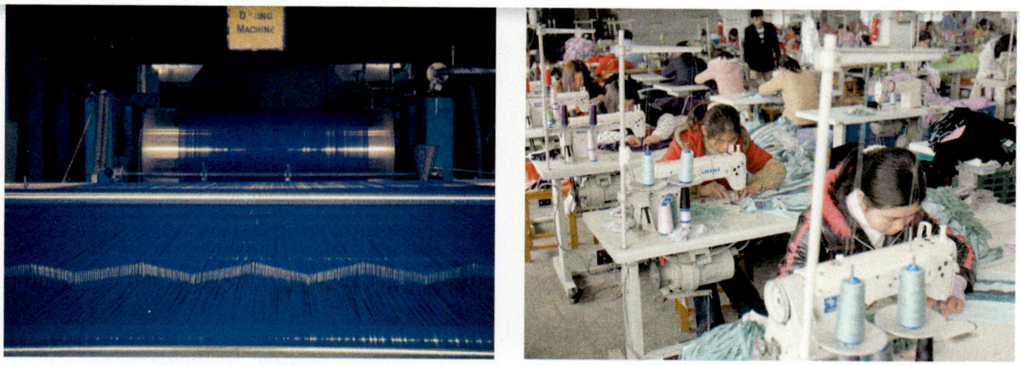

Globalisierung am Beispiel der Produktion einer Jeans: Weben des Stoffs in Europa – Zusammennähen in Asien

Globalisierung

Der digitale Wandel läuft im globalen Maßstab ab und bringt selbst weit entfernte Regionen und Personen in engen Kontakt miteinander. Der weltweite Wettbewerb sowie die internationale Arbeitsteilung nehmen zu.

Globalisierung steht für die grenzüberschreitende wirtschaftliche Verflechtung von Unternehmen. Sie produzieren an Standorten in allen Erdteilen und erschließen sich so auch die Märkte weltweit. Die Standortwahl richtet sich nach wirtschaftlichen Vorteilen, wie z. B. Lohnkosten, Transportkosten, Fachkräfteangebot, gesetzlichen Vorschriften, Steuern, Sozialabgaben und Absatzchancen.

Der Wandel der Arbeitswelt äußert sich auch in der immer stärkeren weltweiten Verflechtung und durch internationale Zusammenschlüsse von Unternehmen, die dann als „global player" bezeichnet werden. Deutsche Firmen produzieren beispielsweise außer in Deutschland in Osteuropa, in Asien und in Amerika. Dort haben sie teilweise verschiedene Partnerunternehmen.

Beschleunigt wurde die Globalisierung vor allem durch den Ausbau globaler Informations- und Kommunikationstechniken.

Dadurch kann – gerade im Bereich Forschung und Entwicklung – ein Unternehmen rund um die Uhr arbeiten. Wenn ein Mitarbeiter in München um 18 Uhr Dienstschluss hat, dann kann er den aktuellen Entwicklungsstand seines Projekts an den Kollegen in New York in der Cloud ablegen. Dieser arbeitet daran weiter und leitet es am Ende seiner Arbeitszeit an den dritten Standort weiter, z. B. in Seoul. Von dort gelangt das Projekt wieder per Cloud nach München.

Die weltweiten Verflechtungen bei der Produktion zeigen sich besonders deutlich im Textilbereich, hier bei der Herstellung einer Jeans:

Cloud:
ein elektronischer Speicher „in der Wolke"; in Wirklichkeit auf einem Server, auf den jeder Berechtigte Zugriff hat

Weltreise einer Jeans

4. Erläutere die einzelnen Stationen bei der Herstellung einer Jeans. Recherchiere dazu auch im Internet.

5. Gibt es in eurer Region Unternehmen, die als „global player" oder „hidden champions" gelten? Nennt sie und informiert euch über ihre weiteren Standorte.

Welche Länder stecken in einem Glas Nuss-Nougat-Creme?

Rund 250.000 Tonnen Nuss-Nougat-Creme eines großen Herstellers werden jedes Jahr in 75 verschiedenen Ländern auf der ganzen Welt verkauft. Längst produziert der Hersteller seinen Brotaufstrich nicht mehr ausschließlich in seinem Heimatland, sondern die Produktion ist in die ganze Welt verlagert.
Dazu kommen Verkaufsbüros auf allen fünf Kontinenten – und eine Zutatenliste, die ähnlich international ist.

Mittlerweile wird diese Nuss-Nougat-Creme neben dem Hauptsitz in Europa in neun weiteren Fabriken auf der ganzen Welt hergestellt: Sechs stehen in Europa, jeweils eine in Nordamerika und Australien und zwei in Südamerika. In Asien existiert bisher noch keine Fabrik, da sich dort die Haselnusskakaocreme nur mäßig verkauft.

Der Vorteil der weit verteilten Produktionsstandorte ist die Nähe zum Endkunden. Umgekehrt müssen die einzelnen Zutaten einen langen Weg zurücklegen.

Haselnüsse

Zucker

Die mehr als 50.000 Tonnen Haselnüsse, die in einem Jahr verarbeitet werden, kommen aus der Türkei, den Kakao bezieht die Firma aus Nigeria, Zucker kommt aus Brasilien und Europa, Palmöl wird aus Malaysia, Vanille aus Frankreich geliefert.
Nur die Milch und Teile der Verpackung stammen zu einem Großteil von regionalen Herstellern.

Palmöl

Vanille

Kakao aus Nigeria

Milch aus der Region

Diese Nuss-Nougat-Creme ist damit ein Paradebeispiel für die globale Vernetzung im Lebensmittelbereich. Alle Aktivitäten des Unternehmens, bis ein Produkt beim Endverbraucher ankommt, bezeichnet man als Wertschöpfungskette.

Neben den notwendigen Rohstoffen zählen auch Verpackung, Finanzierung, Maschinen, Strom und Transport dazu.

Mit fortschreitender Globalisierung werden die Prozesse einer zunehmenden geografischen Zerstückelung unterworfen. Nicht nur Rohstoffe, auch Energie, Know-how und Finanzierung kommen mittlerweile aus allen Teilen der Welt.

Mehr als die Hälfte aller weltweiten Importe sind nicht mehr fertige Produkte, sondern Rohstoffe, Komponenten oder Teilleistungen, die erst zu dem Endprodukt verarbeitet werden müssen.

Das Beispiel Nuss-Nougat-Creme zeigt gut, wie weit sich die globalen Wertschöpfungsketten im Agrar- und Lebensmittelbereich mittlerweile erstrecken.

6. Erstellt – ähnlich der Weltreise einer Jeans auf Seite 17 – eine Weltkarte für die Herstellung der Nuss-Nougat-Creme.

Chancen und Risiken der Globalisierung

Auf dieser Seite erhaltet ihr durch die Grafik und die Bilder Anregungen für eure Diskussion zum Thema Chancen und Risiken der Globalisierung.

+

- neue Märkte für Unternehmen
- günstigere Preise
- vielfältigeres Angebot
- schnellere Innovation
- neue Arbeitsplätze
- Mobilität von Personen und Gütern
- vielfältige Kontakte

–

- schlechte Arbeitsbedingungen in den Schwellenländern
- ungerechte Verteilung des Wohlstands
- Macht der Großkonzerne
- Industriestaaten bestimmen
- Ausbeutung der Beschäftigten
- fehlender Arbeitsschutz
- fehlender Gesundheitsschutz
- Umweltschäden

Schwellenländer: Entwicklungsländer auf der Schwelle zum Industrieland, z. B. Bangladesch, Philippinen, Pakistan

Exotische Früchte

Nähfabrik in Bangladesch

7. Diskutiert und beurteilt die Chancen und Risiken der Globalisierung in der Klasse.

Tertiarisierung – Dienstleistungsberufe

Tertiarisierung

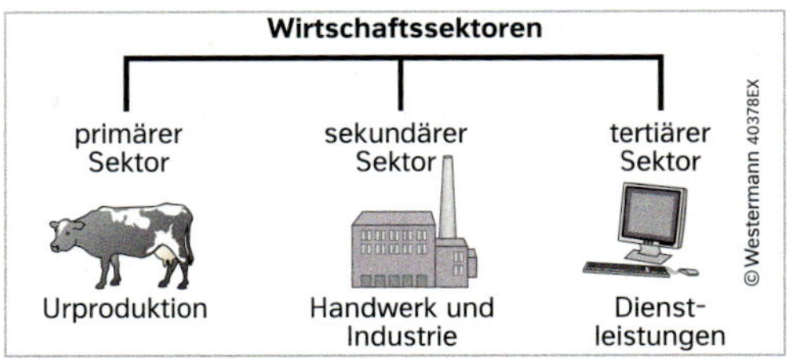

Wirtschaftssektoren im Überblick

Die Wirtschaft eines Landes kann man in verschiedene Sektoren einteilen:

Urproduktion (primärer Sektor): Der Natur werden die „Urprodukte" abgewonnen.
Beispiele: Landwirtschaft, Holzwirtschaft, Obstanbau, Gemüseanbau, Fischfang, Viehhaltung, Bergbau

Waren produzierendes Gewerbe (sekundärer Sektor): Die Urprodukte werden weiterverarbeitet, veredelt.
Beispiele: Handwerk und Industrie, Energieunternehmen

Dienstleistungen (tertiärer Sektor): Es werden Dienste für und an Menschen erbracht. Man unterscheidet zwischen öffentlichen und privaten Dienstleistungen.
Beispiele: Schulen, Post, Versicherungen, Krankenhäuser, Kindergärten, Pflegeheime, Transportunternehmen, Telekommunikation.

Seit Bestehen der Bundesrepublik Deutschland hat sich das Gesicht unserer Wirtschaft grundlegend gewandelt. 75 Prozent aller Erwerbstätigen arbeiten heute im Dienstleistungsbereich. Sie handeln und transportieren, reparieren und sanieren, begutachten und beraten, vermitteln und organisieren, helfen und heilen, unterhalten und kommunizieren.

Die Tertiarisierung wirkt auch in den Waren produzierenden Sektor hinein. Beschäftigte in diesem Bereich stellen nicht nur Güter her, sondern leisten zunehmend Dienste.

Im Nahrungsmittelgewerbe leisten die Beschäftigten neben ihrer Tätigkeit als Warenproduzenten vielfältige Dienste für ihre Kunden. Der Metzger bietet einen Partyservice an und liefert fertige Festmenüs frei Haus, wo er auch weitere Service-Aufgaben übernimmt.

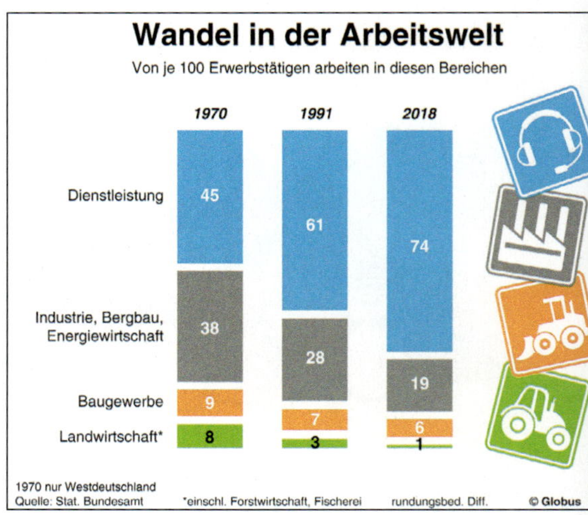

Dienstleistungen in Produktionsberufen

Installationsbetriebe erstellen nicht nur die Anlagen und Einrichtungen; sie übernehmen auch die Kontrolle, Wartung und Reparatur dieser Anlagen. Sie schließen häufig Wartungsverträge mit den Kunden ab.

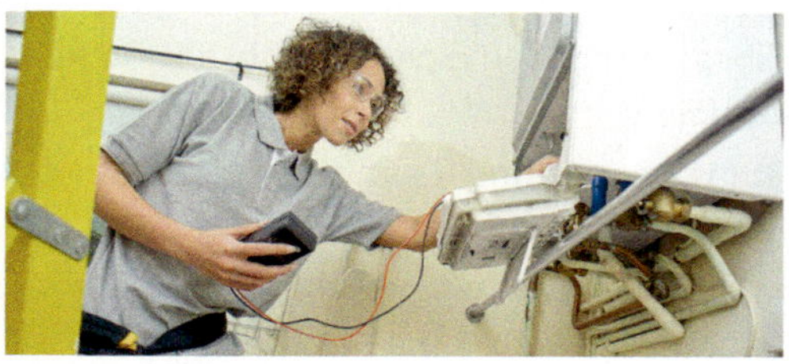

Heizungswartung

Wie wirkt sich Tertiarisierung auf den Facharbeiter und seine berufliche Qualifikation aus?

Facharbeiter benötigen für ihre Aufgaben in der Fertigung, bei der Montage und bei der Wartung immer weniger Muskelkraft. Sie werden durch Werkzeuge, Maschinen und Anlagen entlastet. Immer mehr ist ihr Kopf gefordert. Dafür müssen sie eigenständig und eigenverantwortlich planen, ausführen und kontrollieren.

Hinzu kommen neue Aufgaben als Dienstleistung. Der Facharbeiter braucht zusätzlich zu dem bisher für diesen Beruf typischen Wissen und Können weitere Kompetenzen, wie z. B. höfliches und sicheres Auftreten, kundenfreundliche Beratung, sprachliche Gewandtheit und Hilfsbereitschaft.

Die Erweiterung der Aufgabenbereiche erfordert vom Facharbeiter hohes Qualitätsbewusstsein, die Fähigkeit zur Selbstorganisation und Teamfähigkeit.

8. Welche Dienste leistet heute ein Bäcker? Beschreibt diese Dienste. (Fragt vor Ort nach!)

9. Auch in der Urproduktion – z. B. auf dem Bauernhof – werden Dienste geleistet. Damit schaffen sich diese Betriebe weitere Standbeine zum wirtschaftlichen Überleben. Nennt Beispiele.

M **10.** Befragt aus eurem Bekanntenkreis einen Beschäftigten aus dem Waren produzierenden Bereich, der bereits mehrere Jahrzehnte Berufserfahrung besitzt: Über welche Veränderungen der Aufgaben und Tätigkeiten kann er euch berichten? Prüft, ob dabei ein Wandel zu „tertiären“ Aufgaben und Tätigkeiten erfolgt ist.

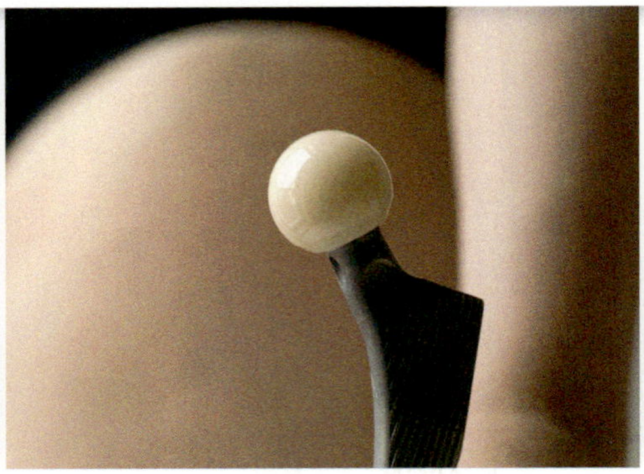

Neue Materialien und Techniken

Innovation (lat. „Erneuerung") bedeutet für Betriebe die Entwicklung neuer Produktionsformen, neuer Werkstoffe, verbesserter Produkte, verbesserter Arbeitsorganisation.

Die **Bewehrung** wird in den Beton eingelegt und erhöht damit die Belastbarkeit der Bauteile.

Welche neuen Werkstoffe und Techniken beeinflussen die Arbeitswelt?

Wir befinden uns mitten im Wandel der Arbeitswelt. Dadurch gehen Arbeitsplätze verloren. Neue Entwicklungen schaffen aber auch neue Arbeitsplätze. Aktuell gibt es vielfältige Forschungsfelder für Innovationen, die die Arbeitswelt und die Gesellschaft verändern werden. Beispiele dafür sind:

Keramik-Implantat

Keramik ist in der Medizin ein wertvoller **Werkstoff**. Zusammen mit Titan kann er z. B. für den Ersatz von Gelenken oder für Zahnimplantate verwendet werden. Die glatte Oberfläche verhindert Reibung. Medizinische Keramik ist verschleißfrei und wird vom Körper gut vertragen.

Leichtbau mit Karbonfasern

Karbon, ist ein **Verbundwerkstoff**, bei dem Kohlenstofffasern in ein Kunststoffgitter eingebettet sind. Kohlenstofffasern haben im Vergleich zu Werkstoffen wie Stahl ein deutlich geringeres Gewicht. Sie besitzen eine deutlich höhere Steifigkeit als Stahl.
Daher kommen sie vor allem in Bereichen zum Einsatz, in denen diese Vorteile zur Geltung kommen:

- in der Luft- und Raumfahrt
- im Fahrzeugbau
- im Bauwesen als Bewehrung von Betonbauteilen
- für Rollstühle
- bei Sportgeräten, wie Fahrradrahmen, Rollerskates, Kajaks, Tennisschläger und Angelruten

Herstellung von Insulin

Das für zuckerkranke Menschen dringend benötigte **Insulin** wurde bis vor wenigen Jahren aus der Bauchspeicheldrüse von Tieren gewonnen. Heute stellen genveränderte Bakterien künstliches Insulin massenhaft her. Diese medizinisch sinnvolle Form der **Gentechnik** findet überall Anerkennung. Sie erleichtert Diabetikern das Leben im Alltag.

Wasserabweisende Funktionskleidung

RFID

3D-Druck

Mithilfe der **Nanotechnologie** können die Eigenschaften von Textilien verändert werden. So lassen sich zum Beispiel wasserabweisende Eigenschaften erzielen. Solche Fasern können zu selbstreinigenden Textilien verarbeitet werden.

Nanopartikel werden in Materialien zur Beschichtung von Textilien verwendet. Damit sollen spezielle Effekte erreicht werden, die mit größeren Partikeln nicht machbar sind. Mit diesen Technologien können Eigenschaften wie Festigkeit und Abriebbeständigkeit deutlich verbessert werden.

Techniker haben aus der Natur den Lotusblüteneffekt erforscht, abgeschaut und nachkonstruiert. Sie stellen Oberflächen her, die Nässe abperlen lassen und Schmutz abweisen. Sinnvoll ist der Einsatz solcher Oberflächentechnik bei Hausfassaden, Dachziegeln, aber auch im Sanitärbereich.

Zusammenarbeit Mensch-Roboter

Arbeiten **Mensch und Roboter** zusammen, müssen hohe Sicherheitsanforderungen erfüllt werden. Roboter sollen zuverlässige Helfer des Menschen am Arbeitsplatz sein. In der Zukunft werden Roboter nicht nur in der Produktion eingesetzt, sondern auch im Dienstleistungsbereich. Ein Roboter ist bereits in einem Elektronikmarkt in Ingolstadt im Einsatz. Er hilft Kunden, Produkte zu finden oder ruft einen Mitarbeiter herbei, wenn Unterstützung erforderlich ist.

3D-Drucker sind auf dem Vormarsch. Nicht nur Ingenieure, sondern auch Hobby-Bastler benutzen inzwischen die Geräte, denn sie können sinnvoll genutzt werden. So können sämtliche Spielfiguren von Brettspielen nachgebaut werden, falls eine verloren geht. Auch teure Ersatzteile sind in der Eigenproduktion mit dem 3D-Drucker einfach herzustellen.

Mit **RFID-Chips** werden Artikel gekennzeichnet (RFID = Radio Frequenz Identifikation). Sie werden zunehmend im Bereich des Einzelhandels (automatischer Supermarkt, Diebstahlschutz) und auch bei Paketdiensten eingesetzt. Der Chip liefert der Verteilanlage per Funk die notwendigen Daten.

Partikel sind sehr kleine Teile, die eigentlich nur unter dem Mikroskop zu erkennen sind.

M Neben den hier dargestellten gibt es weitere technische Innovationen in der Arbeitswelt. Vielleicht kennt ihr Experten zu folgenden Bereichen:

- Steuerungstechnik
- Lasertechnik
- Biotechnik
- Verbundwerkstoffe

Ladet sie in die Klasse ein oder interviewt sie und berichtet in der Klasse.

Wie verändern sich berufliche Qualifikationen?

Die vielfältigen Veränderungen in der Arbeitswelt wirken sich auf die beruflichen Qualifikationen der Arbeitnehmer aus. Die folgenden in Bildern gezeigten Veränderungen verdeutlichen dies:

Drucker oder Setzer

vom Handsatz ...

... über den Maschinensatz ...

... zum Satz am Computer

Dreher oder Fräser

vom Handrad ...

... über die CNC-Steuerung ...

... zum Bearbeitungszentrum

Kranken- oder Altenpfleger

früher: viel Personal, wenig Technik ...

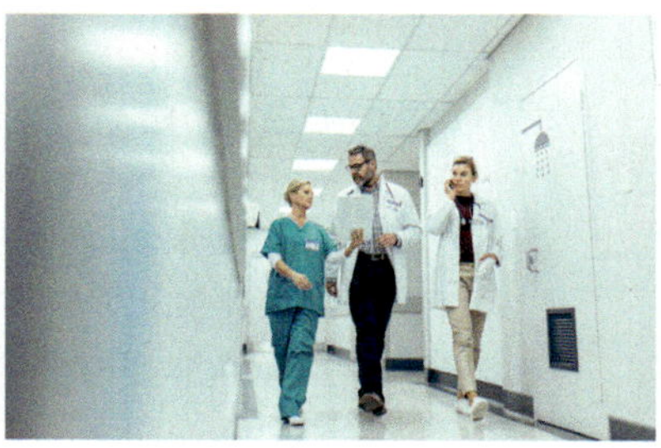

heute: wenig Zeit für Zuwendung ...

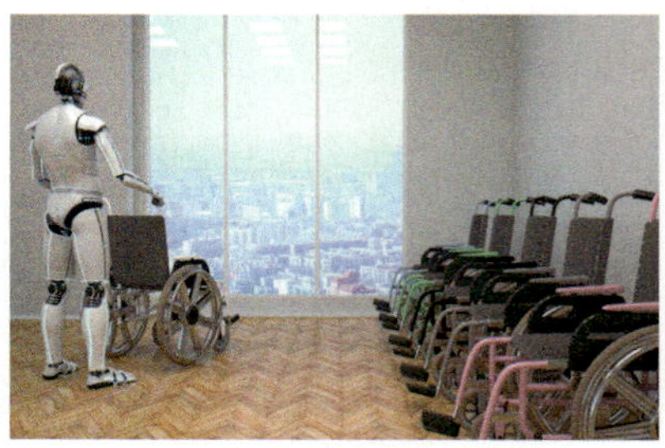

künftig: Roboter als Pflegehelfer

In allen Wirtschaftsbereichen und Berufen erleben die Beschäftigten diesen Wandel hautnah. Sie müssen sich den neuen Anforderungen stellen.
Einmal erworbenes Wissen und Können reicht nicht mehr für ein ganzes Berufsleben. Für alle gilt: **„lifelong learning“** (= lebenslanges Lernen) sichert die berufliche Zukunft.

Folgende **Qualifikationen** werden vom Beschäftigten erwartet:
- eigenständiges Arbeiten,
- Umgang mit Computertechnik,
- Zuverlässigkeit, Pflichtbewusstsein,
- Team- und Kommunikationsfähigkeit,
- Organisationsfähigkeit,
- Flexibilität und Mobilität.

Flexibilität und Mobilität

Aus diesem Gespräch wird deutlich, dass von heutigen Arbeitnehmern durchwegs Mobilität und Flexibilität verlangt werden.

Unter Mobilität versteht man geistige und örtliche Beweglichkeit. Berufliche **Mobilität** bedeutet die Fähigkeit,

- neue Aufgaben und Tätigkeiten zu übernehmen, die Zusatzqualifikationen erfordern,
- in einem anderen Beruf zu arbeiten, eventuell auch in einem Beruf, in dem man nicht ausgebildet ist
- oder in einen anderen Betrieb zu wechseln – auch deutschlandweit oder weltweit in einen Zweigbetrieb (Bereitschaft zum Ortswechsel).

Flexibilität im Beruf meint die

- Anpassungsfähigkeit an neue Aufgaben und veränderte betriebliche Bedingungen (Auftragslage, Fertigungskapazitäten, Arbeitsplatzgestaltung usw.);
- Arbeitszeitflexibilität, d. h. neue Arbeitszeitmodelle regeln Dauer und Zeitraum der Beschäftigungszeiten. Dies betrifft z. B.
  - die Jahresarbeitszeit,
  - die Einbindung der Wochenenden,
  - die Lage der Schicht und
  - die Abstimmung mit Teilzeitbeschäftigten.

Dadurch sollen Maschinen und Produktionsanlagen entsprechend der Auftragslage optimal genutzt und bestehende Arbeitsplätze gesichert werden.

Typische Minijobs: Pizzabote, Haushaltshilfe oder Hilfskraft im Supermarkt

Unterschiedliche Beschäftigungsverhältnisse

Wer einen Ausbildungsberuf erlernt, strebt ein so genanntes **Normalarbeitsverhältnis** an. Denn er möchte einen seiner Ausbildung entsprechenden Arbeitsplatz haben,
- mit einem unbefristeten Arbeitsvertrag,
- mit dauerhafter Vollzeitbeschäftigung,
- mit einem gesicherten und regelmäßigen Einkommen,
- mit vertraglich festgelegten Sozialleistungen wie Urlaubsgeld, Weihnachtsgeld, betriebliche Altersversorgung,
- mit geregelten Arbeitszeiten und Urlaubsansprüchen.

Die wirtschaftliche und gesellschaftliche Entwicklung der Bundesrepublik hat dazu geführt, dass in den letzten Jahrzehnten zunehmend atypische **Beschäftigungsverhältnisse** entstanden sind.

Atypisch heißt so viel wie nicht normal; eine atypische Beschäftigung unterscheidet sich vom Normalarbeitsverhältnis in mindestens einem der folgenden Punkte: unbefristet – befristet, festes Arbeitsverhältnis – Leiharbeitsverhältnis, Vollzeit – Teilzeit.

Wo arbeiten geringfügig Beschäftigte? (Stand: 2019)

Datenquelle: Kernerwerbstätige in unterschiedlichen Erwerbsformen (atypisch Beschäftigte)nach sozialdemografischen Merkmalen und Wirtschaftsabschnitten
https://www.destatis.de/DE/Themen/Arbeit/Arbeitsmarkt/Erwerbstaetigkeit/Tabellen/atypische-beschaeftigung.html
Stand: 3. September 2020 41177EX

Minijob

Ein Minijob ist ein geringfügiges Beschäftigungsverhältnis, bei dem das Arbeitsentgelt monatlich 450 Euro nicht übersteigen darf. Es handelt sich um Teilzeitbeschäftigungen, die für die Minijobber weitgehend sozialversicherungsfrei sind. Die Entlohnung pro Stunde ist ungefähr auf dem Niveau des Mindestlohns.

Sehr häufig werden für diese Jobs keine besonderen beruflichen Qualifikationen benötigt. Oft arbeiten diese Arbeitnehmer auf Abruf, wenn z. B. hoher Kundenandrang herrscht.

In folgenden Branchen gibt es häufig Minijobs: Einzelhandel, Gastgewerbe, Reinigungsfirmen.

Midijob

In einem Midijob verdient man zwischen 450,01 Euro und 1.300,00 Euro (Gleitzone, Stand 2020). Beim Midijob ist man kranken-, arbeitslosen-, pflege- und rentenversichert. In der Gleitzone steigen die Sozialversicherungsbeiträge langsam an. Das ist also der Vorteil der Midijobs: Innerhalb der Gleitzone sind die Arbeitnehmeranteile der Sozialversicherung niedriger als bei einem Normalarbeitsverhältnis.

In diesem Einkommensbereich ist es schwierig, einen Haushalt oder eine Familie zu finanzieren.

Telearbeit, Teilzeit, Leiharbeit

Telearbeit

Bei Telearbeit verrichten Mitarbeiter einen Teil der Arbeit außerhalb der Gebäude des Arbeitgebers. Beim Homeoffice findet diese Arbeit zu Hause statt. Der Arbeitnehmer ist dabei über ein elektronisches Kommunikationsnetz mit dem jeweiligen Arbeitgeber verbunden.
In Deutschland wären 40 Prozent der Jobs für Telearbeit geeignet. Aber gerade mal zwölf Prozent aller Arbeitnehmer gehen der Telearbeit nach. Woran liegt das?
Wer viel Zeit außerhalb des Büros ohne die Kollegen verbringt, hat es schwerer, sich in das Team einzubinden, Kontakte zu den anderen Mitarbeitern aufzubauen und sich so zu integrieren. Einige Arbeitnehmer leiden unter dieser fehlenden sozialen Bindung.
Von Zuhause zu arbeiten setzt auch voraus, dass man seine Aufgaben diszipliniert, gewissenhaft und zügig erledigt. Wer im Homeoffice arbeitet, sollte die Arbeitszeit gut einteilen können. Man kann zwar seine Arbeitszeit selbstständig planen, muss aber Verschiebungen konsequent ausgleichen.

Leiharbeit

Durch Leiharbeit sollte in erster Linie erreicht werden, dass Langzeitarbeitslose wieder in das Arbeitsleben eingegliedert werden können.

Leiharbeitsfirmen verleihen die bei ihnen angestellten Arbeitnehmer an Betriebe, die Bedarf haben:

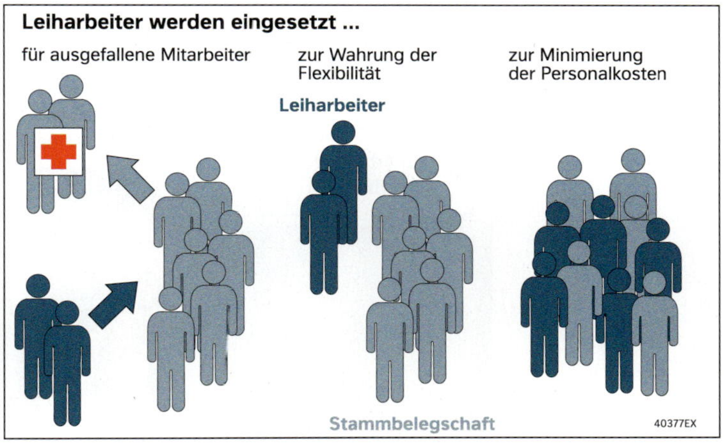

Zurzeit erhalten Leiharbeiter bei gleicher Tätigkeit weniger Lohn als die Festangestellten.

Teilzeitarbeit

Teilzeitarbeitnehmer befinden sich meist in einem Normalarbeitsverhältnis. Allerdings haben sie weniger Arbeitsstunden pro Woche („Halbtagsjobs"). Lebensplanung, Familie und Beruf lassen sich damit leichter vereinbaren. Das Einkommen ist niedriger und berufliche Karrierechancen sind geringer. Deshalb fordern manche Politiker das Recht auf Rückkehr in Vollzeit.

1. Diskutiert und beurteilt die Vorteile und Nachteile des Homeoffice in der Klasse.
2. Ist Leiharbeit eine moderne Form von Sklavenhandel? Diskutiert dies.
3. Recherchiert folgende Beschäftigungsformen: Crowd Working, Click Working.

Digitalisierung verändert die Arbeitswelt.

Erhöht die veränderte Arbeitswelt die Arbeitslosigkeit?

Die fortschreitende Digitalisierung der Arbeitswelt ruft Hoffnungen und Ängste bei den Beschäftigten hervor.

Das ifo Institut, eine Forschungseinrichtung für Arbeitsmarktfragen, hat die Auswirkungen der Digitalisierung untersucht. Es leitet aus dieser Untersuchung die Entwicklung von Beschäftigung und Berufen bis 2030 ab.
In allen Berufsgruppen wurden die Entwicklungen getrennt analysiert für

- Helferberufe,
- Facharbeiter,
- Spezialisten (z. B. Meister, Techniker),
- Experten (mit Hochschulausbildung).

Am stärksten wuchs die Beschäftigung von 2012 bis 2016 in Bayern in den Gruppen der Helfer und der Experten.
Berufe mit geringer Qualifikation und niedrigem Lohn, wie etwa einfache Servicejobs, erfordern oft persönliche Anwesenheit. Bei diesen Berufen rentiert sich eine Automatisierung kaum. Gute Chancen auf dem Arbeitsmarkt hat man am ehesten, wenn man eine qualifizierte Ausbildung absolviert hat. Dennoch gibt es auch für Geringqualifizierte Möglichkeiten für einen Arbeitsplatz.
Bei den mittleren Niveaus „Facharbeiter" und „Spezialisten" war das Wachstum sichtbar niedriger, aber es war deutlich vorhanden.

INFO

Bislang gibt es für die deutsche Wirtschaft keine Hinweise auf grundlegende Beschäftigungsverluste durch die Digitalisierung. Allerdings wird der Wandel der Arbeitswelt fortdauern.

Helferberufe: am Bau, beim Paketdienst, in Pflegeeinrichtungen

Welche Konsequenzen ergeben sich daraus für Schule und Arbeitsmarkt?

Bereits in der Schule und in der Ausbildung müssen digitale Kompetenzen vermittelt werden.

Individuelle Förderung dank Digitalisierung der Schule

Die Schüler müssen bereit sein zur Anpassung an den technologischen Wandel, denn das Wissen in Berufen, die von der Digitalisierung betroffen sind, erneuert sich in immer kürzeren Zeiträumen. Die Schüler benötigen Basiskompetenzen in Mathematik und Deutsch. Außerdem müssen sie digitale Kompetenzen und Informatikkenntnisse in allen Schulfächern sowie in der Aus- und Weiterbildung im Beruf erwerben.

Informatik in der Ausbildung

Wo liegen die Gefahren, den Arbeitsplatz zu verlieren?

Der Wandel in der Arbeitswelt wird durch den Wandel in einzelnen Wirtschaftsbereichen vorangetrieben. Beispiele hierfür sind:
- die Veränderung der Einkaufsgewohnheiten, d.h., dass vermehrt im Internet statt im lokalen Einzelhandel gekauft wird,

Paketsortieranlage

- der Ausstieg aus der Kohleförderung in ganz Deutschland und damit verbunden die Auswirkungen auf die Stromerzeugung,
- die Einführung von Elektro-Mobilität und autonomem Fahren in der Automobilindustrie mitsamt deren Zulieferern.

Diese Veränderungen sind so umfassend, dass sie Auswirkungen haben auf
- die Art der hergestellten Produkte,
- die beruflichen Qualifikationen der Beschäftigten,
- die Wirtschaftslage der betroffenen Region.

Das gesamte Wirtschaftsgefüge in der Region verändert sich deutlich. Dies nennt man Strukturwandel. Wer in den „neuen Strukturen“ keine Beschäftigung findet, ist der Verlierer am Arbeitsmarkt.

Qualifizierung schützt vor Arbeitslosigkeit: Weiterbildung im Betrieb oder in der Arbeitsagentur

Wie kann man Arbeitslosigkeit vorbeugen?

Wenn du deine Berufsausbildung beginnst, dann erwirbst du grundlegende Kenntnisse und Fertigkeiten, wie sie zum aktuellen Zeitpunkt erforderlich sind.
Seymen macht in einem Kfz-Betrieb ihre Ausbildung zur Kfz-Mechatronikerin. Sie muss heute den elektrischen Fensterheber an einem Pkw reparieren. Dabei kommt ihr in den Sinn, ihren Ausbilder, der schon 30 Jahre im Betrieb ist, zu fragen:
„Herr Pfeiffer, als Sie Ihre Ausbildung gemacht hatten, gab es da eigentlich schon elektrische Fensterheber?“
„Nein, aber kurz nach meiner Lehre musste ich lernen, wie die Schaltung für elektrische Fensterheber funktioniert. In den 30 Jahren meiner Berufstätigkeit konnte ich übrigens nie aufhören, Neues hinzuzulernen.“

Reparatur des elektrischen Fensterhebers

Genauso wie Herrn Pfeiffer erging es vielen Arbeitnehmern in ihren Berufen. Der Computer hat an allen Arbeitsplätzen Einzug gehalten.
Im Beruf Kaufleute für Büromanagement wurde die Schreibmaschine vom Personalcomputer (PC) abgelöst, Anfragen erfolgen statt per Brief oder Telefon mit E-Mail und sie werden auf dem PC gespeichert.

Arbeitsplatz einer Kauffrau für Büromanagement heute

Die Beispiele zeigen, dass Arbeitnehmer stets dazulernen müssen, dass sie ihre berufliche Qualifikation auf den aktuellen Stand bringen und somit der Arbeitslosigkeit vorbeugen.

INFO

Wer flexibel und mobil ist, dem gelingt es leichter, seine berufliche Qualifikation rechtzeitig an die veränderten Bedingungen der Arbeitswelt anzupassen.

Lass dir von deinen Eltern oder von Bekannten berichten, wie sich ihr Beruf verändert hat. Berichte davon in der Klasse.

Lernbilanz

Am Ende dieses Kapitels kannst du ...

- *die Unterschiede von Erwerbs- und Nichterwerbsarbeit reflektieren und deren Bedeutung bewerten,*
- *neue Begriffe zum Wandel in der Arbeitswelt beschreiben: Digitalisierung, Globalisierung, Tertiarisierung, neue Techniken, wie z. B. Gentechnik, RFID, 3D-Druck, Robotik, Nanotechnologie,*
- *persönliche Konsequenzen für dein künftiges Berufsleben ableiten,*
- *die Notwendigkeit des lebenslangen Lernens begründen,*
- *Mobilität und Flexibilität als Voraussetzung für deine erfolgreiche Berufslaufbahn bewerten,*
- *berufliche Qualifikation als Grundlage für deinen Berufsweg einschätzen,*
- *unterschiedliche Formen der Beschäftigung im Arbeitsleben (z. B. Leiharbeit, Minijob) bewerten,*
- *dich selbstständig über den Zusammenhang des Wandels der Arbeitswelt und Arbeitslosigkeit informieren und einschätzen, wie du Arbeitslosigkeit vorbeugen kannst.*

Mit den folgenden Aufgaben kannst du überprüfen, ob du diese Kompetenzen erworben hast:

1. Beschreibe die Unterschiede zwischen ehrenamtlicher Tätigkeit, Hausarbeit und Erwerbsarbeit.

2. Lege eine Lernkartei für folgende Begriffe an:

Digitalisierung · Globalisierung · Tertiarisierung · RFID · Minijob · Teilzeitarbeit · Homeoffice · Gentechnik · 3D-Druck · Leiharbeit · Nanotechnologie · Robotik · Midijob

3. Erkläre den Begriff Strukturwandel in der Arbeitswelt.

4. Aktualisiere dein persönliches Berufswahlportfolio auf dem Hintergrund der Konsequenzen, die du aus dem Wandel der Arbeitswelt für dich ziehst.

- Begründe für dich die Notwendigkeit von „lifelong learning“.
- Schätze deine Fähigkeit und Bereitschaft zu Mobilität und Flexibilität ein.

5. Schätze ein, welche Qualifikationen in der künftigen Arbeitswelt notwendig sind.

6. Beurteile die Chancen für Berufe mit geringer Qualifikation (Helferberufe).

7. Wie kannst du Arbeitslosigkeit vorbeugen?

BiZ

BEWERBUNG

praxis

In diesem Kapitel lernt ihr:

- die bisherigen Unterlagen eures Portfolios zu kontrollieren (überprüfen), sie kritisch zu beurteilen und realistisch weiterzuentwickeln,
- eure bisher gemachten Erfahrungen aus Betriebserkundungen und Betriebspraktikum für die eigene Berufsorientierung zu nutzen,
- die berufsspezifischen Anforderungen und Tätigkeiten sowie die betriebsspezifischen Erwartungen, die ihr bisher erlebt habt, dabei zu berücksichtigen,
- die Notwendigkeit von beruflicher Aus-, Weiter- und Fortbildung zu beurteilen,
- die für ein Betriebspraktikum notwendigen Aufgaben hinsichtlich Vorbereitung, Durchführung und Nachbereitung eigenständig zu absolvieren,
- eine inhaltlich vollständige Bewerbungsmappe für einen Ausbildungsplatz zu erstellen sowie Vorstellungsgespräche zu erproben.

BERUFSORIENTIERUNG

Wo stehe ich mit meiner Berufswahl?

Wenn du diese Frage beantworten willst, dann schaue in dein Berufswahlportfolio. Hier hast du schließlich die Unterlagen deines bisherigen Berufswahlprozesses gesammelt. Überprüfe sie, ob sie noch aktuell sind.

- Weißt du darüber Bescheid, welchen Weg du nach der Mittelschule einschlagen musst, um deinen Wunschberuf zu erlernen? Handelt es sich um eine duale Ausbildung oder um eine rein schulische?
- Hat sich deine Selbsteinschätzung verändert? Wenn ja, empfiehlt es sich, den Kompetenzstern neu anzulegen.
- Welche Konsequenzen hast du aus dem Vergleich von Selbst- und Fremdeinschätzung gezogen?

dual:
von duo (lat.) = „zwei“

- Hat sich dein Berufswunsch durch das Betriebspraktikum geändert?
- Weißt du, woran du an dir selbst noch arbeiten musst? (schulische Leistungen, Arbeitstugenden, Sozialkompetenzen)
- Sind deine Bewerbungsunterlagen noch stimmig? Passe sie an deinen aktuellen Berufswunsch an.
- Benötigst du noch Informationen (auch zu Alternativberufen) von der Berufsberatung (BIZ, planet-beruf, persönliche Beratung)?
- Gibt es in der Nähe Betriebe, die einen Ausbildungsplatz in deinem Wunschberuf anbieten?

ENTDECK DEINEN BERUF!
BERUFE ENTDECKER

Was heißt duale Ausbildung?

Bülent, 16 Jahre alt, hat vor einem Jahr die Ausbildung zum Industriemechaniker begonnen. Er berichtet:

„In meinem ersten Ausbildungsjahr lerne ich die grundlegenden Tätigkeiten und Kenntnisse hauptsächlich in der betriebseigenen Ausbildungswerkstatt. Bereits die ersten Tage waren sehr abwechslungsreich, weil wir mit einem Projekt starteten. Wir haben an zwei Tagen in der Woche Berufsschule. Ab dem zweiten Lehrjahr wird das nur noch an einem Tag sein. Außerdem werden wir dann teilweise im Betrieb in der Fertigung eingesetzt. Nach dreieinhalb Jahren werde ich meine Facharbeiterprüfung ablegen.“

An Bülents Beispiel kannst du erkennen, was das Wort „dual“ bedeutet:
Zwei Partner wirken bei der Ausbildung zusammen: Ausbildungsbetrieb und Berufsschule. Sie stimmen die Ausbildungsinhalte miteinander ab. Sie orientieren sich dabei am Ausbildungsrahmenplan, der Bestandteil des Berufsausbildungsvertrags ist. Der betriebliche Ausbilder hält engen Kontakt zur Berufsschule.

Es gibt Berufe, bei denen der Ausbildungsbetrieb nicht sämtliche Ausbildungsinhalte vermitteln kann. Überbetriebliche Ausbildungsstätten sorgen dafür, dass alle Auszubildenden für den jeweiligen Beruf diese geforderten Kenntnisse und Fertigkeiten erwerben.

Auch in folgendem Beispiel wirken die beiden Partner des dualen Systems zusammen:

Suri hat den qualifizierenden Abschluss der Mittelschule problemlos erreicht. Sie fand relativ frühzeitig einen Ausbildungsplatz in ihrem Wunschberuf als Hotelfachfrau.

„Mein Ausbildungsbetrieb ist ein Drei-Sterne-Hotel mit guter Ausbildungsqualität. Allerdings befindet sich das Hotel nicht an meinem Wohnort. Die Beschäftigten wohnen in Angestelltenzimmern. Die Ausbildung findet im Ausbildungsbetrieb und in der Berufsschule statt. Diese befindet sich in Pegnitz in der Fränkischen Schweiz. Ich erhalte **Blockunterricht** mit Auszubildenden aus mehreren Landkreisen Oberfrankens. Der Unterricht wird „im Block" erteilt, d.h. mindestens zwei Wochen am Stück. Danach sind wir wieder für mehrere Wochen im Betrieb. Während der Berufsschulzeit wohne ich im Internat, das der Schule angegliedert ist."

Ardiana lebt mit ihren Eltern seit fünf Jahren in Deutschland. Herkunftsland der Familie ist Albanien. Ardiana erwarb rasch gute Sprachkenntnisse und schaffte sogar den Quali. Auch bei ihr handelt es sich um eine duale Ausbildung.

„Ich habe einen Vorvertrag mit einem Ausbildungsbetrieb und besuche im ersten Jahr meiner Ausbildung zur Schreinerin das **Berufsgrundschuljahr (BGJ)**. Das ist in Bayern für diesen Beruf vorgeschrieben. Es wird mir als erstes Jahr der Ausbildung angerechnet. Im BGJ übernimmt die Berufsschule auch die fachpraktische Ausbildung des ersten Lehrjahres. Ab dem zweiten Jahr wechselt die Ausbildung zwischen Betrieb und Berufsschule. Nach drei Jahren bin ich mit erfolgreicher Abschlussprüfung Schreinerin."

Das BGJ gibt es in wenigen Berufen; dazu zählen die Ausbildungen Landwirt/-in, Schreiner/-in und Hauswirtschafter/-in.

An den drei Beispielen kannst du sehen, dass es im dualen System verschiedene Möglichkeiten der Zusammenarbeit von Ausbildungsbetrieb und Berufsschule gibt. In beiden Ausbildungsorten wird jeweils Theorie und Praxis vermittelt.

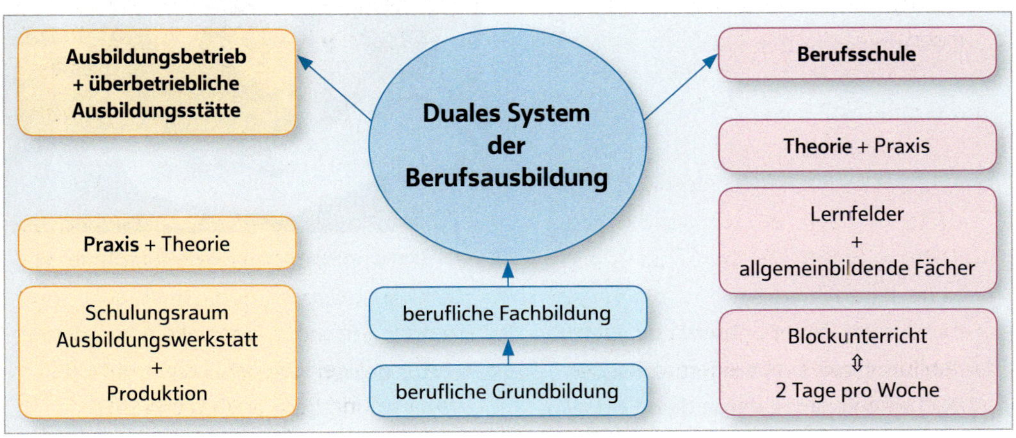

Was ist typisch in meinem Wunschberuf?

Der Vorteil des dualen Ausbildungssystems besteht hauptsächlich darin, dass die „frischen" Arbeitnehmer nach der Gesellen- bzw. Facharbeiterprüfung in unterschiedlichen Betrieben mit ihren erworbenen Kompetenzen sofort einsetzbar sind. Denn sie haben während ihrer Ausbildung gemäß der jeweiligen Prüfungsordnung die **berufsspezifischen Tätigkeiten** kennengelernt und eingeübt. Sowohl Berufsschule als auch Ausbildungsbetrieb haben dabei zusammengewirkt.

In BERUFENET werden die Tätigkeiten der Ausbildungsberufe ausführlich beschrieben. An zwei Beispielen wird dies deutlich:

1. Industriemechaniker/-in

Aufgaben und Tätigkeiten
Industriemechaniker/-innen stellen Bauteile und Baugruppen für Maschinen und Produktionsanlagen her, richten diese ein oder bauen sie um. Sie überwachen und optimieren Fertigungsprozesse und übernehmen Reparatur- und Wartungsaufgaben.

Aufgaben und Tätigkeiten im Einzelnen
Bau- bzw. Geräteteile herstellen, z. B.:
- Werkzeuge auswählen und einbauen, Rohlinge einspannen und ausrichten
- Oberflächen und Abmessungen fertiger Erzeugnisse prüfen

Arbeitsaufgaben planen und vorbereiten

Geräte, Maschinen und Produktionsanlagen bauen und installieren

Maschinen und Anlagen instand halten

Produktionsprozesse kontrollieren und optimieren

1. Recherchiere die berufsspezifischen Tätigkeiten für deinen Wunschberuf in BERUFENET und ergänze damit dein Portfolio.

2. Drechsler/-in

Aufgaben und Tätigkeiten

Drechsler/-innen bringen Holz und andere Werkstoffe an der Drehbank in Form. Dabei stellen sie die gedrechselten Erzeugnisse als Einzelstücke oder in Kleinserien her.

Aufgaben und Tätigkeiten im Einzelnen

- Hölzer auswählen, auf Qualität prüfen und fachgerecht lagern
- Entwürfe, Arbeitsskizzen und Werkzeichnungen anfertigen
- Stückliste erstellen
- Arbeitsmodelle oder Prototypen anfertigen
- ausgewählte Materialien für den Drehvorgang zurichten und zuschneiden
- Materialien in die Drehmaschine unter Zuhilfenahme entsprechender Futter und Hilfsmittel einspannen
- Werkstück in der Drehbank mit Meißel und Röhre längs und quer zur Faser Formen, Passungen, Profilen, Ringen, Gewinden sowie gewundenen Teilen in Einzel- und Serienfertigung formen

Oberflächen von gedrechselten Teilen behandeln

- Oberflächen für die Endbehandlung säubern, entstauben und entharzen
- Produktoberflächen putzen, schleifen, einebnen und glätten
- Holzschutzmittel auftragen

Gedrechselte Teile aus Holz oder Kunststoff, nach eigenen Entwürfen oder Vorgaben anfertigen

Oberflächen von gedrechselten Teilen behandeln

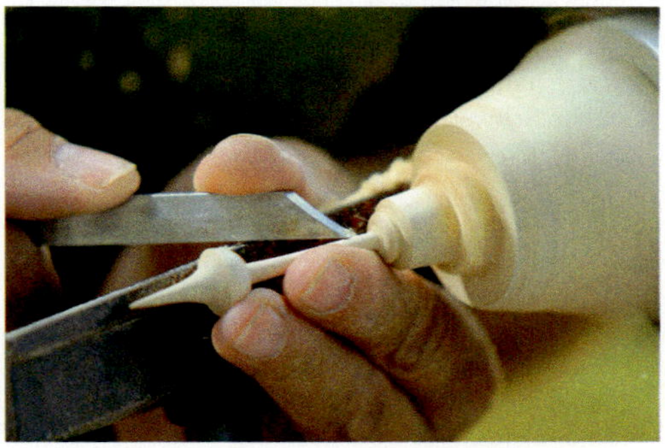

Geräte, Maschinen und Produktionsanlagen bauen und installieren

Maschinen zur Holzbearbeitung und zur Holzverarbeitung pflegen und warten

Drehbänke sowie Säge-, Hobel-, Schleif-, Fräs- und Bohrmaschinen pflegen, vor allem Holzstaub entfernen

Wie sieht der Unterricht in der Berufsschule aus?

An einem Wochenende verabreden sich die ehemaligen Klassenkameraden Bülent und Suri zu einem Treffen. Sie haben sich viel zu erzählen.

„Suri, eigentlich habe ich gedacht, dass ich dich bei uns an der Berufsschule öfters sehe."

„Na ja, mein Hotel, in dem ich lerne, befindet sich in der Fränkischen Schweiz.

Deshalb muss ich auch die dafür zuständige Berufsschule in Pegnitz besuchen. Ich hätte übrigens nicht gedacht, dass wir an der Berufsschule so viel Praxis vermittelt bekommen. Das liegt sicher daran, dass wir Blockunterricht haben."

„Ach ja, du hast ja Blockunterricht. Du kannst schließlich nicht jede Woche so einen weiten Weg zu deiner Berufsschule zurücklegen. Nicht an jedem Berufsschulstandort werden für alle Berufe eigene Klassen gebildet.
Was wir in der Berufsschule lernen, darüber habe ich mich auch gewundert. Es gibt zwar die allgemeinbildenden Fächer, wie Deutsch, Sozialkunde, Sport und Religion, aber auch bei uns steht die Berufspraxis im Vordergrund. Die Lehrwerkstätten an unserer Berufsschule sind dazu auch ganz modern ausgestattet.

Im Betrieb bekommen wir auch theoretischen Unterricht. In unserem Schulungsraum mussten wir z. B. Schaltungen selbstständig planen und erstellen. Dabei wendeten wir übrigens die Leittextmethode an. Zusätzlich erhielten wir die notwendigen Unterlagen am PC."

„Wir werden nach sogenannten Lernfeldern ausgebildet. Dadurch kann der Unterricht in der fachlichen Ausbildung besser abgestimmt werden. In einem handlungsorientierten Unterricht in Projekten werden theoretisches Wissen und praktisches Können miteinander verknüpft. Sag mal Bülent, hast du von früh bis abends Berufsschule oder musst du nach der Schule noch in den Betrieb?"

„Nein, ich muss nicht mehr in den Betrieb nach dem Unterricht. Da gilt, glaube ich, die Regel, dass nach sechs Stunden Schule niemand mehr in den Betrieb muss. Ich habe an den Berufsschultagen bis 16:30 Uhr Schule. In den Ferien allerdings muss ich stattdessen in die Lehrwerkstatt."

„Das wäre ja noch schöner, wenn du da frei hättest. Dein Betrieb zahlt schließlich für die gesamte Ausbildung, also auch für die Zeit, während der du in der Berufsschule bist."

2. Erkundigt euch bei Fachleuten der Berufsausbildung, welche Regelungen zur Betriebspflicht nach der Berufsschule für Auszubildende gelten, die bereits 18 Jahre alt sind.

3. Warum ist es sinnvoll, dass der Jahresurlaub von Auszubildenden in der berufsschulfreien Zeit genommen werden soll?

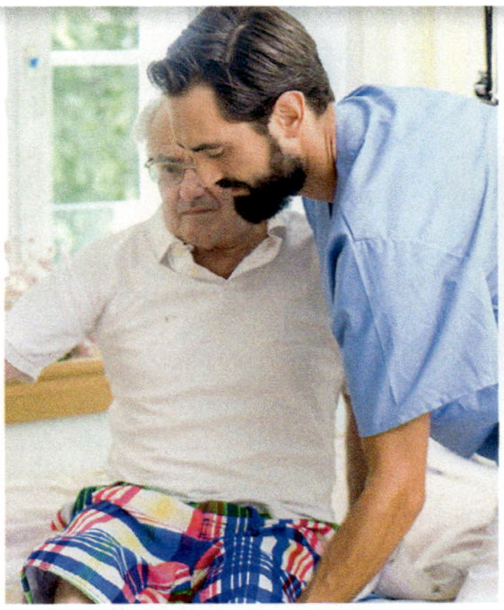

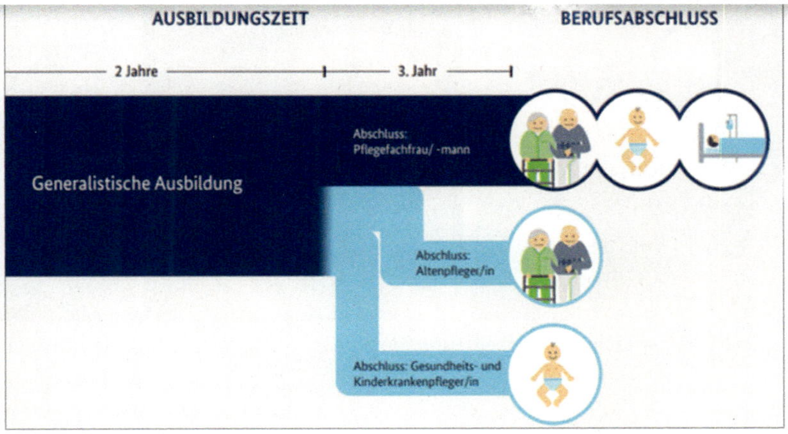

Möglichkeiten der Berufsausbildung im Pflegebereich

Berufsausbildung an Berufsfachschulen

Leon hat sich für eine Ausbildung zum Altenpfleger entschieden. Nach dem erfolgreichen Quali könnte er „nur" den Beruf des Altenpflegehelfers erlernen. Für sein Berufsziel Altenpfleger benötigt er jedoch die Mittlere Reife. Deshalb besucht er seit diesem Schuljahr den M-Zug an seiner Mittelschule. Der Wechsel von der Regelklasse in die M-Klasse fiel ihm bei seinen guten Schulleistungen nicht schwer.

Leon: „Auf BERUFENET habe ich unter „Aktuelles zum Beruf" erfahren, dass seit 1. Januar 2020 das Gesetz über die Pflegeberufe in Kraft ist. Die Ausbildung beginnt in allen Pflegeschulen mit einer 2-jährigen allgemeinen Pflegeausbildung. Danach spezialisieren sich die Azubis z. B. als Altenpfleger.
Nach drei Jahren ist man dann entweder Pflegefachfrau oder Pflegefachmann; Altenpflegerin oder Altenpfleger; Gesundheits- und Kinderkrankenpflegerin oder -pfleger."

Alle Auszubildenden in den Pflegeberufen starten gemeinsam. Wer die Ausbildung mit dem Ziel Altenpflege oder Kinderkrankenpflege anstrebt, kann sich nach zwei Jahren entscheiden, ob er die generalistische (= allgemeine) Pflegeausbildung zu Ende absolviert oder ob er sich spezialisiert.
Bei dieser Ausbildung handelt es sich um eine schulische Ausbildung an Berufsfachschulen, die bundesweit einheitlich geregelt ist. Sie dauert in Vollzeit drei Jahre. Zusätzlich zur Unterweisung an der Berufsfachschule finden Praxisschulungen in Krankenhäusern, stationären und ambulanten Pflegeeinrichtungen statt.

Für welche Berufe gibt es Berufsfachschulen?

Berufsfachschulen finden sich vor allem für pflegerische Berufe, wie Altenpflege, Krankenpflege und auch Kinderpflege. Im Kinderpflegebereich besteht die Möglichkeit der Ausbildung zum Erzieher bzw. zur Erzieherin. Auch für einige Berufe des gewerblich-technischen Bereichs existieren Berufsfachschulen wie z. B. die Staatlichen Berufsfachschulen für technische Assistenten für Informatik, für Bekleidung oder für Produktdesign.

Weitere Wege in den Beruf Altenpfleger:
- Zunächst die Ausbildung zum **Altenpflegehelfer** an der Berufsfachschule für Altenpflegehilfe absolvieren; anschließend Weiterbildung zum Altenpfleger
- Zunächst einen **anderen Ausbildungsberuf** (mind. 2 Jahre) erlernen und danach die Berufsausbildung zum Altenpfleger anfangen

Suche z. B. bei BERUFENET weitere Berufe, deren Ausbildung an Berufsfachschulen erfolgt. Wenn davon für dich ein Beruf infrage kommt, stelle ihn als kurzes Berufsbild in der Klasse vor.

Montieren ist eine berufsspezifische Tätigkeit. Fahrradmonteur

Unterricht im BVJ

Keinen Ausbildungsplatz – was dann?

Marcel hat die Mittelschule nach der 8. Klasse verlassen und sich als Fahrradmonteur beworben. Er hat sich zunächst berechtigte Hoffnungen auf einen Ausbildungsplatz gemacht.
Leider zerplatzten seine Zukunftsträume wie eine Seifenblase. Kurz vor dem geplanten Vertragsabschluss ging sein zukünftiger Ausbildungsbetrieb pleite. Marcel findet in der Kürze der Zeit keinen Ersatz und bleibt zunächst ohne Ausbildungsvertrag, ist aber berufsschulpflichtig. Deshalb besucht er ab September das Berufsvorbereitungsjahr (BVJ). Das BVJ soll ihm grundlegende Fertigkeiten und Kenntnisse vermitteln, die er für eine spätere Berufsausbildung nutzen kann. Er lernt dort verschiedene Berufsfelder kennen.

Das soll ihm seine Berufswahlentscheidung erleichtern. Somit gewinnt er bessere Chancen auf dem Ausbildungsstellenmarkt. Die Aufgabe des BVJ ist also, ihn auf eine Berufsausbildung vorzubereiten. Dieses Jahr an der Berufsschule wird jedoch nicht auf eine Ausbildung angerechnet.

Marcel: „Ich besuche das **Berufsvorbereitungsjahr** (BVJ). Meine Klassenkameraden sind alle in einer ähnlichen Situation. Wir haben trotz vieler Bewerbungen keinen Ausbildungsplatz bekommen.
Mir wurde von der Arbeitsagentur Ausbildungsfähigkeit bescheinigt. So konnte ich mich bei der Berufsschule für das BVJ bewerben. In diesem Jahr Vollzeitunterricht sollen wir auf eine Berufsausbildung oder eine berufliche Tätigkeit vorbereitet werden. Wir lernen **grundlegende Tätigkeiten und Kenntnisse** aus den Berufsfeldern Metalltechnik und Elektrotechnik kennen."

Die **berufsspezifischen Tätigkeiten** in Marcels Wunschberuf Fahrradmonteur werden somit unter anderem eingeübt.

Der Steckbrief aus BERUFENET gibt über berufsspezifische Tätigkeiten Auskunft:

Was macht man in diesem Beruf?

Fahrradmonteure und -monteurinnen bauen Fahrräder zusammen, warten bzw. reparieren diese oder passen sie den Wünschen der Kunden an. So stellen sie einzelne Fahrradkomponenten individuell nach Kundenwunsch zusammen oder rüsten Standardmodelle mit Zusatzteilen aus.

Nimm die berufsspezifischen Tätigkeiten deines Wunschberufs in dein Berufswahlportfolio auf.

Um Fahrräder zu warten, demontieren und reinigen sie einzelne Baugruppen und überprüfen deren Funktion, wobei sie Prüf- und Messgeräte einsetzen. Sie identifizieren und beheben Mängel und stellen sicher, dass das Fahrrad verkehrssicher und funktionstüchtig ist. Bei der Übergabe erklären sie dem Kunden, welche Arbeiten sie durchgeführt haben und was beim Gebrauch des Rades zu beachten ist. Außerdem beraten sie Kaufinteressenten über Vor- und Nachteile verschiedener Modelle.

Quelle: https://berufenet.arbeitsagentur.de/berufenet/bkb/27394.pdf, 01.02.2020

Das BVJ besuchen solche Jugendliche, die von der Arbeitsagentur als ausbildungsfähig eingeschätzt werden und die von der Berufsschule aufgenommen wurden. Wer die notwendigen Voraussetzungen noch nicht erfüllt, soll die fehlende Ausbildungsreife durch vorgeschaltete Maßnahmen erreichen.
Die Kammern oder Ausbildungsstätten der Wirtschaftsverbände bieten dazu beispielsweise Einstiegsqualifizierungsmaßnahmen (EQJ) an.

Auch an den Berufsschulen gibt es vielfältige **Brückenangebote** für Schüler ohne Ausbildungsplatz bzw. ohne Schulabschluss und für Schüler mit Migrationshintergrund:
- Berufseinstiegsjahr (BEJ)
- Berufsvorbereitungsjahr (BVJ)
- Berufsintegrationsjahr (BIJ)
- Klassen für Jugendliche ohne Ausbildungsplatz (JoA)
- Berufsvorbereitende Bildungsmaßnahmen (BvB)
- Einstiegsqualifizierung (EQ bzw. EQJ)
- Berufsausbildung in außerschulischen Einrichtungen (BaE)

Die Berufsberater an den Schulen kennen die Angebote vor Ort und können betroffenen Jugendlichen helfen. Voraussetzung ist aber stets, dass die Jugendlichen zu der gewählten Maßnahme bereit sind.

Eine letzte – aber nicht empfehlenswerte – Möglichkeit für den Einstieg ins Berufsleben ist, als **Jungwerker** ohne Ausbildung eine Arbeit zu beginnen. Die Berufsschulpflicht gilt aber auch hier für ein Jahr.

Im Überblick: Einstieg in die Arbeitswelt

Bülent	Suri	Leon	Ardiana	Marcel	Alexander

Industriemechaniker	**Hotelfachfrau**	**Altenpfleger**	**Schreinerin**	**Fahrradmonteur**	**Jungwerker**
Duales System (Ausbildungsbetrieb + Berufsschule)		rein schulische Ausbildung: Berufsfachschule	BGJ (1. Jahr der Ausbildung)	BVJ Kennenlernen verschiedener Berufsfelder	keine Ausbildung!!
2 Tage pro Woche in der Berufsschule	Blockunterricht in der Berufsschule	mit praktischen Anteilen	dann: duales System	vollzeitschulische berufsvorbereitende Maßnahme	Jungwerkerklasse an der Berufsschule

Arbeit 4.0 verlangt nach Fortbildung.

Fortbildung statt Stillstand!

Der erste Schritt in die Arbeitswelt ist meist eine klassische Berufsausbildung. Sie ist ein toller Einstieg und vermittelt praktische und theoretische Kenntnisse. Die Ausbildung kann darüber hinaus der Grundstein für weitere spannende Karriereschritte sein. Je mehr Kenntnisse und Fähigkeiten man besitzt, desto wertvoller ist man als Arbeitnehmer und kann somit die eigenen Aufstiegschancen erhöhen.

NFC-Technik:
Die **N**ear **F**ield **C**ommunication ist ein internationaler Übertragungsstandard zum kontaktlosen Austausch von Daten über kurze Strecken von wenigen Zentimetern.

INFO

Die beiden Begriffe **Fortbildung** und **Weiterbildung** werden im beruflichen Zusammenhang gleichbedeutend verwendet.

Man kann jedoch unterscheiden zwischen

- **Anpassung** an technische und/oder organisatorische Weiterentwicklungen,
- **Weiterbildung** zum beruflichen Aufstieg,
- berufliche **Umschulung**.

Anpassungsweiterbildung

Wenn der Betrieb neue Technologien einsetzt oder wenn das Berufsbild sich total wandelt, ist Anpassungsweiterbildung unerlässlich. Die Beschäftigten könnten sonst ihren Beruf nicht mehr ausüben – sie müssen sich an diese Veränderungen anpassen. Damit sichern sie auch ihren Arbeitsplatz.

Das Malergeschäft Hölzel hat digitale Technik an mehreren Stellen im betrieblichen Ablauf eingebaut:

- Für die Dokumentationspflichten nutzt der Betrieb eine mobile Zeiterfassung mithilfe von Smartphones oder Tablets.
- Damit halten die Beschäftigten auch ihre Arbeitsstunden und den Materialverbrauch fest. Dazu nutzt der Betrieb eine IT-gestützte Lösung mit NFC-Technik.
- Mit der Fotokamera des Smartphones dokumentieren sie den Arbeitsfortschritt auf der Baustelle.
- Das digitale Aufmaß erstellt der Beschäftigte mit einem Lasermessgerät oder als Foto-Aufmaß mittels Tablet.
- Ein besonderer Service für die Kunden ist das Farberkennungsgerät „Digitaler Buntstift“. Damit kann der Kunde z. B. von Farbkarten oder von realen Anstrichen den Farbton einlesen. Über eine VR-Brille kann dann diese Farbe im Kundenraum simuliert und begutachtet werden.

VR-Brille
Virtual Reality:
VR-Brillen sind kleine Monitore, die in eine Art Brille montiert sind und die man vor den Augen tragen kann. Der Betrachter hat den Eindruck, sich in dem dargestellten Raum zu bewegen.

VR-Brille im Einsatz

Mit diesen Maßnahmen gelingt es dem Betrieb, zeitraubende Prozesse deutlich zu verkürzen und seinen Kunden einen besonderen Service zu bieten.

„Zusammen ergeben diese Tools einen elektronischen Geschäftsprozess, der den kompletten Alltag des Betriebs abbildet“, sagt der Inhaber des Malergeschäfts.

Die Mitarbeiter des Betriebs müssen rechtzeitig und rasch den Umgang mit diesen neuen technischen Mitteln erlernen. Sie passen sich der Herausforderung an.

Karriere durch Weiterbildung: Meisterfeier

Die Weißhelme haben auf der Baustelle das Sagen.

Aufstiegsweiterbildung

115 Junggesellen bekamen durch die Kreishandwerkerschaft Bamberg im Jahr 2019 ihre Gesellenbriefe bei der sogenannten Freisprechungsfeier überreicht. Der Sprecher der Gesellen betonte in seiner Rede:

„Wir wollen uns bemühen, durch berufliche Fortbildung den Anforderungen, die die Zukunft an uns stellen wird, gerecht zu werden."

Auch der Kreishandwerksmeister ging auf die Bedeutung der Weiterbildung ein. Der Gesellenbrief sei ein wichtiger Zwischenschritt, auf den die Absolventen ruhig stolz sein dürften, aber auf dem sie sich nicht ausruhen sollten:

„Wenn Sie nicht weiter am Ball bleiben, bleiben Sie – im besten Fall – auf der untersten Stufe der Karriereleiter stehen."

Viele Menschen nutzen berufliche Weiterbildungsmaßnahmen, nicht nur, um „am Ball zu bleiben", sondern weil sie sich eine bessere berufliche Position versprechen.

Welche Möglichkeiten der Karriere gibt es?

Fachkraft mit Zusatzkenntnissen	Meister	Techniker	Studium, z. B. Bachelor Konstruktionstechnik
Kurse oder Lehrgänge zu Spezialgebieten	Meisterschule	Fachschule	Fachhochschule
unterschiedliche Dauer	6 Monate bis 12 Monate	4 Semester	8 Semester
Berufstätigkeit als Facharbeiter („Geselle")			
Ausbildung im Ausbildungsberuf			

Das Schaubild zeigt die vier Hauptwege im gewerblich-technischen Bereich. Im kaufmännischen Bereich lauten die möglichen Ziele:

Fachkraft mit Zusatzkenntnissen	Fachwirt	Betriebswirt	Studium, z. B. Betriebswirtschaftslehre, Business Administration
Kurse oder Lehrgänge zu Spezialgebieten	z. B. IHK	Berufsfachschule	Fachhochschule
unterschiedliche Dauer	18 Monate	2 Jahre (4 Jahre Teilzeit)	8 Semester
Berufstätigkeit als Facharbeiter/Fachangestellter			
Ausbildung im Ausbildungsberuf			

1. Für alle Berufe gibt es mehrere Möglichkeiten der Aufstiegsweiterbildung. Recherchiere die Möglichkeiten für deinen Wunschberuf.
2. Erstellt aus den Einzelergebnissen in der Klasse eine Übersicht.

Meisterbrief

Zimmerer-Baustelle

Bürotätigkeit

Martina Fischer am Arbeitsplatz

Warum bilden sich Arbeitnehmer weiter?

Wer an seiner beruflichen Karriere interessiert ist und abwechslungsreichere Tätigkeit, mehr Verantwortung und ein höheres Einkommen anstrebt, für den ist Weiterbildung eine Selbstverständlichkeit.

Welche Voraussetzungen musst du für die Weiterbildung erfüllen?

Nicht jeder bringt die persönlichen Voraussetzungen für alle denkbaren Karrierewege, z. B. Meister, Techniker oder Bachelor gleichermaßen mit.

Man muss sich wieder selber hinterfragen und seine Chancen überprüfen (Selbst- und Fremdeinschätzung).

Ziel: Handwerksmeisterin

Martina Fischer ist die Tochter des Zimmermeisters Günther Dusella aus Hollfeld. Sie ist in dem elterlichen Betrieb aufgewachsen und somit in den Beruf auch „hineingewachsen". Schon frühzeitig war ihr klar, dass sie in die Fußstapfen ihres Vaters tritt. Sie erlernte also den Beruf der Zimmerin. Damals benötigte sie noch eine Sondergenehmigung, da die Ausbildung für diesen Beruf eigentlich nur für männliche Bewerber gestattet war. Wegen der Familiennachfolge wurde diese aber problemlos gewährt. Um die Tradition des Familienbetriebs fortsetzen zu können, wollte sie auch die Meisterprüfung ablegen. Denn damit ist sie berechtigt, den Betrieb gemäß der Handwerksordnung auch zu führen.

Nach ihrer Berufsausbildung, die mit der Gesellenprüfung endete, musste sie damals noch eine mindestens fünfjährige Berufspraxis nachweisen, ehe sie zur Meisterprüfung zugelassen werden konnte. Dies ist heute nicht mehr notwendig.

Vor dem eigentlichen Meisterprüfungslehrgang absolvierte Frau Fischer die einjährige Vorbereitungsphase, in der sie sich neben Fachpraxis und -theorie auch betriebswirtschaftliche, kaufmännische, rechtliche und berufspädagogische Kenntnisse aneignete.

Im Meisterprüfungslehrgang profitierte sie von ihren bereits vorhandenen guten Fachkenntnissen, von der breiten praktischen Erfahrung im Betrieb und natürlich von ihrer positiven Einstellung zu einer selbstständigen beruflichen Karriere. Disziplin, Lernbereitschaft und Durchhaltevermögen waren ebenfalls Voraussetzung für den Erfolg.

Hörsaal an der Technikerschule

Arbeitsplatz Computer

Ziel: Techniker

In planet-beruf berichtet Hannes Singer davon, wie er sich nach seiner Ausbildung zum Einzelhandelskaufmann für eine Weiterbildung zum Techniker für Medien- und Informationssysteme entschieden hat.

Hannes Singer: Der Bereich Medien hat mich schon immer interessiert. Bereits während meiner Ausbildung zum Kaufmann im Einzelhandel habe ich mich mit Musikproduktionen beschäftigt. Durch die Weiterbildung konnte ich meine Leidenschaft für Technik und meine Kreativität miteinander verbinden. Außerdem war sie ein gutes Fundament für meinen Plan, mich im Fachgebiet Technik und Medien selbstständig zu machen. Hinzu kommt, dass ich durch die Weiterbildung die Ausbildereignungsbefähigung erworben und die Fachhochschulreife erlangt habe.

planet-beruf.de: Wie ist die Weiterbildung aufgebaut?

Hannes Singer: Sie findet an einer Fachschule statt und besteht aus drei Teilen: Softwareentwicklung, Systemtechnik sowie Werbetechnik und Mediendesign. Diese drei Richtungen kann man unterschiedlich miteinander kombinieren. Man hat also viele Möglichkeiten. Das hilft, wenn man z. B. zu Beginn der Weiterbildung noch nicht so genau weiß, in welche Richtung es letztendlich gehen soll.

planet-beruf.de: Wie hat sich Ihre berufliche Tätigkeit durch den Weiterbildungsabschluss verändert?

Hannes Singer: Die Weiterbildung hat mir den Schritt in die Selbstständigkeit ermöglicht. Ich habe eine Werbeagentur gegründet, die sich auf Webentwicklung, Webdesign und Multimedia spezialisiert hat. D. h., ich leite jetzt ein Unternehmen und führe Personal. Wie das geht, habe ich in der Weiterbildung gelernt.

Hannes Singer

Quelle: https://planet-beruf.de/schuelerinnen/ausbildung-so-laeufts/aufstieg-weiterbildung/weitere-beitraege-aufstieg-weiterbildung/meine-zukunft-technikerin-medien-und-informationssysteme/ 09.11.2016

Im Gegensatz zur Meister-Weiterbildung muss man als Techniker keine zusätzliche praktische Abschlussprüfung in Form eines Meisterstücks ablegen, sondern hauptsächlich theoretische Prüfungen. Techniker arbeiten auch eher im Bereich Planung oder Konstruktion.

Aus beiden Beispielen für Aufstiegsweiterbildung kann man folgende Schlüsse ziehen: Voraussetzungen für eine erfolgreiche Aufstiegsweiterbildung sind

- überdurchschnittliche und solide Kenntnisse, die in den Ausbildungszeugnissen dokumentiert sind,
- Bereitschaft zur Höherqualifikation und Zusatzqualifikation in einer digitalen Arbeitswelt,
- Schlüsselqualifikationen, wie Fleiß, Zuverlässigkeit, Durchhaltevermögen, Gewissenhaftigkeit und Teamfähigkeit,
- Flexibilität und Mobilität.

M

Wie kannst du Arbeit und Beruf im Praktikum erleben?

Ihr habt im letzten Schuljahr bereits Erfahrungen im Betriebspraktikum gemacht. Für einige von euch war dieses Praktikum sehr hilfreich: Euer Berufswunsch wurde bestätigt, eure Berufsvorstellungen wurden gefestigt und die Erprobung der eigenen Fähigkeiten verlief erwartungsgemäß.
Für andere stellte sich durch das Praktikum heraus, dass sie sich neu orientieren müssen.

Liam in der Gärtnerei

Sie mussten feststellen, dass der bisherige Wunschberuf nicht zu ihnen passt. Das Praktikum war für sie aber deshalb trotzdem nicht erfolglos. Sie konnten durch diese wichtige Erkenntnis einen Irrweg bei ihrer Berufswahl vermeiden. Für sie gibt es jetzt eine zweite Chance!

Zusätzlich zum zweiwöchigen Pflichtpraktikum (für die Regelschüler in der Jahrgangsstufe 8; für die M-Schüler eine Woche in der 8. Klasse und eine Woche in der 9. Klasse) kann jeder Schüler noch zwei weitere Wochen Betriebspraktikum absolvieren. Dieses Zusatzangebot kann auf freiwilliger Basis genutzt werden. Nicht jeder Schüler wird es nutzen. Aber gerade für diejenigen, die noch weitere Berufsorientierung benötigen, bietet es sich an.

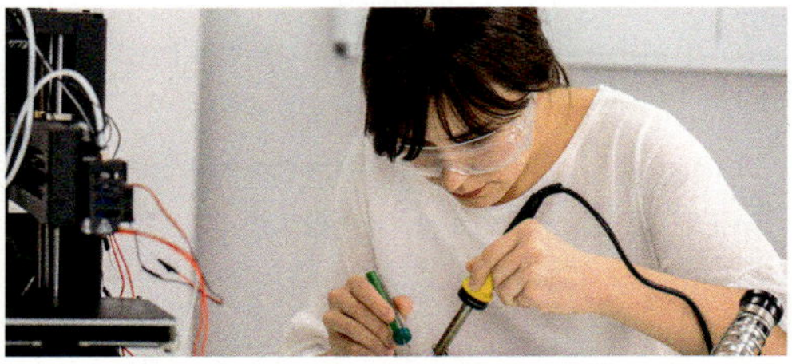

Yvonne in der Werkstatt

Inhaltliche Vorbereitung

Das Betriebspraktikum im 9. Schuljahr liefert euch weitere wichtige Erkenntnisse. Denn das Praktikum hat mehrere Aufgaben: Im Vordergrund steht die Hilfe bei der **Berufsorientierung**.

Ihr sollt aber auch grundlegende **wirtschaftliche Zusammenhänge** kennenlernen und die Themenbereiche **Umwelt**, **Technik** und **Menschen an ihrem Arbeitsplatz** erkunden. In den bisher durchgeführten Betriebserkundungen habt ihr bereits die geeigneten Fragestellungen formuliert.

Im Unterricht erfolgt dazu die nötige Vorbereitung. Ihr könnt in arbeitsteiliger Gruppenarbeit Fragen zu den genannten Themenbereichen entwickeln. Diese Fragen bilden in eurer Praktikumsmappe den Erkundungsleitfaden.

Daniel in der Backstube

Seit der 5. Klasse habt ihr im Unterricht im Fach Wirtschaft und Beruf Arbeitsplätze beschrieben. Ihr erinnert euch an die Kernfragen:

- **Was** ist die **Arbeitsaufgabe**? (Welche Tätigkeiten werden ausgeführt?)
- **Womit** wird gearbeitet (**Arbeitsmittel**)?
- **Wie** sind die **Arbeitsbedingungen**?
- **Wo** ist der **Arbeitsplatz/Arbeitsort**?
- **Wann und wie lange** wird die Arbeit ausgeführt? (**Arbeitszeit und Arbeitsdauer**)

Mit der Beantwortung dieser Fragen erstellt ihr eine Arbeitsplatzerkundung für **eine** berufliche Tätigkeit. Um einen Beruf umfassender zu beschreiben, musst du im Praktikum mehrere Arbeitssituationen beobachten und dokumentieren.

Petra in der Lehrwerkstatt

M

Erkundungsmethoden und Befragungstechniken

Organisatorische Vorbereitung

Zur organisatorischen Vorbereitung gehören die zeitliche Planung und die Weitergabe der Informationen an die Beteiligten, also an Betriebe, Eltern, Nachbarschulen und Schüler.

Es muss klar sein, wer die verantwortlichen Ansprechpartner in Betrieb und Schule sind. Die Beteiligten müssen Bescheid wissen über spezielle Voraussetzungen und Vorschriften, wie z. B. Gesundheitszeugnis oder Sicherheitskleidung, aber auch Arbeitszeiten, Arbeitsweg und Einsatz an verschiedenen Arbeitsorten.
Ihr müsst euch vor Beginn des Praktikums wieder über notwendige Sicherheitsbestimmungen informieren.

Muss ich mich auf einen Praktikumsplatz bewerben?
Im Allgemeinen fragst du direkt bei dem Betrieb deiner Wahl nach, ob du ein Betriebspraktikum dort absolvieren kannst. Aber einige Betriebe verlangen bereits für das Betriebspraktikum eine schriftliche Bewerbung. Dazu können gehören:
- Bewerbungsschreiben,
- tabellarischer Lebenslauf,
- Zeugnisse,
- passende Unterlagen aus deinem Portfolio.

Achte bei Bewerbung und Lebenslauf auf ein einheitliches Schriftbild und auf fehlerfreie Rechtschreibung. Der schwierigste Punkt ist wohl, im Anschreiben deine „persönliche Note“ zu setzen. Anschreiben, in denen nur allgemeine Vorlagen abgeschrieben wurden, werden als erstes aussortiert.

Für alle Fragen zum richtigen Bewerben kannst du wieder die Seiten von planet-beruf zurate ziehen.

Methodische Vorbereitung

Genauso, wie sich ein Leistungssportler vor einem Wettkampf fit macht, seinen Körper aufwärmt und sich geistig auf die kommende Aufgabe einstellt, solltet ihr gut vorbereitet euer Praktikum antreten. Zusätzlich zur inhaltlichen Vorbereitung müsst ihr die Erkundungsmethoden und die Befragungstechniken auffrischen.

Dazu zählen
- Beobachten,
- Befragen,
- Interview führen,
- Notizen machen,
- Protokollieren,
- Skizzieren,
- Fotografieren.

Plant in Kleingruppen Rollenspiele zu den methodischen Fertigkeiten und führt sie in der Klasse durch:
Anfrage nach Praktikumsstelle, Interview eines Mitarbeiters, klärende Nachfragen

Schülerin im Gespräch mit dem betrieblichen Betreuer und mit anderen Azubis

Wie führst du dein Betriebspraktikum erfolgreich durch?

Für ein gelungenes Betriebspraktikum musst du deine Vorbereitung gezielt umsetzen.

- Der Einsatz im Betrieb ist für dich ungewohnt. Gehe auf die Menschen selbstbewusst zu, vermeide aber zu aufdringliches Verhalten.

- Denke daran: Auch die Betriebsangehörigen müssen sich auf dich einstellen. Auch für sie ist es keine alltägliche Situation, ständig einen Praktikanten bei sich zu haben.

- Sicherlich wirst du einem festen Ansprechpartner zugeordnet, der dich im Betrieb betreut. Halte dich unbedingt an seine Anweisungen und besprich wichtige Ereignisse oder eventuelle Probleme mit ihm. Informiere darüber aber auch deine Lehrkraft.

- Erkundige dich zu Beginn des Praktikums über die Sicherheitsregeln und halte sie ein.

- Zeige Interesse an Tätigkeiten, Berufen und Vorgängen im Betrieb.

- Versuche, selbstständig Kontakt zu Betriebsangehörigen aufzunehmen. Sie werden dir sicher gerne Rat geben.

- Azubis können dir für deine Berufswahl gute Tipps geben. Befrage sie nach den gewünschten Voraussetzungen und nach ihrer persönlichen Einschätzung zum Ausbildungsberuf bzw. Ausbildungsbetrieb.

- Erledige deine schulischen Arbeitsaufträge, sprich Zeitpunkt und Vorgehensweise rechtzeitig mit deinem Betreuer ab.

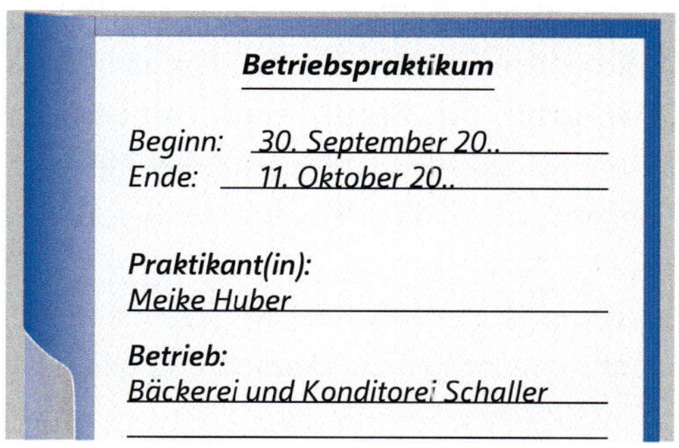

Führe deine Praktikumsmappe zeitnah.

Informiere dich über Notfallmaßnahmen.

M

Schüler präsentieren ihr Betriebspraktikum.

Zeige auch ein Plakat oder deine Mappe.

Wie bereitest du dein Betriebspraktikum nach?

Was ihr im Praktikum gesehen, erfahren und erlebt habt, könnt ihr auf verschiedene Weise darstellen. Eure Erkenntnisse sind für euch ganz persönlich sehr wichtig. Sie bringen euch in eurem Berufsorientierungsprozess entscheidende Schritte weiter. Dies solltet ihr in eurem Berufswahlportfolio festhalten.

Aber auch eure Mitschüler sollen von euren Erfahrungen profitieren. Umgekehrt gewinnt ihr neue Einsichten aus deren Erkenntnissen über andere Praktikumsbetriebe und -berufe.

Bereits im letzten Jahr habt ihr folgende Dokumentationsformen ausprobiert und genutzt:

Praktikumsbericht

Die Inhalte eines solchen Berichts könnt ihr frei auswählen. So wie die Schwerpunkte bei der Vorbereitung des Praktikums festgelegt wurden, bietet sich folgende Gliederung an:
- Mein Praktikumsberuf
- Wirtschaften im Betrieb
- Betrieb und Umwelt
- Technik im Betrieb
- Menschen am Arbeitsplatz

Wenn ihr die einzelnen Kapitel durch Fotos veranschaulicht, wirkt eure Praktikumsmappe lebendiger.

Präsentation

Euer Lernerfolg wird am größten sein, wenn ihr eure Erkenntnisse präsentiert, z. B. in einem Kurzreferat (vielleicht computergestützt) oder in Form einer Praktikumsausstellung. Dabei nutzt ihr verschiedene Varianten:

- Wandzeitung

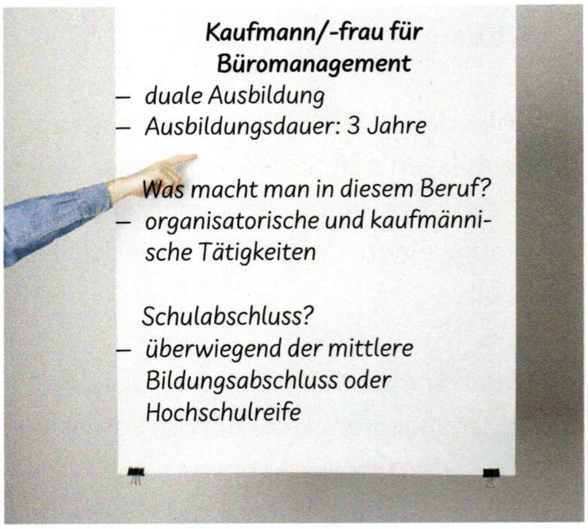

- Informationsmaterial des Betriebs,
- Werkstücke.

Berufswünsche vom Kleinkind bis zum Schulabgänger

Hat dir das Betriebspraktikum bei deiner Berufswahl geholfen?

Nach dem Betriebspraktikum solltest du mit deiner Berufsorientierung einen Schritt weiter sein. Wie hat sich dein betrieblicher Betreuer über dich geäußert?

Auch wenn dir dein betrieblicher Betreuer von dem Praktikumsberuf abrät, hilft dir dies bei deiner Berufswahl. Denn nun weißt du, dass du dich anders orientieren solltest.

Die meisten werden jedoch aufgrund der bisherigen Berufsorientierung in der Mittelschule in ihrer Berufswahl so weit sein, dass sie einen realistischen Wunschberuf im Praktikum gewählt haben.

Du hast im Praktikum deine Interessen erforscht, deine Fähigkeiten erprobt, deine Vorstellungen überprüft und dir hoffentlich auch Alternativen überlegt.

Hast du auch deine Chance genutzt, auf dich aufmerksam zu machen durch Einsatzbereitschaft, Motivation, Neugier und korrektes Verhalten? Vielleicht hast du auch schon erste Gespräche über einen möglichen Ausbildungsplatz geführt. Nach diesem Praktikum solltest du wesentliche Fragen geklärt haben:

- Welche Berufe kommen für mich in Frage?
- Welche Voraussetzungen dafür erfülle ich bereits?
- Wo muss ich mich noch steigern?
- Welche nächsten Schritte sollte ich unternehmen?
- Wie stelle ich mir meinen (beruflichen) Lebensweg vor?
- Bin ich bereit, mich über die Grenzen der Heimatregion hinaus zu orientieren und Freunde und Elternhaus zu verlassen?
- Was muss ich langfristig planen?
- Welche Wege kann ich mir nach der Ausbildung vorstellen? (Lifelong learning; Aufstieg; Umschulung; Selbstständigkeit)

Ein chinesisches Sprichwort lautet: „Auch eine lange Reise beginnt mit dem ersten Schritt." Wichtig für deine Berufswegplanung ist die Ausgangsposition. Mit einem guten Schulabschluss verbesserst du deine Startchancen.

Bewerbung am PC erstellen und das Foto von einem Profi machen lassen

Was musst du bei deiner Bewerbung beachten?

Vielleicht hast du bereits für das Betriebspraktikum ein Bewerbungsschreiben verfasst. Für die Bewerbung um einen Ausbildungsplatz ist es jetzt noch wichtiger, dass du alle Formvorschriften und Gestaltungsregeln für

- das **Bewerbungsschreiben** und
- den **Lebenslauf** einhältst.

Bei diesen Fragen kannst du die Online-Materialien von planet-beruf gewinnbringend nutzen.

Zusätzlich kommen in die Bewerbungsmappe deine aktuellen **Zeugnisse** in Kopie, deine **Praktikumsbescheinigungen** und **Bescheinigungen** über Kurse oder Nebenjobs.

Das Bewerbungsschreiben

Durch das Bewerbungsschreiben erhält der Betrieb den ersten und wichtigsten Eindruck von dir: Es ist ausschlaggebend dafür, ob du in die engere Auswahl genommen wirst.

Von besonderer Bedeutung ist der **Inhalt** der Bewerbung. Versetze dich in die Situation eines Personalchefs, der vielleicht Hunderte von Bewerbungsschreiben bewerten muss und die passenden Bewerber auswählen soll. Er wird vor allem auf die „besonderen“ Bewerbungen achten.

INFO

Es ist aber schwierig, eine Bewerbung zu schreiben, die sich von den anderen abhebt.

Achte auf jeden Fall auf das **äußere Erscheinungsbild** deiner Bewerbung. Sie muss sorgfältig und fehlerfrei geschrieben sein. Erkundige dich bei deiner Lehrkraft in Wirtschaft und Kommunikation nach den aktuellen DIN-Vorschriften für Geschäftsbriefe.

Verfasse dein Bewerbungsschreiben am PC. Beispiele für Bewerbungsschreiben aus Ratgeberschriften können dir bei dieser Aufgabe helfen. Schreibe aber nicht einfach solche Muster-Bewerbungsschreiben ab, sondern nutze sie lediglich als Hilfestellung.

INFO

Im Bewerbungsschreiben kommt es auf Inhalt und Erscheinungsbild an.

Starthilfe:

Für das Bewerbungsschreiben und den Lebenslauf ist die **Zusammenarbeit mit den Fächern Deutsch und Wirtschaft und Kommunikation** sinnvoll.

Fertige nach dem Muster auf der Folgeseite ein Bewerbungsschreiben für deinen Wunschberuf an.

a) Achte darauf, dass es alle wichtigen Elemente enthält.
b) Überlege dir, was deine Bewerbung „besonders“ machen kann.

Musteranschreiben

BEWERBUNGS-TRAINING

So kann ein Anschreiben aufgebaut sein. Unser Musteranschreiben ist eine Empfehlung und kein Muss ...

So sieht ein gelungenes Anschreiben aus:

Diesen Bereich nennt man auch Kopfzeile

Name des Absenders beginnt in der fünften Zeile. Für Namen und Angaben des Absenders stehen im Briefkopf (Kopfzeile) bis zu 12 Zeilen (45 mm) zur Verfügung.

Praxisempfehlung: Rechter Rand 20 mm

Max Mustermann
Musterstr. 2
12345 Musterstadt
Tel.: 01234 56789
E-Mail: max.mustermann@<mailmuster>.de

Der Absender kann auch linksbündig stehen

Drei Zeilen bis zur Anschrift des Empfängers

Beispiel Landschaftsbau
Herrn Bernd Beispiel
Beispielstr. 20
12345 Beispielstadt

Beachte die Reihenfolge:
Offizielle Bezeichnung der Firma
Name Ansprechpartner/in
Straße
PLZ Ort
(Für die Anschrift stehen 6 Zeilen zur Verfügung.)

Zwei Zeilen bis zur Datumsangabe

7. September 2020

Bewerbung um einen Ausbildungsplatz als Gärtner – Garten- und Landschaftsbau

Nenne im Betreff deinen Ausbildungswunsch, den Beruf und ggf. den Zeitpunkt des Eintritts.

Sehr geehrter Herr Beispiel,

Sprich den/die Empfänger/in persönlich an.

über die JOBBÖRSE der Bundesagentur für Arbeit bin ich auf Ihr Ausbildungsangebot aufmerksam geworden. Auf Ihrer Homepage habe ich mich über Ihr Unternehmen informiert. Die Arbeit in einem Familienbetrieb, die individuelle Gartengestaltung und der nachhaltige Anbau von Pflanzen interessieren mich sehr. Daher bewerbe ich mich bei Ihnen.

Begründe, warum du dich bei diesem Betrieb bewirbst.

Linker Rand 25 mm

Während meines einwöchigen Praktikums in der Gärtnerei Blum konnte ich erste Einblicke in den beruflichen Alltag eines Gärtners gewinnen. Dabei gefielen mir besonders die Bepflanzung und die Pflege von Hausgärten. Ich arbeite sehr gerne an der frischen Luft und bin körperlich belastbar. Da mir diese Arbeit viel Spaß gemacht hat, möchte ich eine Ausbildung zum Gärtner beginnen.

Zeige, was dich motiviert und dass du geeignet bist.

Zurzeit besuche ich die Margareten-Schule in Musterstadt, die ich im Sommer nächsten Jahres mit dem qualifizierenden Mittelschulabschluss erfolgreich abschließen werde.

Nenne den Zeitpunkt deines Schulabschlusses.

Gerne biete ich Ihnen an, ein Praktikum bei Ihnen zu absolvieren, damit Sie sich von mir und meinen Fähigkeiten überzeugen können.

Zeige, dass du gerne in dem Betrieb arbeiten möchtest.

Auf eine Einladung zu einem persönlichen Gespräch freue ich mich sehr.

Drei Zeilen frei lassen für die Unterschrift

Mit freundlichen Grüßen

Max Mustermann

Denk am Schluss an einen freundlichen Gruß und an deine Unterschrift.

Anlagen
Lebenslauf mit Foto
Letztes Schulzeugnis
Praktikumsbescheinigung

Unter „Anlagen“ *kannst* du beigefügte Dokumente einzeln aufführen, du *musst* es aber nicht tun!

planet-beruf.de
MEIN START IN DIE AUSBILDUNG

Bundesagentur für Arbeit

Tipps für das „Besondere“ im Bewerbungsschreiben

- Wenn du ein Hobby hast, das zum Beruf passt, nenne es und beschreibe, was du dabei erreicht hast.
- Wenn in deiner Familie mehrere Sprachen gesprochen werden und du zwei- oder mehrsprachig bist, musst du dies unbedingt erwähnen.
- Wenn du im Verein oder z. B. bei der Feuerwehr Aufgaben übernommen hast, solltest du dies erläutern.

Bewerbung – als Brief oder auch online

Der nächste Schritt in deinem Lebe

Bewerbung – auch online möglich

Immer mehr Unternehmen bieten auf ihrer Homepage möglichen Bewerbern an, sich online zu bewerben. Bei planet-beruf sind folgende Hinweise dazu zu finden:

Auf Internetportalen von Unternehmen kannst du dich auch online bewerben. Die Inhalte dieser „Online-Bewerbungsformulare“ sind oft ähnlich gestaltet und orientieren sich an den üblichen Bestandteilen einer Papierbewerbung.

Tipp: Bevor du ein Online-Bewerbungsformular ausfüllst, solltest du deine Bewerbungsunterlagen bereitlegen, dann geht es schneller.

Deine bisherige Praxiserfahrung

Für deine praktischen Erfahrungen in deiner Wunschausbildung stehen dir Auswahl- und Freitextfelder für eigene Formulierungen zur Verfügung. Wie bei einer schriftlichen Bewerbung wollen die Unternehmen dein (bisheriges) Interesse für den Ausbildungsberuf sehen. Formuliere kurz und stichpunktartig.

Deine Kenntnisse und Fähigkeiten

Wie in einem gängigen Bewerbungsschreiben trägst du hier deine Qualifikationen wie Sprach- oder Computerkenntnisse ein bzw. kannst sie auswählen oder anklicken. Zum Teil musst du dich selbst bewerten. Firmen bieten dafür u. a. Tabellen als Bewertungshilfe an, damit du dich besser einschätzen kannst. Orientiere dich daran. Auch Hobbys und freiwillige Tätigkeiten können abgefragt werden. Formuliere in Stichpunkten und achte darauf, dass du nichts vergisst. Lass dich nicht verunsichern, wenn Felder leer bleiben und sei ehrlich!

Technische Voraussetzung

- Computer mit Internetzugang
- Textverarbeitungsprogramm
- Programm zum Erstellen von PDF-Dateien
- Scanner
- Drucker für PDF und Probedruck
- E-Mail-Zugang für Bewerbungen per E-Mail mit seriöser Adresse (SO NICHT: Schmusebaer@muster.de; SONDERN SO: max.mustermann@muster.de)

Technische Schritte

- Anschreiben und Lebenslauf am PC erstellen
- letztes Schulzeugnis und Praktikumsbescheinigungen als PDF-Dateien einscannen
- digitales Foto vom Fotostudio erstellen lassen und am besten auf dem Lebenslauf oben rechts platzieren (oder auf das Deckblatt, wenn du eines verwendest)
- alle Anhänge am besten zu einer PDF-Datei zusammenfassen und mit einem aussagekräftigen Namen versehen, z. B. Bewerbung_Benjamin_Beispiel
- Dateigröße checken: Deine Anlagen sollten nicht größer als 3 MB sein!

Der Lebenslauf

Fester Bestandteil einer jeden Bewerbung ist der Lebenslauf. Er soll dem Empfänger deiner Bewerbung eine erste genauere Vorstellung von dir vermitteln. Du gibst Auskunft über deine Person und über deinen schulischen Werdegang. Selbstverständlich musst du auch den Lebenslauf mit besonderer Sorgfalt schreiben.
Heute verlangen die meisten Betriebe einen tabellarischen Lebenslauf. Üblicherweise wird auch der Lebenslauf mit dem PC erstellt. Allerdings muss er persönlich unterschrieben werden.

Darauf musst du achten:
Formulierung: Der tabellarische Lebenslauf verlangt keine ganzen Sätze. Schreibe in Stichpunkten kurz und klar.
Ziel: Im Lebenslauf sollst du deine Interessen und Fähigkeiten herausstellen, die zur angestrebten Ausbildungsstelle passen.

Lebenslauf

Name:	Tobias Mandt
Anschrift:	Bamberger Straße 101 96114 Hirschaid Tel.: 09543 987321 E-Mail: tobman@netweb.de
Geburtsdatum:	10. Mai 20..
Geburtsort:	Bamberg
Eltern:	Thomas Mandt, Industriemechaniker Stefanie Mandt, geb. Rudolf, ZFA
Geschwister:	Lara, 11 Jahre
Schulbildung:	von September 20 .. bis Juli 20..: Grundschule Hirschaid von September 20.. bis Juli 20..: Mittelschule Hirschaid
Schulabschluss:	voraussichtlich Juli 20..
Zeugnis:	voraussichtlich Qualifizierender Abschluss der Mittelschule
Besondere Kenntnisse:	Wahlfach Informatik und AG Internet
Hobbys:	Basketball, Jugendfeuerwehr
	Hirschaid, 13.05.20..
	Tobias Mandt

Welche Inhalte müssen in den Lebenslauf?

Angaben zur Person: Name, Anschrift, Telefonnummer, Geburtsdatum und -ort, Hobbys

Tipps:
- Es ist üblich, die eigene E-Mail-Adresse sowohl bei schriftlichen Bewerbungen als auch bei Online-Bewerbungen anzugeben.
- Angaben zu deinem Geburtsort, deiner Familie und deiner Staatsangehörigkeit sind freiwillig.
- Deine Religionszugehörigkeit musst du nur erwähnen, wenn es von dem Arbeitgeber ausdrücklich gewünscht wird.

Praktische Erfahrung: Deine Interessen, Stärken und Fähigkeiten stellst du heraus, indem du deine absolvierten Praktika und deine ehrenamtlichen, freiwilligen Tätigkeiten auflistest.
Persönliche Kompetenzen: Gib genaue Auskunft über deine besonderen Kenntnisse und Fertigkeiten; z. B. Computer- und Sprachkenntnisse.
Schulbildung: Nenne deinen voraussichtlichen Schulabschluss und liste die von dir besuchten Schulen lückenlos auf.
Ort, Datum und Unterschrift: In deinem Lebenslauf muss das gleiche Datum stehen wie in deinem Anschreiben. Beide Dokumente müssen von dir eigenhändig unterschrieben werden.
Bewerbungsfoto: Wenn du kein Deckblatt verwenden möchtest, fügst du dein digitales Foto rechts oben im Lebenslauf ein oder klebst ein Foto hier auf. Ein Foto ist zwar keine Pflicht mehr, kann für dich aber von Vorteil sein, wenn du dich von deiner besten Seite zeigst. Manchmal passiert es, dass der Kleber nicht mehr hält und sich das Foto im Laufe der Zeit vom Blatt löst. Damit der Personalchef aber das Foto eindeutig zuordnen kann, schreibst du auf die Rückseite des Passbildes deinen Namen und dein Geburtsdatum.

Starthilfe:

Im Internet-Auftritt von planet-beruf findest du einen **Musterlebenslauf** und auch eine **Formatvorlage**, die du nutzen kannst.

M

Schüler proben das Vorstellungsgespräch.

Der Ernstfall im Betrieb

Wie gelingt das Vorstellungsgespräch?

Die Verantwortlichen des Unternehmens haben Interesse an dir, sonst hätten sie dich nicht eingeladen. Im Vorstellungsgespräch wollen sie dich genauer kennenlernen. Bedenke, dass du dich dabei nicht verstellst. Sei einfach so, wie du sonst auch bist.
Lampenfieber und Ängste sind ganz normal und gehören dazu. Darunter leiden alle in der gleichen Situation. Gehe mit Selbstvertrauen zum Vorstellungstermin.

Wie kannst du dich auf das Vorstellungsgespräch vorbereiten?

Du musst dir vorher überlegen, welche Fragen an dich gestellt werden. Notiere eigene Fragen über das Unternehmen, die du beim Gespräch vorbringen möchtest.
Informiere dich möglichst ausführlich über den Betrieb. Zeitschriften, Broschüren oder die Website des Unternehmens helfen dir dabei.
Trainiere deine Körpersprache: Sei weder zu schüchtern und nervös noch zu cool und überheblich, sondern zeige dich offen und interessiert. Mit Blickkontakt, aufrechter Körperhaltung und offener Zuwendung gelingt es dir, dass dein Gegenüber wahrnimmt, wie interessiert du dich zeigst. Setze dich erst hin, nachdem dir ein Platz angeboten wurde. Benutze Mimik und Gestik so, dass sie weder übertrieben noch teilnahmslos wirken, sondern Aufmerksamkeit zeigen. Am Ende des Gesprächs bedankst du dich höflich und verabschiedest dich mit einem normal festen Händedruck.
Folgende Unterlagen solltest du zum Vorstellungsgespräch mitbringen:
- Einladungsschreiben,
- vollständige Bewerbungsunterlagen,
- ausgefüllter Personalfragebogen, falls dir einer zugeschickt wurde,
- Liste mit eigenen Fragen,
- dein Berufswahlportfolio,
- Schreibunterlage und Stift.

Spiele das Vorstellungsgespräch mit Freunden oder deinen Eltern durch. Ihr könnt die Situation auch in der Klasse üben. Wechsle auch einmal die Rolle. Als „Personalchef“ bekommst du dann einen Eindruck von der „anderen Seite“.

1. Führt in der Klasse Rollenspiele zum Vorstellungsgespräch durch. Kleidet euch auch so wie im „Ernstfall“, denn dadurch nimmt man die Rolle intensiver an.
2. Die Beobachter achten besonders auf Gestik, Mimik und Sprache. Sie notieren ihre Beobachtungen und diskutieren und bewerten in der Nachbereitung des Rollenspiels, was gut war und was verbessert werden müsste.

Wie man im Vorstellungsgespräch gut ankommt

Welche Situationen sind typisch beim Vorstellungsgespräch?

Du musst mit deiner Persönlichkeit werben. das heißt aber auch, dass du deine Fähigkeiten, deine Stärken und Schwächen vorher richtig einschätzen kannst. Personalchefs sind Profis, die sich nichts vormachen lassen. Falls du während des Gesprächs nervös bist, stehe dazu. Deine Gesprächspartner wissen, dass du in einer solchen Situation nicht völlig locker sein kannst. Sie durchschauen auch vorgespielte Lässigkeit. Also sei, wie du bist. Ein gepflegtes Äußeres ist Voraussetzung. Schmutzige Fingernägel wirken nicht positiv. Hände in der Hosentasche sind unanständig. Du kannst dich auch auf bestimmte Fragen vorbereiten, die in den meisten Vorstellungsgesprächen gestellt werden:

- Warum willst du gerade diesen Beruf erlernen?
- Warum hast du dich bei uns beworben?
- Was weißt du über den Betrieb?
- Hast du dich auch woanders beworben?
- Was weißt du schon über den Beruf?
- Kennst du die Schattenseiten des Berufs?
- Kannst du dir Alternativen zu deiner Ausbildung vorstellen?
- Welche Hobbys hast du?
- Wo engagierst du dich, z. B. im Verein oder bei Organisationen?
- Wie sind deine Leistungen in der Schule?
- Was sind deine besonderen Stärken?
- Hast du auch Schwächen? Welche?

Übrigens: Personalverantwortliche möchten mit ihrem korrekten Namen angesprochen werden. Achte bei der Begrüßung bereits darauf und benutze den Namen im Vorstellungsgespräch.

Wenn du etwas nicht verstanden hast, darfst du auch nachfragen. Bereite dich aber auch auf eigene Fragen vor. Oft wirst du dazu gezielt aufgefordert. Dies können Fragen zum Unternehmen, zur Ausbildung, zu Mitarbeitern, zum Ausbildungsvertrag oder zu den Produkten des Betriebs sein. So zeigst du, dass du interessiert bist und dass du dich gut vorbereitet hast.

Die Frage nach der Höhe der Ausbildungsvergütung ist zulässig, sollte aber nicht als erstes gestellt werden.

Berufsberatung

BIZ

Info-Ordner

Woher bekomme ich Hilfen für meine Berufswahl?

Die Berufsberatung der Bundesagentur für Arbeit und die Mittelschulen arbeiten für eure Berufswahl zusammen. Ihr kennt bereits die Schriften und die Onlinehilfen der Berufsberatung:

- Beruf AKTUELL
- planet-beruf
- BERUFENET
- BERUFE-Entdecker

Zu diesen umfassenden und allgemeinen Informationsquellen hinzu gibt es von den örtlichen Arbeitsagenturen herausgegebene aktuelle regionale Broschüren mit dem Titel **„Schule – und was kommt dann? Ausbildungen in deiner Region“**

Der regionale Ausbildungsmarkt gibt einen Überblick über die Ausbildungsstellen in deiner Nähe.

Ausbildungsberuf	Dauer	Zahl der 2018 neu abgeschlossenen Ausbildungsverträge	Raum Bayreuth 1)	Raum Kulmbach 1)	Raum Hof 1)
Bauten- und Objektbeschichter/in	2 Jahre	9	👍	👉	👍
Bauwerksabdichter/in	3 Jahre	3	👉	👉	👉
Bodenleger/in	3 Jahre	0	👉	👎	👉
Elektroniker/in Energie- und Gebäudetechnik	3,5 Jahre	87	👍	👍	👍
Elektroniker/in - Gebäude- und Infrastruktursysteme	3,5 Jahre	0	👉	👉	👉
Estrichleger/in	3 Jahre	0	👉	👉	👉
Fliesen-, Platten- und Mosaikleger/in	3 Jahre	6	👉	👉	👉
Glaser/in Fenster- und Glasfassadenbau	3 Jahre	0	👉	👉	👍
Glaser/in Verglasung und Glasbau	3 Jahre	0	👉	👉	👍
Maler/in und Lackierer/in Gestaltung und Instandhaltung	3 Jahre	18	👍	👉	👍

Beispielseite aus der Regional-Broschüre

Das **Berufsinformationszentrum** (BIZ) stellt ebenfalls die bisher gezeigten schriftlichen und elektronischen Informationen bereit.

PC-Arbeitsplatz im BIZ

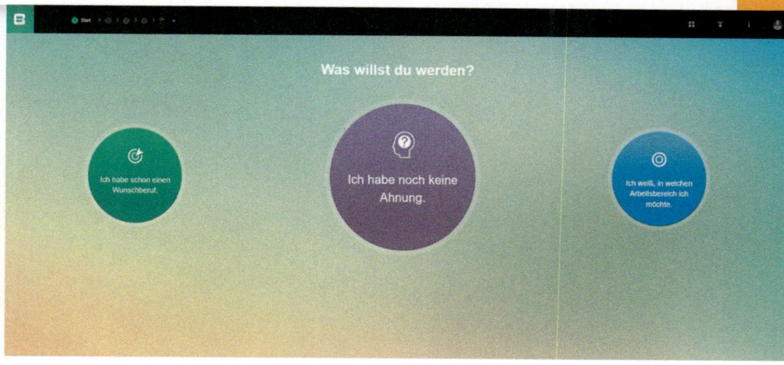

BERUFE-Entdecker kann hilfreich sein.

Darüber hinaus findest du im BIZ eine umfangreiche Mediathek zu allen Ausbildungsberufen.

INFOMAPPE

Du bist im Berufsinformationszentrum? Dann **frag nach den Infomappen** „planet-beruf.de"!

Schau dir die Infomappen an und **such dir eine aus!**

ONLINE

Geh auf
www.berufsfeld-info.de/ausbildung

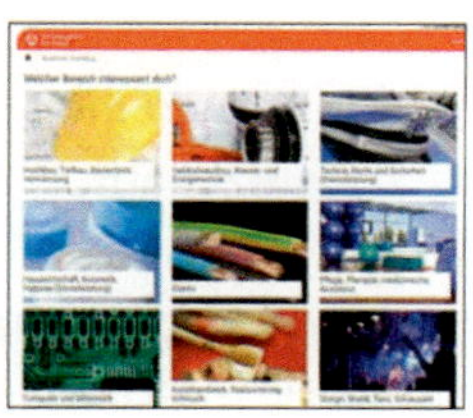

Schau dir die Bilder der Berufsbereiche an. Interessiert dich eins? Dann **klicke das Bild an!**

Du musst dich natürlich auch regelmäßig tagesaktuell über angebotene Ausbildungsstellen informieren. Dabei helfen dir Internetportale, wie z. B. die Lehrstellenbörsen der Kammern, die Jobbörse der Bundesagentur für Arbeit oder „Sprungbett Bayern".

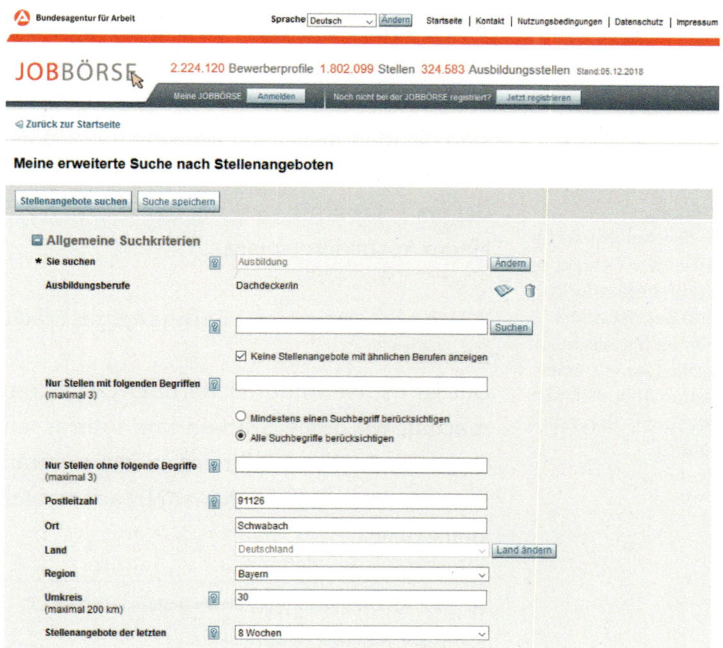

Jobbörse der Bundesagentur für Arbeit

IHK Lehrstellenbörse

Auch die Tageszeitung deines Heimatorts hilft dir bei der Suche nach einem Ausbildungsplatz. Sie liefert dir durch Anzeigen den Ausbildungsstellenmarkt nach Hause.

Wir bieten für 2019/20 einen Ausbildungsplatz zum

Mechatroniker m/w/d

Kälte- und Klimatechnik

Ihre Bewerbung richten Sie bitte an:

Schulbesprechung

Schüler bei der Einzelberatung

Wie helfen dir die Berufsberater der Arbeitsagentur?

Die **Bundesagentur für Arbeit** in Nürnberg ist für die Berufsberatung zuständig.
In den Agenturen für Arbeit vor Ort gibt es Berufsberaterinnen und Berufsberater. Für die Mittelschulen gibt es jeweils einen festen Ansprechpartner für die Berufsberatung.

Berufsberater der Bundesagentur für Arbeit sind die maßgeblichen Fachleute für dich bei deiner Berufswahl. Sie helfen dir bei der Wahl deines Erstberufs und bei der Suche nach einem Ausbildungsplatz.

Welche Fragen sind im Beratungsgespräch sinnvoll?

Gut ist es, wenn du dir darüber Gedanken machst, wo deine Stärken und Interessen liegen. Zudem ist es hilfreich, wenn du vorab Fragen sammelst, die du dem Berufsberater stellen willst.

Welche Fragen solltest du in der Berufsberatung klären?

Was möchtest du nach deinem Schulabschluss machen?
- ☐ Berufsausbildung
- ☐ Weiter zur Schule gehen, um einen höheren Schulabschluss zu erwerben
- ☐ Sonstiges (z.B. freiwilliges soziales Jahr)

Was hast du bereits unternommen, um dir über deinen Weg in den Beruf klar zu werden?
- ☐ Besuch im BiZ
- ☐ Über folgende Berufe informiert: ____________________

Auf welche Fragen des Berufsberaters im Beratungsgespräch solltest du vorbereitet sein?

Der Berufsberater fragt z. B. nach deinen Hobbys und deinen Lieblingsfächern. So erkennt er deine Interessen und Stärken.

Außerdem erkundigt er sich, welche Praktika du schon absolviert hast und was dir daran gut gefallen hat und was weniger.

Welche Unterlagen solltest du zur Berufsberatung mitbringen?

Von Vorteil ist es, wenn du deine Portfoliomappe mitbringst, in der z. B. die letzten Zeugnisse, deine Zertifikate und Praktikumsnachweise enthalten sind.

Welche Angebote macht die Berufsberatung?

Deinen Berufsberater hast du bereits in der 8. Jahrgangsstufe kennengelernt. In der **Schulbesprechung** hat er euch gemeinsam über das gesamte Angebot der Berufsberatung informiert.
Ihr wart mit ihm bereits im **BIZ**, wo ihr das mediale Angebot intensiv genutzt habt.

Vielleicht hast du auch an einer **Gruppenberatung** teilgenommen, wenn du mit Klassenkameraden zu einem gemeinsamen Problem nachgefragt hast.

Für eine **Einzelberatung** musst du einen festen Termin vereinbaren.

Starthilfe zu 1:

Bei planet-beruf findest du einen aktuellen Fragebogen für das Berufsberatungsgespräch.

1. Sammle geeignete Fragen, die du beim Beratungsgespräch stellen willst. Notiere sie auf deinem Notizzettel.
2. Überprüfe und aktualisiere dein Portfolio im Hinblick auf das Beratungsgespräch.

Berufsinformationsveranstaltung

Ausbildungsmesse

Welche Veranstaltungen helfen dir bei der Berufswahl?

Berufsinformationsveranstaltung

Ihr könnt eine Berufsinformationsveranstaltung an eurer Schule oder zusammen mit Nachbarschulen planen, organisieren und durchführen. Experten aus der Wirtschaft für eure Wunschberufe präsentieren diese Berufe durch Vorträge, Fotos, Schaubilder, Filme und praktische Darbietungen. Sie geben Auskunft über berufliche Anforderungen, betriebliche Erwartungen, erforderliche Qualifikationen und Ausbildungschancen.

Wählt für die Veranstaltung einen geeigneten Termin, an dem auch eure Eltern teilnehmen können. Findet durch Befragung der beteiligten Schüler heraus, zu welchen Ausbildungsberufen Experten nachgefragt werden.

Mögliche Ansprechpartner, die ihr für eine solche Berufsinformationsveranstaltung gewinnen wollt, findet ihr in Betrieben, die Praktikumsplätze für Schüler zur Verfügung stellen, im Bekannten- und Verwandtenkreis oder auch bei den Kammern, Innungen und Verbänden.

Selbstverständlich benötigt ihr für eine derart umfangreiche Aufgabe die Unterstützung eurer Klassenlehrkraft und der Schulleitung. Der Erfolg hängt aber hauptsächlich von eurem Engagement ab.

Ausbildungsmesse

In den meisten Regionen Bayerns gibt es seit einigen Jahren auch den umgekehrten Weg. Bei Ausbildungsmessen an zentralen Orten könnt ihr euch an zahlreichen Firmenständen zu verschiedenen Berufen informieren. Dabei werden zum Teil auch „lebende Werkstätten" aufgebaut, so dass die Besucher einen realistischen Einblick in den Beruf gewinnen können. Bei diesen Ständen sind oft Auszubildende im Einsatz, mit denen ihr „auf Augenhöhe" ins Gespräch kommt und die euch ganz aktuell über ihre Erfahrungen in der Ausbildung berichten können.

Bei den meisten Messen werden auch Vorträge zu Berufswahlthemen angeboten. Wählt vor dem Besuch die für euch interessanten Vorträge aus, notiert euch Zeitpunkt und Ort und legt euren Besuch zeitlich so, dass ihr euch dort informieren könnt.

Es macht keinen Sinn, durch die Ausstellung nur wie ein Zuschauer zu gehen. Ihr müsst „ran an die Stände" und eure Fragen stellen. Diese solltet ihr vor dem Messebesuch genau überlegt und schriftlich notiert haben. Nehmt zum Notieren der Antworten Schreibzeug und Schreibunterlage mit.

Formuliert geeignete Fragen für den Besuch einer Ausbildungsmesse und stellt sie sinnvoll zusammen.

Lernbilanz

Am Ende dieses Kapitels kannst du …

- *deine bisherigen Unterlagen deines Berufswahlportfolios auf Aktualität überprüfen, sie kritisch beurteilen und realistisch weiterentwickeln,*
- *deine Erfahrungen aus Betriebserkundungen und Betriebspraktika für deine persönliche Berufsorientierung nutzen, indem du deine Interessen erforscht, deine Fähigkeiten erprobst, deine Vorstellungen überprüfst und eventuell berufliche Alternativen in Erwägung ziehst,*
- *die berufsspezifischen Anforderungen und Tätigkeiten deines Wunschberufs beschreiben sowie die betriebsspezifischen Erwartungen, die du in der Praxis erlebt hast, einschätzen und beurteilen,*
- *die Hilfen der Berufsberatung gezielt nutzen und Angebote anderer Organisationen einholen,*
- *die Erfahrungen aus Berufsinformationsveranstaltungen und Ausbildungsmessen für deine Berufswahl umsetzen,*
- *eine inhaltlich vollständige Bewerbungsmappe für einen Ausbildungsplatz erstellen sowie anhand der im Rollenspiel gemachten Erfahrungen Vorstellungsgespräche durchführen,*
- *die Formen beruflicher Ausbildung (duales System oder rein schulische Berufsausbildung) erklären und für dich selbst bewerten,*
- *die Notwendigkeit von beruflicher Weiter- und Fortbildung beurteilen, sowie Anpassungsweiterbildung und Aufstiegsweiterbildung voneinander unterscheiden,*
- *die für ein Betriebspraktikum notwendigen Aufgaben hinsichtlich Vorbereitung, Durchführung und Nachbereitung eigenständig absolvieren.*

Mit den folgenden Aufgaben kannst du überprüfen, ob du diese Kompetenzen erworben hast:

1. Passe dein Portfolio an die aktuell gemachten Erfahrungen an:
   - Überarbeite deine Selbst- und Fremdeinschätzung und deinen Kompetenzstern.
   - Überprüfe deine Stärken und Schwächen; vergleiche sie mit den Anforderungen des Wunschberufs.
   - Bewerte für dich persönlich die Aussagen und Beurteilungen deines betrieblichen Betreuers im Betriebspraktikum.

2. Beschreibe Berufe, die als geeignete Alternativen zu deinem Wunschberuf infrage kommen.

3. Fertige für die Praktikumsmappe sowohl eine Berufsbeschreibung deines Wunschberufs als auch ein Porträt deines Praktikumsbetriebs an. Überprüfe kritisch, ob dadurch sich dein Berufswunsch verändert oder stabilisiert hat.

4. Gestaltet zur Nachbereitung des Betriebspraktikums im Team entweder Plakate oder eine Ausstellung.

5. Nutze die Angebote der Berufsberatung (BIZ, Beratungsgespräch, Onlineauftritt) für deinen Wunschberuf und werte diese Informationen im Portfolio aus.

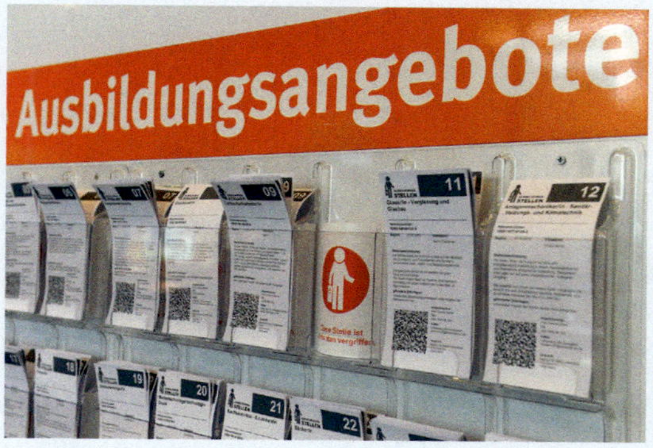

6. Informiere dich zu deinem Wunschberuf auch bei den Kammern oder Innungen, bei Berufsinformationsveranstaltungen und auf Ausbildungsmessen. Nutze Beiträge und Annoncen in der Tageszeitung für die regionalen Ausbildungsangebote.

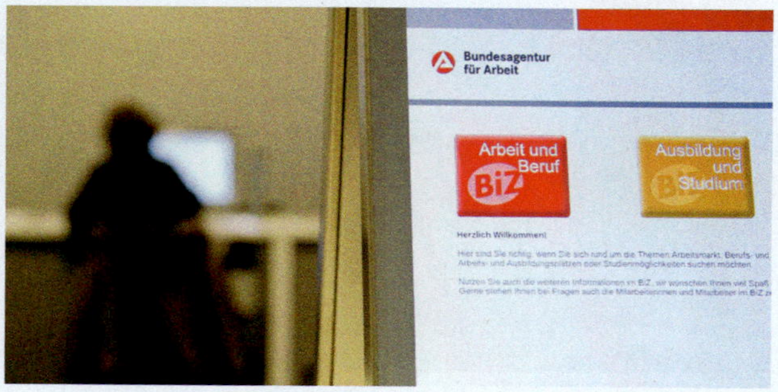

7. Erstelle eine inhaltlich vollständige Bewerbungsmappe für einen Ausbildungsplatz.

8. Übe das Vorstellungsgespräch mit deinen Eltern oder Verwandten.

9. Lege jeweils eine Lernkartei für folgende Begriffe an:

Meister
duales Ausbildungssystem
Anpassungsweiterbildung
Aufstiegsweiterbildung
Blockunterricht
Fachwirt
Berufsfachschulen
Berufsgrundschuljahr
lifelong learning
Betriebswirt
Techniker

(§§ 10, 11
Zwischen dem/der
KNR
Anschrift des/der
Arbeitsschutz
Unterweisungen
§

In diesem Kapitel lernt ihr:

- zu begründen, warum Verträge notwendig sind,
- eure Rechte und Pflichten als Auszubildende aus den Bestimmungen des Berufsausbildungsvertrags zu beschreiben,
- eure Rechte und Pflichten den Rechten und Pflichten des Ausbildenden gegenüberzustellen,
- Fallbeispiele zum Berufsausbildungsvertrag zu beurteilen und auf Rechtmäßigkeit zu bewerten,
- den Wert des Jugendarbeitsschutzgesetzes für jugendliche Berufstätige zu erfassen,
- Fallbeispiele zum Jugendarbeitsschutzgesetz zu überprüfen – insbesondere hinsichtlich eures angestrebten Ausbildungsberufs.

RECHT

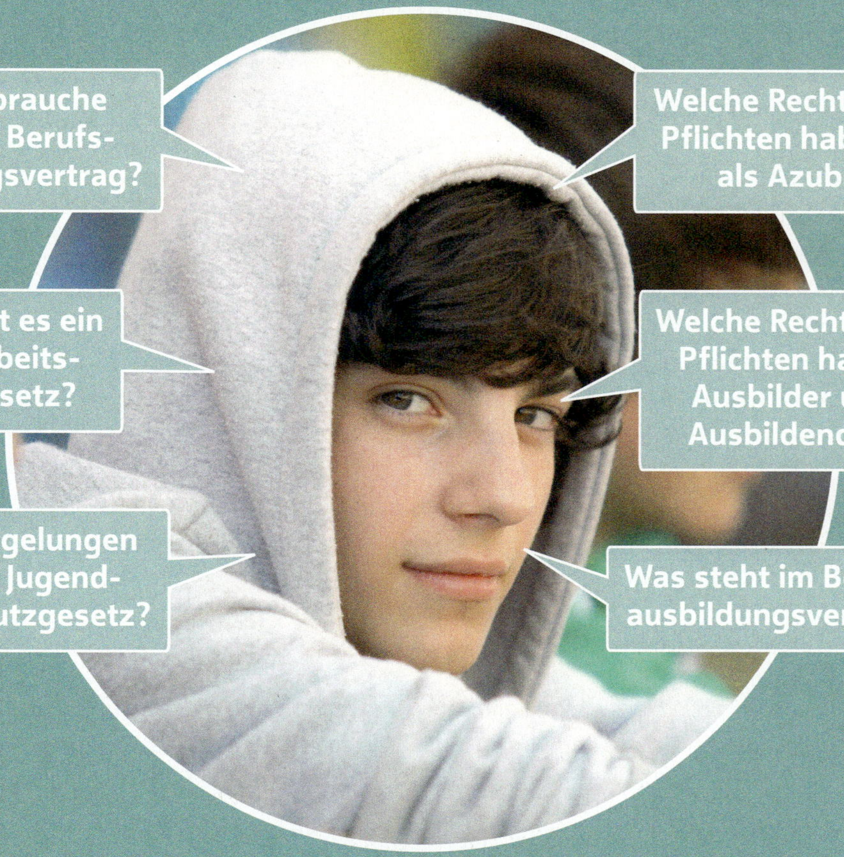

Sarah und Malik

Berufsausbildungsvertrag wird unterschrieben.

Was regelt der Berufsausbildungsvertrag?

Sarah und Malik sind Schüler der 9. Klasse. Sie unterhalten sich über ihre zukünftige Ausbildung.

Sarah: Mensch Malik, bin ich froh! Ich habe vorgestern meinen Berufsausbildungsvertrag unterschrieben. Gemeinsam mit meinen Eltern war ich bei meinem künftigen Chef. Von ihm bekam ich das Formular der IHK bereits ausgefüllt vorgelegt. Ich überflog die Paragrafen und am Ende unterschrieben meine Eltern und ich den Vertrag für die Ausbildung zur Mechatronikerin.

Malik: So weit bin ich noch nicht! Mein künftiger Chef kennt mich ja schon aus dem Betriebspraktikum und meint, es genügt, wenn wir den Vertrag nach Ausbildungsbeginn ausfüllen. Er sagt mir den Ausbildungsplatz aber jetzt schon sicher zu. Deswegen soll ich auch in den nächsten Wochen bei ihm noch ein paar Mal nachmittags zum Arbeiten kommen.

Sarah: Ich glaube nicht, dass dein Chef dies so machen darf!

INFO

Was ist ein Vertrag?

Ein Vertrag ist eine verbindliche Vereinbarung zwischen zwei (oder mehr) Vertragspartnern. Sie erklären übereinstimmend, was sie durch diesen Vertrag regeln wollen. Dadurch entsteht ein Rechtsgeschäft. Das bedeutet, dass sich die Partner auf die Einhaltung des Vertrages verlassen können. Durch die Unterschrift bekräftigen sie dies.

Vertragspartner

Im Vertrag werden die Rechte und Pflichten der Vertragspartner geregelt.

1. Nimm Stellung zu dem Gespräch von Sarah und Malik.
2. Du weißt, dass ein gewöhnlicher Kaufvertrag auch ohne Schriftform zustande kommt. Nicht jeder Vertrag muss also schriftlich abgefasst werden. Welche Vorteile bietet es aber, dass der Berufsausbildungsvertrag schriftlich erstellt werden muss?
3. Wer sind die Vertragspartner im Berufsausbildungsvertrag?

Berufsausbildungsvertrag
(§§ 10, 11 Berufsbildungsgesetz – BBiG)

Zwischen dem/der Ausbildenden (Ausbildungsbetrieb)
Öffentlicher Dienst ☐

KNR	IHK-Firmenident-Nr.	Tel.-Nr.
Ausbildungsbetrieb und Anschrift des/der Ausbildenden		
Straße, Haus-Nr.		
PLZ	Ort	
E-Mail-Adresse des/der Ausbildenden (Angabe freiwillig)		
Verantwortliche/r Ausbilder/in		

und dem/der Auszubildenden
männlich ☐ **weiblich** ☐ **unbestimmt** ☐
Berufsausbildung im Rahmen eines dualen Studiums ☐

Name	Vorname
Straße, Haus-Nr.	
PLZ	Ort
Geburtsdatum	Staatsangehörigkeit
E-Mail-Adresse (Angabe freiwillig)	Mobil-/Tel.-Nr. (Angabe freiwillig)
Gesetzlicher Vertreter[1]	
Namen, Vornamen der gesetzlichen Vertreter	
Straße, Haus-Nr.	
PLZ	Ort

wird nachstehender Vertrag zur Ausbildung im Ausbildungsberuf
mit der Fachrichtung / dem Schwerpunkt / der/den Wahlqualifikation/en / dem/den Wahlbaustein/en etc. nach **Maßgabe der Ausbildungsordnung[2] geschlossen.**

Änderungen des wesentlichen Vertragsinhaltes sind vom/von der Ausbildenden unverzüglich zur Eintragung in das Verzeichnis der Berufsausbildungsverhältnisse bei der Industrie- und Handelskammer anzuzeigen.

Die beigefügten Angaben zur sachlichen und zeitlichen Gliederung des Ausbildungsablaufs (Ausbildungsplan) sowie die umseitigen Regelungen sind Bestandteil dieses Vertrages.

A Die Ausbildungszeit beträgt nach der Ausbildungsordnung

G Es besteht ein Urlaubsanspruch

Ausschnitt aus einem Berufsausbildungsvertrag

Der Berufsausbildungsvertrag wird zwischen Ausbildendem und Auszubildendem vor Ausbildungsbeginn abgeschlossen. Dann muss er der zuständigen Kammer vorgelegt werden. Sie überprüft, ob er den Vorgaben des Berufsbildungsgesetzes entspricht.

Die drei Begriffe
- Auszubildender,
- Ausbildender,
- Ausbilder

werden gerne verwechselt. Die Grafik hilft dir, sie zu unterscheiden:

Ausbildender	Chef Betrieb
Ausbilder	Meister (leitet den Azubi an)
Auszubildender	Lehrling

4. Auf den Internetseiten der Kammern (Industrie- und Handelskammern, Handwerkskammern usw.) sind Musterverträge zum Download zu finden. Ladet euch ein Musterformular von der für euch zuständigen Kammer herunter und nehmt dieses als Grundlage für die Arbeit zu diesem Thema.

5. Das Bundesministerium für Bildung und Forschung gibt die Broschüre „Ausbildung & Beruf“ heraus. Darin ist ebenfalls ein Mustervertrag enthalten. Außerdem werden die wesentlichen rechtlichen Regelungen übersichtlich dargestellt. Führt über die Internetseite des Ministeriums mit eurer Lehrkraft eine Sammelbestellung durch.

Welche Rechte und Pflichten haben die Vertragspartner?

Während der Berufsausbildung haben beide Vertragspartner, die Ausbildenden wie auch die Auszubildenden, Rechte und Pflichten. Dabei sind die Rechte des einen die Pflichten des anderen:

- Die Ausbildenden müssen dafür Sorge tragen, dass die Auszubildenden das vorgesehene **Ausbildungsziel erreichen** können. Die Auszubildenden müssen sich bemühen, die notwendigen Fertigkeiten, Kenntnisse und Fähigkeiten zu erwerben.
- **Ausbildungsmittel**, wie z. B. Werkzeuge und Werkstoffe, stellen die Ausbildenden kostenlos zur Verfügung. Die Auszubildenden müssen sorgfältig und schonend damit umgehen.

Starthilfe:

Die Rechte und Pflichten sind v. a. in den Paragrafen 3 und 4 des Berufsausbildungsvertrags geregelt.

- Die Ausbildenden müssen die Auszubildenden für den **Berufsschulunterricht** oder für Sonderveranstaltungen im Rahmen des Berufsschulunterrichts freistellen. Dafür sind diese verpflichtet, am Schulunterricht bzw. den Veranstaltungen teilzunehmen.

- Den Auszubildenden dürfen nur Tätigkeiten übertragen werden, die **dem Ausbildungszweck dienen** und ihren **körperlichen Kräften angemessen** sind. Verboten sind Arbeiten, die die körperlichen Kräfte der Auszubildenden übersteigen, wie z. B. Akkord- oder Fließbandarbeiten.
- **Schriftliche Ausbildungsnachweise** müssen die Auszubildenden ordnungsgemäß und regelmäßig führen, soweit diese in der Ausbildungsordnung vorgeschrieben sind. Das dazu nötige Berichtsheft muss der Ausbildende zur Verfügung stellen.

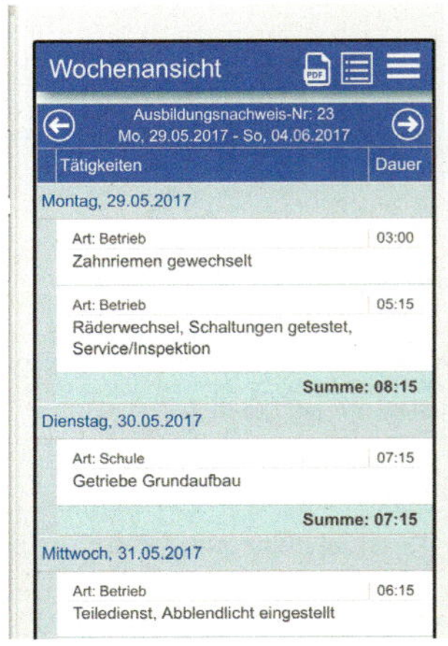

Digitales Berichtsheft

- Die Auszubildenden haben den **Weisungen zu folgen**, die ihnen im Rahmen der Berufsausbildung von Ausbildenden oder sonst Weisungsberechtigten erteilt werden. Der Ausbildende darf keine Weisungen erteilen, die ausbildungswidrig sind.
- An jeder Ausbildungsstätte gelten bestimmte **Sicherheits- und Ordnungsvorschriften**; darüber sind die Auszubildenden zu informieren. Diese müssen sich auch strikt daran halten.
- Die Auszubildenden sind verpflichtet, über **Betriebs- und Geschäftsgeheimnisse Stillschweigen** zu wahren. Der Ausbildende muss dafür sorgen, dass die Auszubildenden weder körperlich noch sittlich gefährdet werden.
- Beide Vertragspartner müssen darauf achten, dass die vorgeschriebenen **ärztlichen Untersuchungen** des Auszubildenden durchgeführt werden.

Wie entscheidet ihr die folgenden Fälle?

Die Kfz-Werkstatt wird umgebaut. Nach Dienstschluss werden alle Beschäftigten, auch der Azubi Vitali, verpflichtet, bei den Umbauarbeiten mitzuhelfen.

Andreas arbeitet als Azubi zum Kaufmann im Einzelhandel bei einer kleinen Firma. Vor Weihnachten wird jeder Mitarbeiter gebraucht, da das Geschäft sehr gut läuft. Sein Chef: „Morgen kannst du nicht zur Berufsschule, wir brauchen dich dringend im Betrieb!"

Franziska ist Bäckerlehrling. Sie hasst es, das Berichtsheft zu führen. Ihr Chef hat dafür Verständnis: „Das Berichtsheft ist nicht so wichtig. Du sollst ja schließlich nicht Schriftsteller, sondern Bäcker werden! Pass lieber im Betrieb und in der Schule ordentlich auf. Das ist besser!"

Nilgün hat eine Stelle in ihrem Wunschberuf als Zahnmedizinische Fachangestellte bekommen. Bei Freunden erzählt sie lustige Geschichten, die manchen Patienten in der Praxis widerfahren sind: „Stellt euch vor, die Frau Kistner hat doch tatsächlich ..."

Die Pflichten des Ausbildenden (§ 3) und die Pflichten des Auszubildenden (§ 4) entsprechen einander.

Die Pflichten des einen sind die Rechte des anderen, sodass man z. B. so formulieren kann: „Der Ausbildende hat die Pflicht, dem Azubi die Kenntnisse und Fertigkeiten zu vermitteln – andererseits hat er das Recht darauf, dass der Azubi seine Lernpflicht erfüllt."

Umgekehrt kann so formuliert werden: „Der Auszubildende hat die Pflicht, sich zu bemühen, die Kenntnisse und Fertigkeiten zu erwerben – andererseits hat er das Recht auf eine ordnungsgemäße Ausbildung."

Stelle in gleicher Weise für die beschriebenen Fallbeispiele die Rechte und Pflichten der Partner einander gegenüber.

Für Jugendliche nicht erlaubt: Fliesen legen im Akkord oder Arbeit mit explosiven Stoffen

Wovor schützt dich das Jugendarbeitsschutzgesetz?

Minderjährige Auszubildende sind besonders geschützt durch das Jugendarbeitsschutzgesetz. Insbesondere schützt es sie vor Arbeit,
- die zu früh beginnt,
- die zu lange dauert,
- die zu schwer ist,
- die sie körperlich und psychisch gefährdet,
- die für sie ungeeignet ist.

Diese Schutzbestimmungen sind notwendig, weil entsprechende Belastungen im jugendlichen Alter zu Schäden führen können, die nicht mehr zu beheben sind.

An die Einhaltung der Bestimmungen des Jugendarbeitsschutzgesetzes sind beide Seiten – der Arbeitgeber und der Jugendliche – rechtlich gebunden. Im Falle eines Verstoßes werden deshalb auch beide bestraft.

Pochwerke:
Ein Pochwerk war eine zum Zerkleinern von Erzen dienende Maschine.

Wer ist Jugendlicher?

Als Kind gilt, wer noch nicht 15 Jahre alt ist. Jugendlicher ist, wer das 15. Lebensjahr vollendet hat, also bereits 15 Jahre alt ist, bis zur Vollendung des 18. Lebensjahrs.

Wie kam es zum Jugendarbeitsschutz?

Aus dem Unterricht in Geschichte-Politik-Geographie weißt du, dass zu Beginn der Industrialisierung Kinder in Fabriken und Handwerksstuben arbeiteten. Oft mussten sie weit über zehn Stunden pro Tag schuften. Die Folge war, dass viele Kinder gesundheitliche Schäden davontrugen.

[...] Die erste Arbeitsschutzbestimmung in Preußen, „Das Regulativ über die Beschäftigung jugendlicher Arbeiter" vom 9. März 1839, verbietet die regelmäßige Arbeit in der Fabrik, in Berg-, Hütten- und Pochwerken für Kinder bis zum 9. Lebensjahr. Die Arbeitszeit der noch nicht 16jährigen darf zehn Stunden nicht überschreiten. Jugendlichen unter 16 Jahren, die nicht eine dreijährige Schulzeit nachweisen können, wonach sie die „Muttersprache geläufig lesen" und „einen Anfang im Schreiben gemacht" haben, wird die Fabrikarbeit untersagt, mit Ausnahme von Fabriken, denen eigene Schulen angegliedert sind und die einen Bildungsanspruch gewährleisten. Nacht-, Sonn- und Feiertagsarbeit für Jugendliche werden verboten. [...]

Quelle: Dieter Schuster, Online-Chronologie der deutschen Gewerkschaftsbewegung von den Anfängen bis 1918, Friedrich-Ebert-Stiftung (FES), 2000

Besorgt euch die aktuellen Broschüren, Faltblätter und elektronischen Medien zum Jugendarbeitsschutzgesetz, z. B. beim Bundesministerium für Arbeit und Soziales oder beim Bayerischen Staatsministerium für Familie, Arbeit und Soziales.

Bearbeitet mit diesen Unterlagen die Fallbeispiele auf der nächsten Seite.

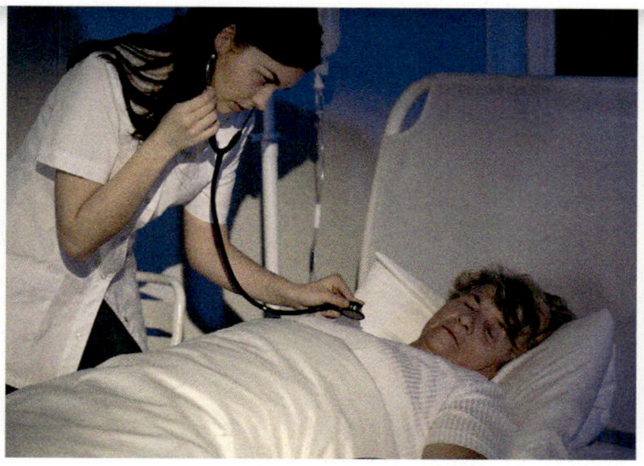

Für Jugendliche nicht erlaubt: Nachtarbeit

Arbeit mit radioaktiven Stoffen

Ein wesentlicher Grund für die ersten Schutzbestimmungen für Jugendliche war der schlechte gesundheitliche Zustand von jungen Männern, die als Soldaten eingesetzt werden sollten. Der Staat sorgte sich also nicht uneigennützig um die Gesundheit der Kinder und Jugendlichen. Vielmehr zeigte sich bei den Musterungen für den Militärdienst, dass viele Jugendliche starke Gesundheitsschäden aufweisen – die preußische Verteidigungsfähigkeit war also in Gefahr.
Bis heute wurden die Schutzbestimmungen für Jugendliche immer weiter verbessert und an wissenschaftliche Erkenntnisse angepasst. Auch die Arbeitsschutzbestimmungen für Erwachsene sind im Arbeitsschutzgesetz (ASG) geregelt.

Was sind die wichtigsten Inhalte des Jugendarbeitsschutzgesetzes?

Die wichtigsten Paragrafen des Jugendarbeitsschutzgesetzes beziehen sich auf

- die Arbeitszeit
  - frühester Arbeitsanfang (§ 14)
  - Höchstschichtzeit (§ 12)
  - spätester Arbeitsschluss (§ 14)
  - die ununterbrochene Freizeit (§ 13)
  - Wochenarbeitszeit (§§ 8 und 15),
- die Berufsschule (§ 9),
- den Urlaub (§ 19),
- die ärztlichen Untersuchungen (§§ 32-45),
- die Art der Beschäftigung,
  - gefährliche Arbeiten (§ 22),
  - Akkordarbeit (§ 23),
  - Arbeiten unter Tage (§ 24).

Fallbeispiele zum Jugendarbeitsschutzgesetz

Janine (16) erlernt den Beruf der Textil- und Modeschneiderin. Ihre Abteilung, in der die Einzelteile zusammengenäht werden, kann einen Auftrag erst ab Mittag bearbeiten, weil die Zuschneiderei nicht nachkommt. Deshalb soll sie erst um 11:00 Uhr kommen und mit einer einstündigen Pause bis 20:00 Uhr durcharbeiten. Janine hat Zweifel, ob sie diese zeitliche Regelung auch mitmachen darf. Hat sie recht?

Max ist 16 Jahre alt und macht eine Lehre zum Bäcker. In seinem Betrieb ist ein Geselle ausgefallen und nun macht ihm sein Chef den Vorschlag, um 4:00 Uhr morgens mit der Arbeit zu beginnen, um die anfallende Arbeit bewältigen zu können. Ist dieser Vorschlag mit dem Jugendarbeitsschutzgesetz vereinbar?

Daniel ist 17 Jahre alt und macht eine Lehre als Restaurantfachmann. Die Hauptarbeitsphasen in seinem Ausbildungsbetrieb sind innerhalb eines Tages von 10:00 Uhr bis 13:30 Uhr sowie von 17:00 Uhr bis 21:00 Uhr. Sein Chef hat deshalb die Arbeitszeit genau auf diese Schichtzeiten gelegt. Ist diese Höchstschichtzeit mit dem Jugendarbeitsschutzgesetz vereinbar?

Ärztliche Untersuchungen

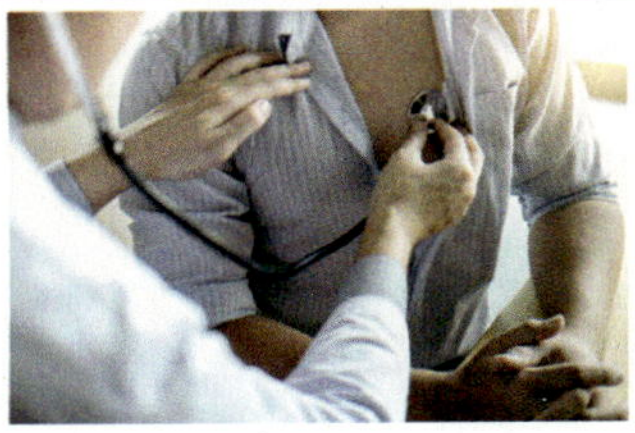

Erstuntersuchung:
Bescheinigung über die ärztliche Untersuchung darf nicht älter sein als 14 Monate

Nachuntersuchung:
nach 1. Ausbildungsjahr
(sonst keine Weiterbeschäftigung)

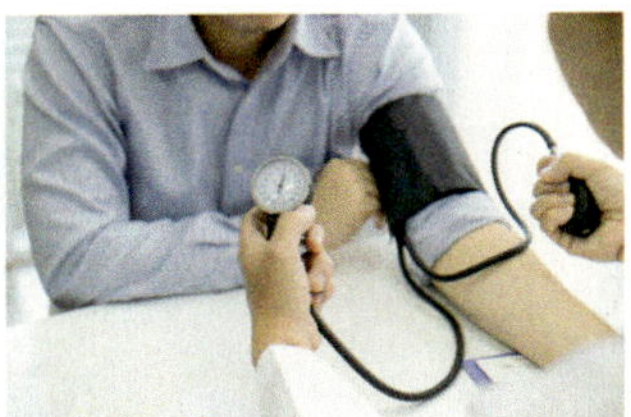

Frühester Arbeitsanfang (§ 14)

grundsätzlich

Ausnahmen:
Landwirtschaft
Bäckereien
Konditoreien

Ausnahmen:
Bäckereien
für Jugendliche
ab 17

Höchstschichtzeit (§ 12)

(= die Zeit von Arbeitsbeginn am Arbeitstag bis zum „Feierabend“)

grundsätzlich: 10 Std.

Ausnahmen:
Bergbau: 8 Std.
Gaststätten, Landwirtschaft, Tierhaltung, Baustellen: 11 Std.

Ununterbrochene Freizeit (§ 13)

grundsätzlich: 12 Std.

Ausnahmen: keine

Wochenarbeitszeit (§§ 8, 15)

Berufsschule 5 Tage!

grundsätzlich: 40 Std.

Ausnahmen: Landwirtschaft

spätester Arbeitsschluss (§ 14)

grundsätzlich:	20 Uhr
Ausnahmen:	
Landwirtschaft:	21 Uhr
Gaststätten, Schausteller:	22 Uhr
Schichtbetriebe:	23 Uhr

verboten: (§§ 16, 17, 18, 22, 23)

Samstagsarbeit
Ausnahmen:
Krankenpflege, Verkauf, Bäcker, Konditoren, Friseure, Landwirtschaft, Tierhaltung, Gaststätten, Kfz-Reparatur

Sonntagsarbeit
Ausnahmen:
Krankenpflege, Landwirtschaft, Tierhaltung, Gaststätten

Akkordarbeit

gefährliche Arbeiten

Urlaub

Alter bis
16 Jahre: 30 Werktage
17 Jahre: 27 Werktage
18 Jahre: 25 Werktage

Grundsätzliche Ausnahme:
Bergbau: 3 Tage mehr

Lernbilanz

Am Ende dieses Kapitels kannst du ...

- *die Notwendigkeit von Verträgen begründen,*
- *deine Rechte und Pflichten als Auszubildende oder Auszubildender aus den Bestimmungen des Berufsausbildungsvertrags beschreiben,*
- *deine Rechte und Pflichten den Rechten und Pflichten des Ausbildenden gegenüberstellen und bewerten,*
- *Fallbeispiele zum Berufsausbildungsvertrag beurteilen und deren Rechtmäßigkeit bewerten,*
- *den Wert des Jugendarbeitsschutzgesetzes für jugendliche Berufstätige erfassen,*
- *Fallbeispiele zum Jugendarbeitsschutzgesetz überprüfen – insbesondere hinsichtlich deines angestrebten Ausbildungsberufs.*

Mit den folgenden Aufgaben kannst du überprüfen, ob du diese Kompetenzen erworben hast:

1. Stelle die Rechte und Pflichten von Ausbildenden und Auszubildenden einander sinnvoll gegenüber.
2. Erstelle eine Übersicht über die wesentlichen Bestimmungen des Jugendarbeitsschutzgesetzes und referiere darüber.
3. Lege jeweils eine Lernkartei für folgende Begriffe an:

Auszubildender
Ausbildender
Ausbilder
Berufsausbildungsvertrag
Höchstschichtzeit
Jugendarbeitsschutzgesetz
Beschäftigungsverbote

4. Begründe, warum die Schutzbestimmungen des Jugendarbeitsschutzgesetztes notwendig sind.
5. Warum sind die ärztlichen Untersuchungen gemäß Jugendarbeitsschutzgesetz sinnvoll? Kennst du Beispiele?

PERSONAL

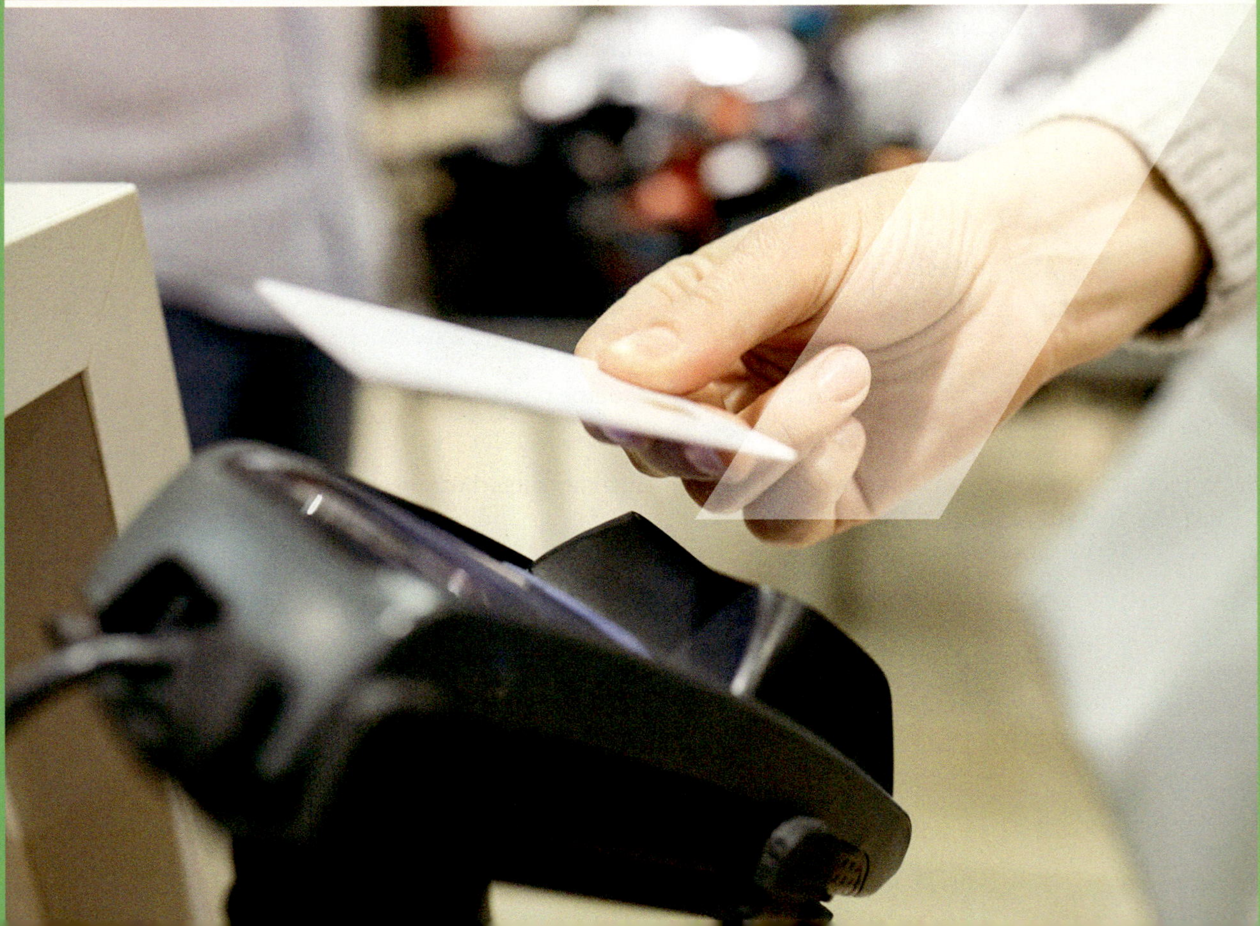

praxis

In diesem Kapitel lernt ihr:

- selbstständig in Gruppen einen Betrieb im regionalen Umfeld zu erkunden. Dabei erfahrt ihr etwas über den Geschäftsbereich Verwaltung und personalpolitische Fragestellungen,
- die vielfältigen Dienstleistungen und die wirtschaftliche Bedeutung von Geldinstituten kennen,
- Geschäftsvorgänge des bargeldlosen Zahlungsverkehrs zu simulieren,
- die Chancen und Risiken von Geldanlagen und Krediten zu vergleichen,
- rechtliche Bestimmungen zum bargeldlosen Zahlungsverkehr sowie zu Geldanlagen und Krediten kennen,
- die Notwendigkeit von Sicherheit und Rechtssicherheit bei Onlinegeschäften und Onlinebanking zu beurteilen,
- die grundlegenden Elemente der sozialen Marktwirtschaft zu unterscheiden und zu beschreiben.

WIRTSCHAFT

Die betrieblichen Grundfunktionen: Beschaffung, Produktion und Absatz am Bespiel Apfelsaft

In welche Grundfunktionen ist ein Betrieb gegliedert?

Rückblick in die 8. Klasse

Aus der 8. Klasse weißt du, dass jeder Betrieb in drei grundlegende Bereiche gegliedert ist: Es muss eingekauft (Beschaffung), hergestellt (Produktion) und verkauft (Absatz) werden.

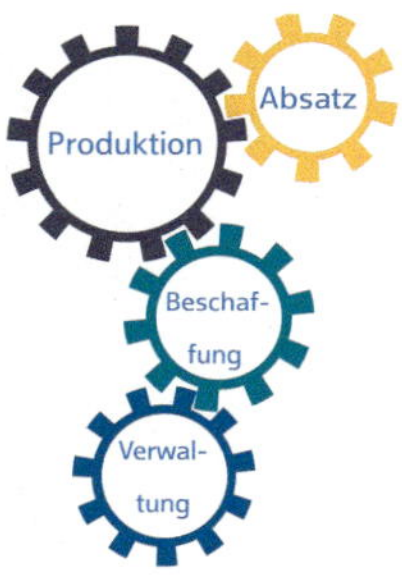

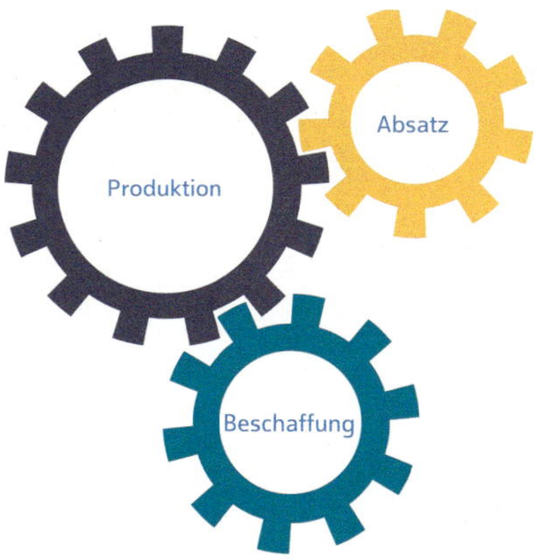

Die drei betrieblichen Grundfunktionen

Eine Schreinerei muss zum Beispiel Rohstoffe (Holz), Betriebsstoffe (Strom), Betriebsmittel (Maschinen), Mitarbeiter (Personal) und Finanzmittel (Geld) beschaffen, um arbeiten zu können.

Bleiben wir beim Beispiel Schreinerei: In der Produktion muss genau überlegt werden, wie und womit ein Werkstück hergestellt wird. Wie kann dabei möglichst wenig Abfall erzeugt und Energie verbraucht werden? Wie setzen wir die Mitarbeiter sinnvoll ein?

Natürlich muss eine Schreinerei ihre Produkte auch verkaufen (= absetzen). Dabei stellt sie sich die Frage: Wie machen wir Werbung und welchen Preis verlangen wir? Welche Produkte kommen gut an?

Was braucht's noch?

Beschaffung, Produktion und Absatz allein sind natürlich noch nicht alles. Jeder Betrieb braucht Mitarbeiter, muss Werbung machen und braucht das nötige Geld, um die Produktion am Laufen zu halten. Wo wird das alles geplant? Dafür ist die Verwaltung zuständig.

Die **Verwaltung** ist ein Bereich in einem Betrieb, der eine Art Dienstleistung für die anderen Bereiche darstellt. Neue Mitarbeiter suchen und einstellen macht die Personalabteilung. Alle Fragen rund um das Geld klärt die Finanzabteilung. Außerdem gibt es in der Verwaltung noch viele andere Aufgaben: Post, Werbung und vieles mehr.

In der Verwaltung eines Betriebs werden also alle Fragen geklärt, die keinem der Bereiche Beschaffung, Produktion und Absatz zugeordnet werden können.

Aufgaben der Verwaltung: Planung, Organisation, Kontrolle

Was genau passiert in der Verwaltung?

Rund um die drei Bereiche Beschaffung, Produktion und Absatz gibt es eine Menge Fragen. Es muss Vieles **geplant**, **organisiert** und am Ende auch **kontrolliert** werden.

Die Fragen und Aufgaben, die dabei entstehen, werden meist aufgeteilt in verschiedene Abteilungen:

- Werbeabteilung (Marketing)
- Finanzabteilung (Rechnungswesen)
- Personalabteilung
- Entwicklungsabteilung (Forschung)
- Poststelle
- Archiv
- ...

Je größer der Betrieb ist, desto mehr Aufgaben gibt es. Dementsprechend wachsen die Abteilungen. Umgekehrt gibt es viele kleine Betriebe, in denen eine Person Vieles allein erledigen muss.

1. Welche typischen Fragen aus den Bereichen Beschaffung, Produktion und Absatz muss sich ein Betrieb stellen? Denkt an die Erkundung in der 8. Klasse.
2. Überlege, ob es in größeren Unternehmen noch weitere Abteilungen gibt.
3. Was muss in den oben genannten Abteilungen geplant, organisiert und kontrolliert werden? Überlege zuerst allein und tauscht euch anschließend in der Kleingruppe aus.

Aufgaben der Betriebsleitung zum Thema Personal: Bewerbungsgespräche, Fortbildung, ...

Rund ums Personal im Betrieb: Was musst du wissen?

Welche Fragen stellt sich der Chef rund um das Personal?

Ein Betrieb kann nur gut arbeiten, wenn er gut ausgebildete, motivierte und zufriedene Mitarbeiter in ausreichender Zahl hat. Damit dies so ist, muss der Betrieb viel planen und organisieren. Ein größerer Betrieb hat dazu innerhalb der Personalabteilung nochmals eigene Unterabteilungen:

Personalplanung
- Bilden wir selbst aus?
- Welche Mitarbeiter benötigen wir?

Personalverwaltung
- Wie viel Lohn zahlen wir?
- Wie verläuft die Lohnabrechnung?

Personalentwicklung
- Wie läuft die Ausbildung?
- Brauchen wir Weiterbildungen?

Arbeitssicherheit
- Welche Vorsorgemaßnahmen treffen wir?
- Wie schützen wir die Mitarbeiter vor Gefahren?
- Wie gestalten wir die Arbeitsplätze?

Personalbetreuung
- Was können wir den Mitarbeitern bieten?
- Wie informieren wir die Mitarbeiter?

Mitarbeiterführung

Personal richtig einsetzen und verwalten

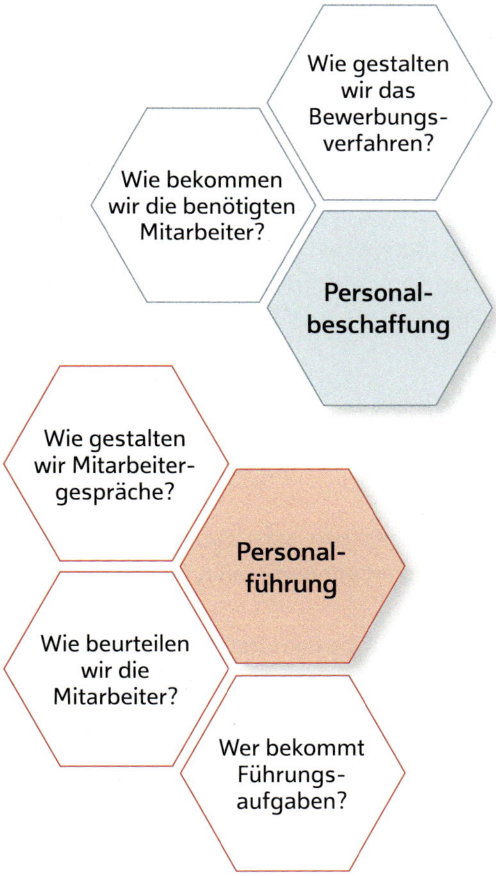

Welche Gedanken macht sich die Chefin zum Thema Personal noch?

Neben vielen allgemeinen Fragen zum Thema Personal stellt sich die Chefin natürlich noch weitere Fragen:

1. Überlegt euch in der Gruppe weitere Fragen zu den einzelnen Personalbereichen.
2. Befragt eure Eltern und Verwandte: Gibt es in der Firma, in der sie arbeiten, verschiedene Personalbereiche?
3. Bereitet Fragen für eure nächste Betriebserkundung vor:
   a) Welche Abteilungen gibt es in dem Betrieb, den ihr erkundet?
   b) Wer betreut welchen Bereich? Gibt es eigene Abteilungen?
   c) Welche Fragen interessieren euch noch zum Thema Personal?

Erfolg im Unternehmen geht nur mit den Mitarbeitern.

Welche Interessen haben die Mitarbeiter?

Der Chef und die Mitarbeiter haben in bestimmten Punkten die gleichen Interessen:

- **Beide** wollen, dass die Firma Gewinne macht und damit die Arbeitsplätze sichert.
- **Beide** wollen, dass die Arbeit motivierend und abwechslungsreich ist.
- **Beide** wollen ein gutes Image für die Firma.
- **Beide** wollen, dass der Betrieb zahlungsfähig bleibt.
- **Beide** wollen, dass sich der Betrieb weiterentwickelt und investiert.

Neben den vielen Gemeinsamkeiten gibt es aber auch unterschiedliche Interessen. Die Interessen des Chefs haben wir auf der vorherigen Seite schon beleuchtet. Welche Interessen verfolgen die Mitarbeiter im Speziellen?

Die Mitarbeiter wollen, dass ihr Arbeitsplatz sicher ist und ihre Arbeit gut bezahlt wird. Sie soll flexibel und abwechslungsreich sein.

Außerdem will jeder Arbeitnehmer, dass die Arbeit keine körperlichen und seelischen Schäden zur Folge hat.

Der Betrieb sollte dem Personal Weiterbildungsmöglichkeiten und Aufstiegschancen bieten.

Vielen Menschen ist es auch wichtig, in einer Firma zu arbeiten, die ein gutes Image hat.

Motivierte Arbeitskräfte, die gerne im Betrieb sind, arbeiten genauer, bringen mehr Leistung und sind seltener krank.

Der Betriebsrat wird von den Arbeitnehmern gewählt und sorgt für einen Interessenausgleich.

Wie können die Mitarbeiter mitbestimmen und mitwirken?

Die unterschiedlichen Interessen des Chefs und der Mitarbeiter führen manchmal zu Konflikten. Wenn es in der Klasse zwischen Lehrkraft und Schüler zu einem Konflikt kommt, dann gibt es den Klassensprecher bzw. Schülersprecher. Die Klassen- und Schülersprecher wurden von allen Schülern für ein Schuljahr gewählt. Die Schülersprecher versuchen für die anderen Schüler zu einer Lösung zu kommen.
Genau wie in der Schule werden auch im Betrieb Personen gewählt, welche die Interessen aller Mitarbeiter vertreten. Man nennt diese Leute **Betriebsräte** oder **Personalräte**. Für die Jugendlichen und Auszubildenden werden gesonderte Betriebsräte gewählt. Sie bilden die betriebliche **Jugend- und Auszubildendenvertretung.**

Der Betriebsrat kümmert sich darum, dass es möglichst keine Konflikte gibt. Er sorgt also für ein positives Klima und für die Motivation der Mitarbeiter. Der Betriebsrat trägt somit auch Verantwortung für den Erfolg der Firma.

Der Betriebsrat hat viele Aufgaben, die per Gesetz (Betriebsverfassungsgesetz) festgelegt sind. Der Chef kann diese nicht verbieten:

- Der Betriebsrat überwacht die Einhaltung von Vereinbarungen im Betrieb.
- Er überwacht die Einhaltung von Unfallverhütungsvorschriften.
- Er kann bei Arbeitszeit und Urlaubsplanung mitbestimmen.
- Wenn Mitarbeiter eingestellt oder gekündigt werden, muss der Betriebsrat angehört werden.
- Über größere Änderungen im Betrieb muss der Betriebsrat informiert werden.

Verantwortung bedeutet, dass man die Pflicht hat, in bestimmten Situationen dafür zu sorgen, dass das Richtige und Notwendige getan wird.
Jeder von uns hat zum Beispiel eine gewisse Verantwortung gegenüber der Umwelt und seinen Mitmenschen.

Im **Betriebsverfassungsgesetz** (BetrVG) ist geregelt, wie die Mitarbeiter im Betrieb mitwirken und mitbestimmen können und dürfen.

1. Welche beruflichen Interessen hättest du als Mitarbeiter in einem Betrieb?
2. Lest euch die linke Seite nochmals durch. Übersetzt die einzelnen Interessen im Text in eigene Worte und findet Beispiele.
3. Warum ist es wichtig, dass es im Betrieb keine Konflikte zwischen Chef und Mitarbeitern gibt?
4. Nicht in jedem Betrieb gibt es einen Betriebsrat.
   a) Wann muss er gewählt werden? Informiert euch über die Voraussetzungen.
   b) Wann muss eine Jugend- und Auszubildendenvertretung eingerichtet werden?
5. Formuliert Fragen zum Betriebsrat für eure nächste Betriebserkundung. Fragt auch gezielt zum Thema Jugend- und Auszubildendenvertretung.

Welche soziale Verantwortung hat der Betrieb?

Was bedeutet „soziale Verantwortung“?

Verantwortung bedeutet, dass wir in bestimmten Situationen das Richtige und Notwendige machen. Wir haben zum Beispiel eine Verantwortung gegenüber der Umwelt. Wir haben die Pflicht, so zu handeln, dass die Umwelt geschützt wird. Das Wort „sozial“ bedeutet, dass es um Mitmenschen geht. Wer „sozial“ ist, kümmert sich zum Beispiel um andere Leute.

INFO

„Soziale Verantwortung“ ist die Pflicht, sich um andere Menschen zu kümmern.

Soziale Verantwortung hat viele Gesichter.

Wo hat der Betrieb eine „soziale Verantwortung“?

Innerhalb des Betriebs

Der Betrieb hat die Pflicht, dafür zu sorgen, dass es den Mitarbeitern und Menschen innerhalb der Firma gut geht: Folgende Punkte sind dabei wichtig:

- Die Mitarbeiter wollen einen langfristig gesicherten Arbeitsplatz haben.
- Sie wollen mitentscheiden und mitreden können.
- Sie wollen ihre Arbeitszeit flexibel einteilen können.
- Sie wollen sich im Betrieb weiterbilden können.
- Sie wollen, dass man sie und ihre Arbeit wertschätzt.
- Sie wollen fair behandelt werden.
- Sie wollen, dass man sich um sie kümmert und ihnen Zusatzleistungen bietet.
- Sie wollen ein freundliches und angenehmes Arbeitsumfeld.
- Sie wollen eine gerechte Entlohnung für ihre Arbeit, mit der sie ihr Leben bestreiten können.
- Ihre Sicherheit am Arbeitsplatz muss gewährleistet sein.

1. Finde Beispiele für soziale Verantwortung in Familie, Schule und Gesellschaft.
2. Zeigst du bereits soziale Verantwortung? Berichte in der Gruppe.

Außerhalb des Betriebs

Das Unternehmen hat nicht nur eine soziale Verantwortung für seine Mitarbeiter, sondern auch für die Menschen allgemein:

- für die Menschen in dem Ort
- für die Menschen in der Region
- für die Menschen im ganzen Land
- für die Menschen auf der ganzen Welt

Das hängt natürlich davon ab, wie groß der Betrieb ist und ob er auf der ganzen Welt produziert und verkauft.

Viele Betriebe unterstützen wohltätige Projekte. Sie spenden zum Beispiel für Kranke, Obdachlose, Schulen, Kinderheime, Krankenhäuser, Kindergärten, Sportvereine, kirchliche Einrichtungen, Feuerwehren oder für Opfer von Gewaltakten.
Manche Unternehmen organisieren auch selbst Aktionen und Projekte für wohltätige Zwecke.

Was bringt das den Unternehmen?

Zum einen sehen viele Betriebe es als ihre Pflicht an, für Menschen etwas Gutes zu tun. Sie sehen es als ihre soziale Verantwortung. Man spricht dann auch von Corporate **Social Responsibility (CSR)**. Die Unternehmen verdienen durch die Menschen Geld, also ist es ihre Pflicht, davon etwas zurückzugeben.

Zum anderen versuchen die Betriebe, dadurch ein gutes Image zu bekommen. Wenn die Menschen den Eindruck haben, dass die Firma oder die Marke sozial engagiert ist, dann kaufen sie mehr Produkte dieser Firma ein. Umgekehrt kann unsoziales Verhalten von Unternehmen schlecht für das Image sein. Dadurch kaufen die Menschen weniger von dieser Firma.

Große Unternehmen entwickeln sogar eine eigene Strategie bzw. Taktik, wie sie mit sozialem Verhalten den Gewinn steigern können.

Spenden von Unternehmen in Deutschland 2018

Das spenden Unternehmen in Deutschland.

3. Findet Beispiele aus eurem Ort, aus eurer Region oder aus Medien, wo Unternehmen etwas spenden oder Wohltätiges tun.

M **4.** Informiere dich weiter über den Begriff „Corporate Social Responsibility“. Gestalte mit den Ergebnissen ein Wandplakat und präsentiere es.

5. Überlegt euch Fragen zur sozialen Verantwortung für eure Betriebserkundung.

Die Verantwortung für die Umwelt haben alle Menschen und alle Betriebe.

Welche Verantwortung haben Betriebe außerdem?

Der Begriff „**ökologisch**" bedeutet, dass es die Umwelt betrifft.

Betriebe haben außer der *sozialen* Verantwortung gegenüber den Menschen noch eine weitere große Verantwortung:
Die Verantwortung gegenüber der Umwelt. Man nennt dies eine ökologische Verantwortung.

Kein Betrieb kann seine Entscheidungen völlig frei treffen. Er muss immer an die Umwelt denken. Grundsätzlich gibt es dabei zwei Ziele:

- **Der Betrieb sollte umweltfreundliche Produkte herstellen.**
- **Der Betrieb sollte diese Produkte auch umweltschonend herstellen.**

Bei der umweltschonenden Produktion gibt es viele Punkte, an die der Betrieb denken muss: Abfallvermeidung, Abfallbeseitigung, Abfallverwertung, sorgsamer Umgang mit Rohstoffen, Luftreinhaltung, Produktverantwortung.

Damit die Betriebe aber nicht nur selbst entscheiden können, ob sie die Umwelt schützen wollen oder nicht, gibt es seit vielen Jahren Gesetze und Verordnungen. Jedes Unternehmen muss auf die Einhaltung der Umweltbestimmungen in diesen Vorgaben genau achten.
Wenn eine Firma gegen ein Gesetz verstößt, gibt es nicht nur Strafen vom Staat. Auch ihr Image leidet dann gewaltig. Die Menschen kaufen weniger Produkte von Firmen, welche die Umwelt zerstören.

EMAS GEPRÜFTES UMWELTMANAGEMENT

BLAUER ENGEL DAS UMWELTZEICHEN

FSC® www.fsc.org 100% Aus vorbildlich bewirtschafteten Wäldern FSC® C000000

1. Erkläre die beiden genannten Umweltziele der Betriebe mit eigenen Worten.
2. Findet Beispiele, wie Betriebe die Umwelt schützen können.
3. Überlegt euch Fragen für eure Betriebserkundung zum Thema Umweltschutz.
4. M Zum Umweltschutz gibt es zwei Meinungen: „Umweltschutz vernichtet Arbeitsplätze" oder „Umweltschutz schafft Arbeitsplätze". Entscheidet euch für eine Meinung und findet Argumente.
5. M In der Randspalte siehst du verschiedene Umweltzertifikate:
   a) Was bedeutet das Wort „Zertifikat"? Wie bekommt ein Betrieb ein Zertifikat? Was muss der Betrieb dafür tun?
   b) Informiere dich, was die abgebildeten Zertifikate bedeuten.
   c) Finde weitere Zertifikate und recherchiere deren Bedeutung.

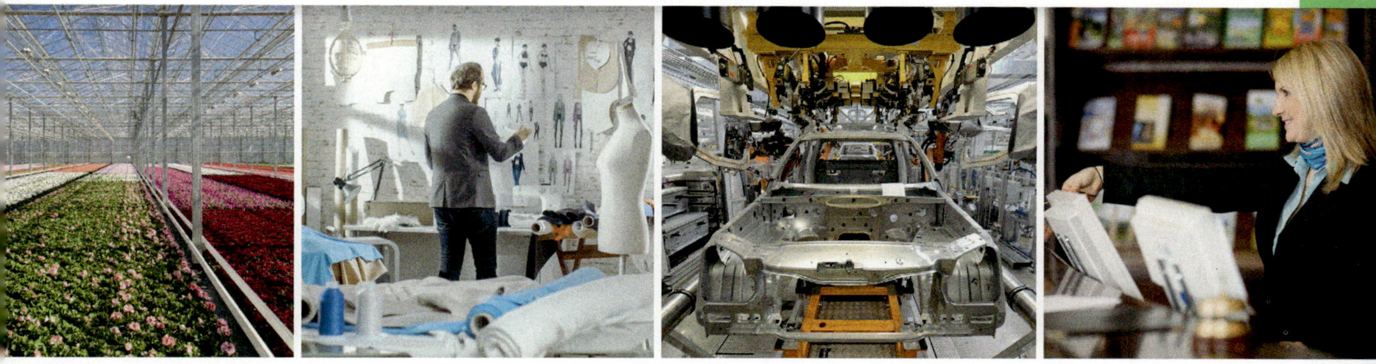

Mögliche Betriebe für eine Betriebserkundung: Urproduktion, Handwerk, Industrie, Dienstleistungsbereich.

Wie führt ihr eure Betriebserkundung durch?

Welchen Betrieb werdet ihr erkunden?

Ihr habt in der 8. Klasse viel über Betriebe erfahren und wie sie arbeiten. Auf den Seiten vorher habt ihr gesehen, dass die betrieblichen Grundfunktionen **Beschaffung**, **Produktion** und **Absatz** nicht alles abdecken. Es müssen auch in der **Verwaltung** viele Aufgaben erledigt werden.

Betriebe haben auch eine soziale Verantwortung gegenüber Mitarbeitern und Mitmenschen und zudem eine ökologische Verantwortung.

Bei eurer nächsten Betriebserkundung solltet ihr vor allem zu den Bereichen
- Verwaltung,
- soziale Verantwortung und
- ökologische Verantwortung

Fragen stellen.

Die erste Frage zu eurer Betriebserkundung ist aber nun: **Welchen Betrieb werdet Ihr erkunden?**

Zur Auswahl stehen Betriebe aus ...
- der **Urproduktion** (Landwirtschaft, Gärtnerei, Zuchtbetrieb),
- dem **Handwerk** (kleinere Betriebe, die Einzelaufträge ausführen),
- der **Industrie** (größere Betriebe, die größere Produktserien oder Massenartikel herstellen) oder
- dem **Dienstleistungsbereich** (Betriebe, die selbst nichts herstellen, sondern nur Dienstleistungen anbieten).

Der Unterschied zur Betriebserkundung in der 8. Klasse ist, dass ihr jetzt in der 9. Klasse versucht, diese in Gruppen selbstständig zu organisieren und durchzuführen.

Unter **erkunden** versteht man, dass du etwas beobachtest und Menschen befragst, um Informationen einzuholen. Dazu bereitest du dich möglichst selbstständig vor.

Welche Betriebe gibt es in eurer Umgebung?
a) Informiert euch und überlegt, ob eine Betriebserkundung jeweils möglich wäre.
b) Diskutiert Vor- und Nachteile der verschiedenen Betriebe.
c) Bildet Gruppen für eure Erkundung.
d) Entscheidet euch in der Gruppe für einen Betrieb. Achtet darauf, dass nicht jede Gruppe den gleichen Betrieb auswählt.
e) Legt fest, wer den ersten Kontakt zu dem Betrieb aufnimmt.

Vorbereitungen für die Betriebserkundung in der Gruppe: Recherche, Absprachen, Üben im Rollenspiel

Was müsst ihr zur Vorbereitung alles tun?

Ihr habt euch nun in Gruppen aufgeteilt und für einen Betrieb entschieden. Jetzt gibt es einige Punkte, die ihr vorbereiten müsst:

Organisatorische Vorbereitung

Bei der organisatorischen Vorbereitung gibt es einige Fragen, die ihr in der Gruppe beantworten müsst. Ihr könnt euch diese Punkte auch aufteilen.

- Wie kommen wir zum Betrieb? Gibt es eine Bus- oder eine Bahnverbindung dorthin?
- Wie können wir Kontakt zu dem Betrieb aufnehmen? Sollen wir anrufen, einen Brief, eine Mail schreiben oder können wir gleich vor Ort Kontakt aufnehmen? Falls ihr anruft, eignet sich dafür ein Telefonzettel (siehe Aufgabe 1).
- Welche Termine kommen für uns in Frage?
- Wer ist unser Ansprechpartner im Betrieb?
- Dürfen wir im Betrieb fotografieren oder mit dem Handy Videos aufnehmen?

Vielleicht fallen euch sogar noch weitere organisatorische Fragen ein. Am besten ist es, ihr erarbeitet einen Erkundungsbogen, auf dem alle wichtigen Fragen und Informationen enthalten sind (siehe Aufgabe 2).

Inhaltliche Vorbereitung

Ein noch wichtigerer Punkt ist aber die inhaltliche Vorbereitung. **Was wollt ihr eigentlich von den Mitarbeitern und vom Chef des Betriebs wissen?**

In der 8. Klasse habt ihr Fragen zu Beschaffung, Produktion und Absatz gestellt. Jetzt sollt ihr hauptsächlich Fragen zur Verwaltung und zur sozialen und ökologischen Verantwortung des Betriebs stellen.
Wenn ihr die bisherigen Seiten gut bearbeitet habt, dann findet ihr sicherlich in der Gruppe dazu Fragen.

Methodische Vorbereitung

Am besten übt ihr in einem Rollenspiel nochmals das Fragenstellen. Vor Ort im Betrieb ist man meist etwas nervös. Wenn ihr die Fragen vorher schon mal geübt habt, geht es leichter.

1. Entwickelt einen Telefonzettel mit folgenden Stichpunkten: Telefonnummer, Name des Gesprächspartners, eigener Name und Grund des Anrufs, Terminvorschläge, mögliche Uhrzeit, sonstige Fragen zur Betriebserkundung.
2. Erarbeitet einen Erkundungsbogen mit folgenden Inhalten: Adresse des Betriebs, Erkundungsdatum, Weg zum Betrieb (Bus usw.), Fragen zum Betrieb (vor allem zu den Bereichen Verwaltung, zur sozialen und ökologischen Verantwortung des Betriebs).

Schüler erkunden in Gruppen verschiedene Betriebe.

Was sind eure Überlegungen unmittelbar vor der Erkundung?

Ihr müsst euch im Klaren sein, dass euer Besuch für den Betrieb zusätzliche Arbeit darstellt. Außerdem wird der normale Ablauf gestört. Ihr solltet also gut vorbereitet sein.

Besprechung der letzten Schritte in der Gruppe

Setzt euch in der Gruppe zusammen und besprecht nochmals jeden Schritt:
- Wie soll die Erkundung im Betrieb genau ablaufen? Was soll nacheinander passieren?
- Was wollen wir genau wissen und von welcher Person? Geht nochmals alle Fragen durch und überlegt, wer welche Frage stellt. Wer notiert die Ergebnisse?
- Wann müssen wir wo sein? Wie ist der zeitliche Ablauf?
- Wie sollten wir uns im Betrieb verhalten? Schreibt eure Verhaltensregeln und Gesprächsregeln in Stichpunkten auf und besprecht sie in der Gruppe. Beispiel:

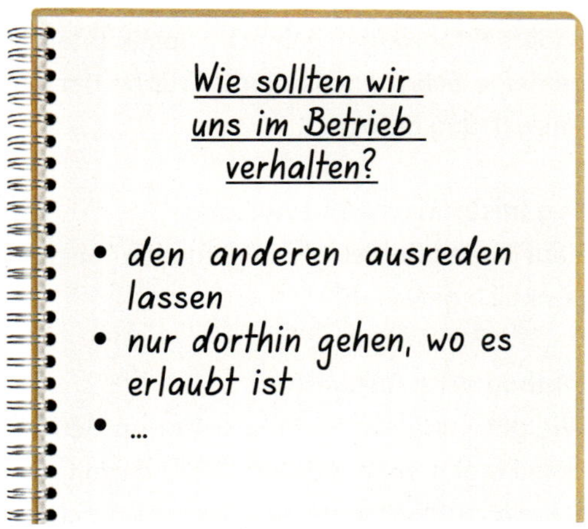

Jetzt geht's ab in den Betrieb

Nach einer gründlichen Vorbereitung führt ihr jetzt als Gruppe eure Erkundung im Betrieb durch. Euer Job ist jetzt **fragen, beobachten, notieren**. Viel Erfolg!

Die wichtigsten Aufgaben, die ihr in der Gruppe für eure Erkundung erledigen müsst, stehen oben im Text.

a) Arbeitet diese Punkte gut durch.

b) Welche weiteren Fragen und Schritte fallen euch noch ein, die ihr unbedingt vorher noch erledigen müsst?

Auswertung der Erkundung in der Gruppe und die anschließende Präsentation sind zwei wichtige Punkte.

Wie war's im Betrieb? Was habt ihr erfahren?

Ihr wart als Gruppe in einem Betrieb und habt dort Fragen gestellt. Nun kommt ein weiterer wichtiger Schritt: die Auswertung.
Jetzt lernt ihr sicher erneut etwas dazu. Ohne Auswertung ist die ganze Betriebserkundung nur die Hälfte wert. Jede Gruppe hat sicherlich andere Erfahrungen gemacht. Bestimmte allgemeine Schritte sollte jede Gruppe bei der Auswertung befolgen:

Organisatorische Auswertung
Habt ihr den Betrieb gleich gefunden? Seid ihr pünktlich gewesen?

Methodische Auswertung
Wie gut konnten die Mitarbeiter im Betrieb eure Fragen beantworten? Ward ihr mit den Fragen zufrieden oder würdet ihr sie bei der nächsten Erkundung umformulieren?

Inhaltliche Auswertung
Welche Antworten habt ihr zu euren Fragen bekommen? Wurden alle Fragen beantwortet? Was habt ihr aus den Antworten gelernt? War etwas Überraschendes dabei? Gab es Fragen, die nur teilweise beantwortet wurden?

Reflexion
Was auch nicht fehlen darf, ist eine allgemeine Reflexion: Wie habt ihr in der Gruppe zusammengearbeitet? Was war gut, was solltet ihr beim nächsten Mal besser machen?

Als Dankeschön für den Betrieb könnt ihr diesem einen Brief schreiben und mitteilen, was ihr Positives erlebt habt. Außerdem könnt ihr schreiben, was ihr gelernt habt und wie ihr mit den Ergebnissen weiterarbeitet. Der Betrieb freut sich sicherlich darüber.

Präsentation
Die Ergebnisse aller Auswertungsschritte sollten aber nicht nur bei euch in der Gruppe besprochen werden, sondern auch präsentiert werden. Dabei gibt es viele Möglichkeiten:

Plakate / Ausstellung

Computerpräsentation

Bericht für die Schule

Artikel für die Homepage

1. a) Die Auswertungsschritte oben geben euch in der Gruppe Tipps für die Auswertung. Geht Punkt für Punkt durch und gestaltet mit euren Ergebnissen eine Präsentation (z. B. Plakat, Bildschirmpräsentation, Ausstellung, Artikel).

b) Präsentiert die Ergebnisse eurer Auswertung einem Publikum (z. B. Mitschülern, Eltern).

M

Die Betriebserkundung mit einem Leittext

Die **Leittext**methode kennst du bereits aus den Klassen 5–8.
Es geht darum, mit Hilfe eines Textes etwas durchzuführen. Der Text leitet dich dabei.

Ihr habt bereits viel über Betriebe erfahren und solltet nun möglichst selbstständig in der Gruppe eine Erkundung in einem Betrieb eurer Wahl durchführen. Dabei solltet ihr Informationen über ① die Verwaltung und ② das Personal erhalten. Auch die ③ soziale und ④ ökologische Verantwortung des Betriebes sollt ihr unter die Lupe nehmen.

So geht ihr vor:

Vor der Erkundung

- Zuerst besprecht ihr in der Gruppe, welchen Betrieb ihr gerne erkunden möchtet. Er sollte nicht zu weit entfernt sein. Verständigt euch, wer aus eurer Gruppe beim Betrieb anfragt und wichtige Punkte klärt (Termin, Ansprechpartner, Ablauf). Danach solltet ihr weitere organisatorische Fragen rund um eure Erkundung besprechen (Anfahrt, Verhaltensregeln, Interviewablauf usw.).
- Anschließend solltet ihr Fragen zu den Themen Verwaltung und Personal finden, die euch interessieren (siehe Punkte ①–④). Die Seiten 76 bis 84 dieses Kapitels geben euch nochmals einen Überblick über die Bereiche und helfen euch vielleicht, Fragen zu formulieren.
- Legt nun einen Erkundungsbogen für eure Gruppe an. Auf diesem sollten alle Fragen notiert sein. Außerdem solltet ihr festlegen, wer welche Frage stellt und wer die Antworten notiert. Vielleicht übt ihr das Fragenstellen nochmals im Rollenspiel in der Klasse. Überlegt auch, ob ihr zum Beispiel mit dem Smartphone ein Bild macht oder die Interviews aufzeichnet. Natürlich muss das vorher mit dem Betrieb abgesprochen werden.

Während der Erkundung

- Jetzt geht ihr zum vereinbarten Termin in den Betrieb. (Nicht vergessen: Begrüßung, Vorstellung und am Ende Verabschiedung und Dank.)
- Stellt eure Fragen an den Chef und die Mitarbeiter des Betriebs. Beobachtet dabei genau die Abläufe, die Arbeitsvorgänge sowie die Handlungen der Mitarbeiter. Haltet dabei möglichst viele Informationen fest, indem ihr euch Notizen und Fotos macht.

Nach der Erkundung

- Zurück in der Schule sammelt ihr eure Ergebnisse in der Gruppe nach dem Muster „Was wollten wir wissen?" – „Welche Antworten haben wir bekommen?"
- Anschließend überlegt ihr euch in der Gruppe, wie ihr eure Ergebnisse präsentiert und vor allem wem. Dazu gibt es verschiedene Möglichkeiten: Plakate, Bildschirmpräsentation, Video, Pinnwände, Artikel für Zeitung, Jahresbericht, Homepage usw.
- Zum Schluss reflektiert ihr nochmals eure Arbeit zum Thema „Betriebserkundung". Überlegt, was vom Anfang bis zum Ende gut gelaufen ist und was weniger gut.

Schüler bei der Betriebserkundung

Banken und Sparkassen bieten uns viele Dienstleistungen.

Welche Dienste leisten die Geldinstitute für uns?

Giro (aus dem Italienischen) bedeutet so viel wie Kreis.

Ein **Girokonto** ist ein Konto bei einer Bank oder Sparkasse, bei dem Geld gutgeschrieben oder abgebucht wird. Das Geld bleibt im Kreislauf.

Was sind Banken und Sparkassen?

Viele in deinem Alter haben bereits ein Girokonto bei einer Bank, mit dem sie ihr Taschengeld verwalten. Eine Bank ist ein **Geldinstitut**, bei dem man zum einen gespartes Geld anlegen kann; zum anderen kann man sich auch welches ausleihen, wenn man zum Beispiel ein Auto kaufen will. Geldinstitute heißen deshalb auch **Kreditinstitute**.

Sparkassen sind auch Banken, mit dem Unterschied, dass sie überwiegend in kommunaler Trägerschaft sind. Das heißt, dass diese öffentlich-rechtlichen Anstalten im Eigentum einer Stadt oder eines Landkreises sind.

Wo kommen wir in Kontakt mit Banken und Sparkassen?

Es gibt ganz unterschiedliche Beispiele, wo Menschen mit Banken und Sparkassen in Kontakt kommen:

Gehen wir jetzt shoppen? Ich habe die EC-Karte dabei.

Ich möchte mein Geld sparen und bringe es zur Bank. Wie viel Zinsen bekomme ich dafür?

Ich überweise eine Rechnung noch schnell online.

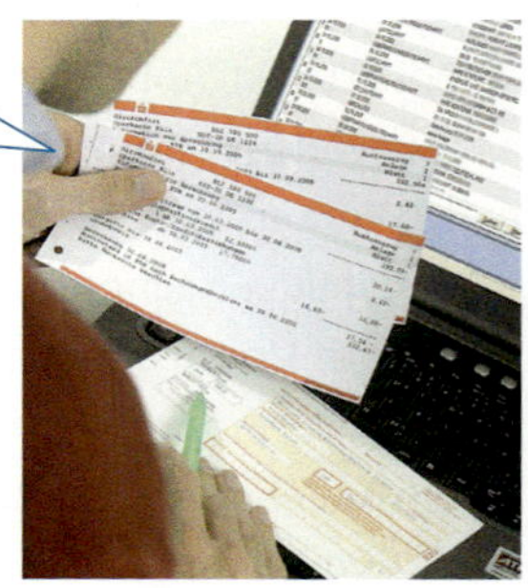

Ich will heute noch ausgehen und brauche Geld. Ich muss noch zum Geldautomaten der Bank.

Wir möchten uns ein Haus kaufen. Zu welchem Zinssatz können wir uns bei der Bank Geld leihen?

Geldgeschäfte digital ...

... oder bar (analog)?

Ich brauche für mein Restaurant neue Geräte. Von welcher Bank erhalte ich einen Kredit?

Ich muss meine Einnahmen noch zum Nachttresor bringen.

Einige dieser Beispiele hast du vielleicht bereits selbst erlebt. Sicher fallen dir noch mehr Beispiele ein, wo Menschen Kontakt mit Banken und Sparkassen haben.
Das Aufgabengebiet von Geldinstituten ist sehr umfangreich. Nicht nur Privatpersonen erledigen ihre Geldgeschäfte über sie, sondern auch Firmen und öffentliche Haushalte.

Die folgende Übersicht gibt dir einen kleinen Überblick, welche Dienstleistungen Banken und Sparkassen mittlerweile anbieten:

bargeldloser Zahlungsverkehr	Kredite bereitstellen
EDV-Service	Geldanlagen
Auslandsgeschäfte	allgemeine Dienstleistungen

Jeder einzelne Aufgabenbereich wird dir auf den folgenden Seiten genauer erklärt.

Öffentliche Haushalte sind zum Beispiel Gemeinden, Städte oder Landkreise.

Ein **Kredit** ist ein Geldbetrag, den man sich ausleiht und dafür Zinsen zahlt.

EDV ist die Abkürzung für „elektronische Datenverarbeitung“.

1. Welche Geldinstitute findest du in deinem Wohnort? Wo sind die nächsten Filialen?
2. Schaue dir die Übersicht oben an. Was weißt du bereits von den einzelnen Dienstleistungen oder was kannst du dir darunter vorstellen? Sprecht darüber in einer Gruppe und tauscht eure Gedanken aus.
3. Welche Leistungen einer Bank oder Sparkasse nutzt du oder deine Familie? Sprich mit deinen Eltern darüber.
4. Überlegt, ob ihr einen Experten aus einem Geldinstitut einladet und zum Thema „Aufgabenbereiche und Dienstleistungen von Banken“ befragt. Ihr könnt auch Fragen zu den weiteren Themen des Buchs stellen.

Produktion in der Dorfgemeinschaft

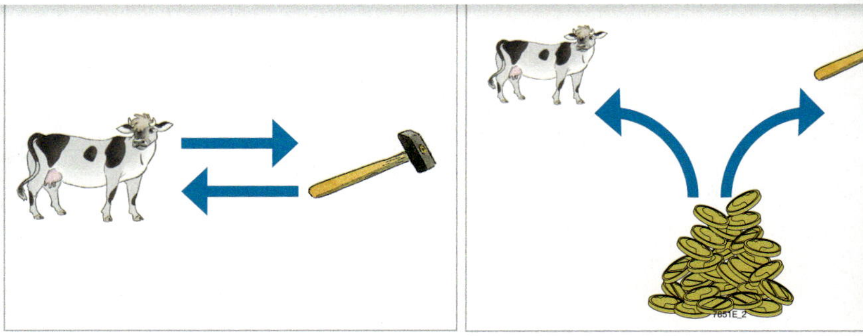

Mit dem Tauschhandel beginnt die Bedeutung der Banken und Sparkassen.

Warum sind Banken so wichtig für unser Land?

Wie wurde früher gehandelt?

Vor sehr langer Zeit versorgten sich die Menschen selbst und produzierten ihre Waren allein: Nahrung, Kleidung, Hausbau (siehe Bild oben links). Was die Menschen nicht selbst herstellen konnten, haben sie getauscht: Eier gegen Fleisch, Getreide gegen Fisch usw. Aber die Tauschvorgänge waren sehr schwierig und kompliziert. Die Waren verderben schnell und sind oft nicht leicht vom Wert her miteinander zu vergleichen.
Später wurden dann Waren gegen Goldstücke, wertvolles Metall oder Münzen getauscht. Hier kam zum ersten Mal so etwas wie Geld ins Spiel.

Damit es bei diesen ganzen Tauschvorgängen auch gerecht zugeht und jemand eine kontrollierende Rolle einnimmt, wurde schon vor 2000 Jahren die erste Bank gegründet.

Für wen sind die Banken heute wichtig – und warum?

Für uns Verbraucher und Privatpersonen

Ohne Geldinstitute können wir keine Rechnungen bezahlen, keine Löhne auf dem Konto erhalten, kein Geld anlegen, kein Geld ausleihen, kein Geld vom Automaten abholen, keine Kontoauszüge ausdrucken, nicht online shoppen und online bezahlen und wir haben niemanden, der unser Geld verwaltet.

Für die Betriebe

Alles, was den Privatpersonen fehlen würde, würde auch den Betrieben fehlen. Zusätzlich könnten sie keine Löhne auszahlen, weil dies nur noch über Konten geht. Sie könnten sich kein Geld für neue Maschinen ausleihen oder würden auch kein Geld von den Kunden bekommen. Natürlich könnten sie auch keine Waren ins Ausland verkaufen, wodurch in Deutschland Geld fehlen würde.

Für den Staat (z. B. Gemeinden, Städte)

Ohne Banken und Sparkassen würden die Gemeinden, Städte oder Landkreise keine Steuern bekommen und könnten so ihre Aufgaben nicht erfüllen (Polizei, Krankenhäuser, Schulen usw.). Sie könnten genau wie alle Privatpersonen und Betriebe nichts sparen, aber auch keine Kredite aufnehmen, die sie brauchen, um zum Beispiel neue Kindertagesstätten zu bauen.

Für die ganze Gesellschaft

Alle Zahlungen laufen über Banken und Sparkassen. Niemand könnte mehr etwas bezahlen, im Internet bestellen, Lohn erhalten, Waren bestellen und erhalten. Ohne diese Geldströme und Zahlungen gäbe es weniger Arbeitsplätze, weniger Steuereinnahmen und die gesamte Bevölkerung würde schlechter versorgt werden.

Ohne Banken und Sparkassen fließt kein Geld.

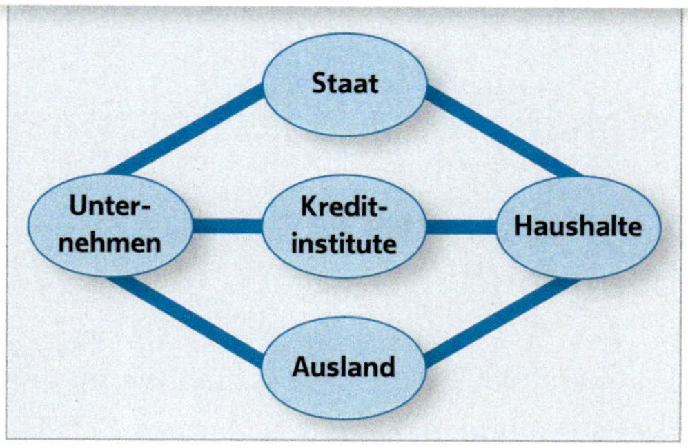

Wie fließen die Geldströme über die Banken?

Du siehst, dass ohne Banken und Sparkassen die Zahlungsströme und Geldströme nicht fließen können. Dies ist aber nötig, damit Waren produziert und verteilt werden können. Da wir in Deutschland nur wenige Rohstoffe besitzen, verdienen wir hauptsächlich Geld mit dem Verkauf von Waren ins Ausland (z. B. Autos, Maschinen). Man spricht dann von **Export**.

Bestimmte Waren, die wir in Deutschland nicht anbauen können, werden aus dem Ausland eingekauft (z. B. Bananen, Kaffee). Man spricht dann von **Import**.

Auch der Geldfluss mit den ausländischen Firmen läuft über Banken und Sparkassen.

Die folgende Übersicht zeigt dir, wie die Geldströme fließen. Aber Achtung: es werden nur Geldströme dargestellt. Die Warenströme musst du dir dazu denken.

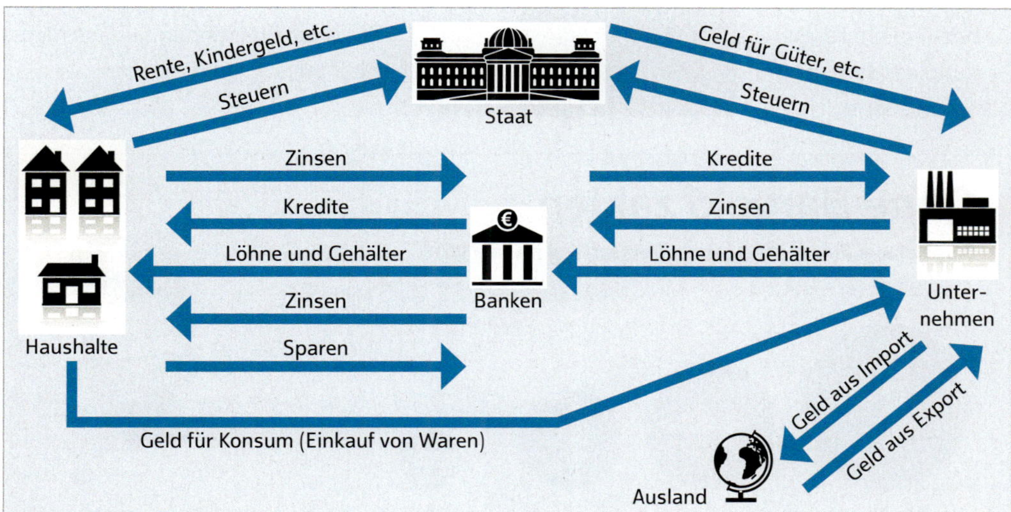

Hinweis: Alle Geldströme fließen über die Banken und Sparkassen, auch wenn es in der Übersicht zum Teil anders dargestellt ist.

1. Wiederholt in der Gruppe nochmals mit eigenen Worten, warum die Banken und Sparkassen für Privatpersonen, Betriebe und den Staat wichtig sind.
2. Erkläre mithilfe des Schaubilds, wie der Geldkreislauf funktioniert und warum er für uns so wichtig ist.
3. Informiere dich: Welche in Deutschland hergestellten Güter werden hauptsächlich ins Ausland verkauft, welche Waren werden importiert?

Welche Möglichkeiten hast du, bargeldlos zu bezahlen?

Was bedeutet bargeldlos zu bezahlen?

Vor mehr als 200 Jahren hat man Waren und Dienstleistungen nur gegen Münzen, Scheine oder besondere Wertgegenstände bekommen.

Mittlerweile bekommt man Waren und Dienstleistungen auch ohne Bargeld, zum Beispiel mit einer Girocard. Neben der Girocard gibt es natürlich noch weitere Formen des bargeldlosen Zahlungsverkehrs:

- die Überweisung
- den Dauerauftrag
- die Lastschrift
- die Kreditkarte
- die Debitkarte
- die elektronische Geldbörse
- das Onlinebanking
- verschiedene Onlinebezahldienste
- mobile-payment per Smartphone

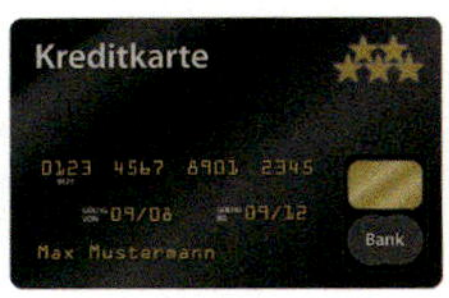

Was ist unbedingt notwendig, damit man bargeldlos bezahlen kann?

Um bargeldlos bezahlen zu können, braucht man ein Girokonto bei einer Bank oder Sparkasse. Ein Girokonto ist ein Konto, auf welchem ständig Geld eingeht bzw. abgebucht wird. Mithilfe von Kontoauszügen hat der Kunde jederzeit den Überblick, welche Einnahmen und Ausgaben auf dem Konto sind.

Speziell für Schülerinnen und Schüler bieten Banken auch Jugendgiro- oder Taschengeldkonten an. Das sind auch Girokonten, aber man kann sie nicht überziehen und ins Minus rutschen, also mehr Geld ausgeben als man besitzt.

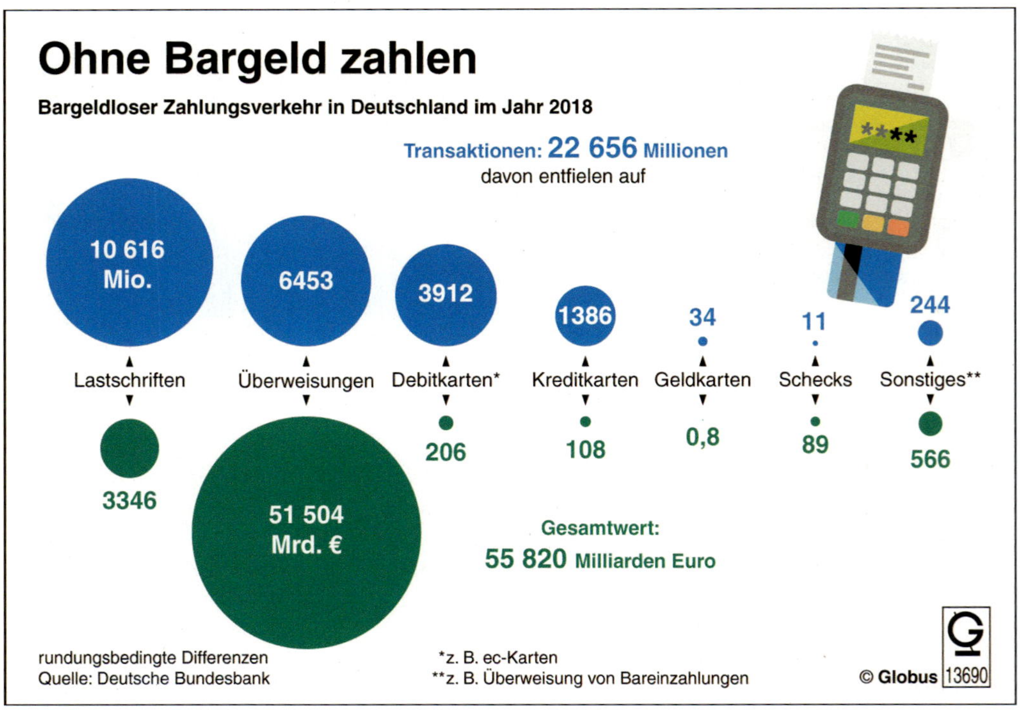

Wie funktioniert eine Überweisung?

Die Überweisung ist eines der am häufigsten verwendeten Instrumente des bargeldlosen Zahlungsverkehrs. Sowohl der Empfänger als auch der Zahlende müssen ein Girokonto haben. Bei der Überweisung wird der Geldbetrag von dem einen Konto abgezogen und beim anderen Konto gutgeschrieben. Dieser Vorgang wird auch „Umbuchung“ genannt. Egal, ob die Überweisung online oder in Papierform ausgeführt wird, bestimmte Elemente müssen immer dabei sein.

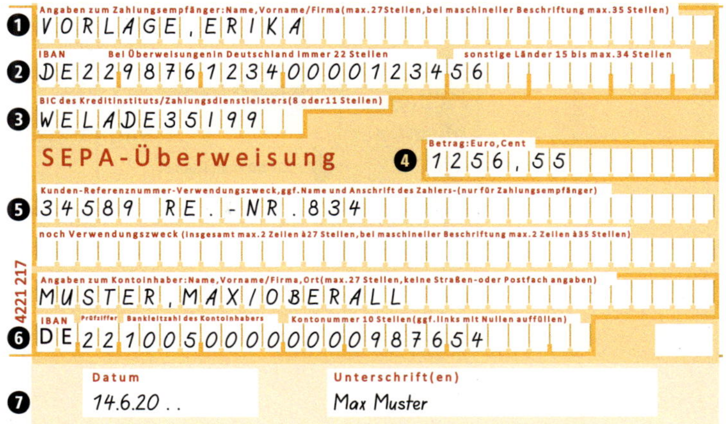
Angaben zum Zahlungsempfänger: Name, Vorname/Firma (max. 27 Stellen, bei maschineller Beschriftung max. 35 Stellen)
❶ VORLAGE, ERIKA
IBAN Bei Überweisungen in Deutschland immer 22 Stellen sonstige Länder 15 bis max. 34 Stellen
❷ DE22987612340000123456
BIC des Kreditinstituts/Zahlungsdienstleisters (8 oder 11 Stellen)
❸ WELADE35199
SEPA-Überweisung
Betrag: Euro, Cent
❹ 1256,55
Kunden-Referenznummer - Verwendungszweck, ggf. Name und Anschrift des Zahlers - (nur für Zahlungsempfänger)
❺ 34589 RE.-NR.834
noch Verwendungszweck (insgesamt max. 2 Zeilen à 27 Stellen, bei maschineller Beschriftung max. 2 Zeilen à 35 Stellen)
Angaben zum Kontoinhaber: Name, Vorname/Firma, Ort (max. 27 Stellen, keine Straßen- oder Postfachangaben)
MUSTER, MAX/OBERALL
IBAN Prüfziffer Bankleitzahl des Kontoinhabers Kontonummer 10 Stellen (ggf. links mit Nullen auffüllen)
❻ DE22100500000000987654
4221 217
Datum
❼ 14.6.20..
Unterschrift(en)
Max Muster

❶: Name Empfänger; ❷: IBAN Empfänger; ❸: BIC Empfänger; ❹: Betrag
❺: Kundennummer; ❻: IBAN Karteninhaber; ❼: Datum und Unterschrift

Was ist Onlinebanking?

Onlinebanking bedeutet im Prinzip, dass man sein Girokonto über das Internet verwaltet. Man tätigt die Überweisung auf der Internetseite seiner Bank. Man kann online auch den Kontostand abfragen, Daueraufträge einrichten und noch vieles mehr. Neben einem PC mit Internetanschluss benötigt der Kunde noch eine Geheimzahl (PIN) und eine TAN (Transaktionsnummer).

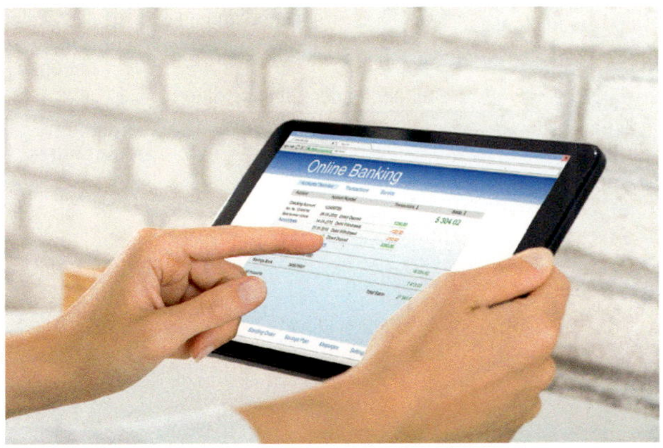

Was ist ein Dauerauftrag?

Wenn jeden Monat der gleiche Betrag für eine Rechnung bezahlt werden muss, dann ist es sinnvoll, bei seinem Girokonto einen Dauerauftrag einzurichten. Das bedeutet, der Kunde beauftragt die Bank, jeden Monat einen bestimmten Betrag zu einem festgelegten Termin zu überweisen. Ein Dauerauftrag ist zum Beispiel gut für die Zahlung der Miete oder des Stromanschlusses. Der Dauerauftrag kann auch online eingerichtet werden.

1. Erkundige dich, was man braucht, um ein Girokonto zu eröffnen.
2. Was muss alles bei einer Überweisung enthalten sein? Sieh dir das Bild oben rechts genau an und nenne die wichtigsten Elemente einer Überweisung.
3. Welche Vor- und Nachteile bieten die hier vorgestellten Zahlungsformen?

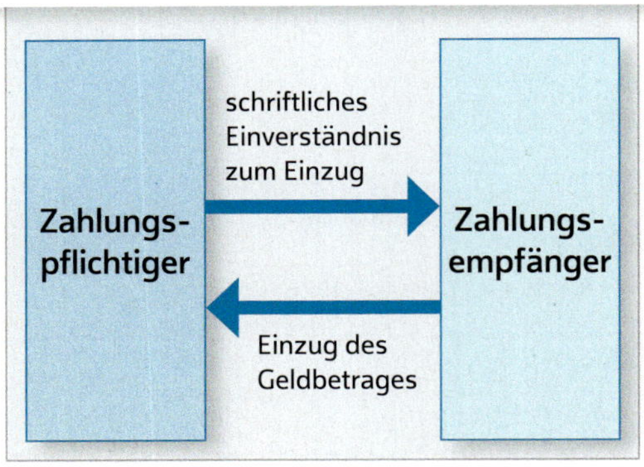

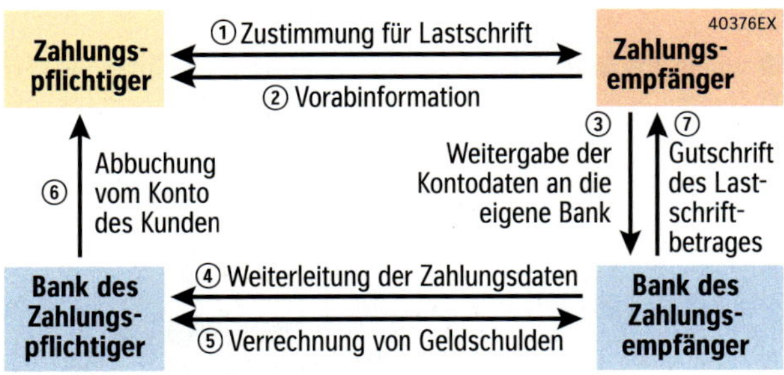

Was ist eine Lastschrift?

Bei einer Lastschrift erlaubst du einer Firma oder einem Verein, Geld von deinem Konto einzuziehen. Welche Beispiele gibt es dafür?

- Du erlaubst zum Beispiel, dass die Handyrechnung jeden Monat von deinem Konto eingezogen wird.
- Wenn du etwas online kaufst und als Zahlungsmittel „Lastschrift" angibst, dann wird der Betrag von deinem Konto abgebucht. Dazu musst du natürlich vorher deine Bankdaten angeben.

Eine Lastschrift wird immer dann gewählt, wenn der Betrag jedes Mal anders ist.
Bei einer Lastschrift musst du also deine Zustimmung gewähren. Hat jemand unerlaubterweise Geld von deinem Konto abgebucht, kannst du die Lastschrift auch zurückbuchen lassen.

Was ist eine Debitkarte?

Zu einer Debitkarte sagen viele auch Girocard, Maestro-Card oder vpay. Es ist eine Plastikkarte mit einem Magnetstreifen auf der Rückseite. Darauf sind alle wichtigen Kontodaten des Inhabers gespeichert. Du kannst eine Debitkarte unter anderem an den beiden Symbolen (Randspalte) erkennen.
Beim Einkaufen an der Kasse wird die Girocard in ein Lesegerät eingeschoben oder aufgelegt. Nun muss der Kunde entweder eine PIN eingeben oder auf einem Kassenzettel unterschreiben. Anschließend wird der Geldbetrag automatisch vom Konto des Kunden abgebucht. Das funktioniert wie beim Lastschriftverfahren.

V PAY

maestro.

Lesegerät für eine Debitkarte/ec-Karte/Girocard

PIN = Persönliche Identifikationsnummer

1. Was haben Dauerauftrag und Lastschrift gemeinsam? Wo liegen die Unterschiede?
2. Erkläre die Grafik zum Lastschriftverfahren mit eigenen Worten. Denke dir dazu ein Beispiel aus.
3. Welche Gefahren hat die Zahlung mit einer Debitkarte/Girocard?
4. Was kostet es, mit einer Karte zu bezahlen? Informiere dich.

Was ist eine elektronische Geldbörse?

Wenn du dir eine Debitkarte genauer ansiehst, dann findest du dort auch einen Chip. Auf dem Chip sind verschiedene Funktionen gespeichert. Wenn die Debitkarte das GeldKarte-Logo trägt, dann enthält die Karte die GeldKarten-Funktion. D. h. du kannst auf den Chip bis zu 200 Euro laden, z. B. am Geldautomaten, und damit bezahlen. Die Karte ist dann gleichzeitig eine Geldkarte (= elektronische Geldbörse). Es können viele Beträge damit bargeldlos bezahlt werden. Zum Beispiel:

- ein Busticket am Automaten,
- das Essen in der Schulmensa oder
- ein Paket an der Paketstation.

Eine Funktion des Chips ist die GeldKarten-Funktion.

Wie Kleingeld. Nur besser.

Wann kann ich kontaktlos bezahlen?

Wenn neben dem Chip auf der Debitkarte auch noch ein Wellensymbol zum kontaktlosen Bezahlen vorhanden ist, dann musst du die Karte nur in die Nähe des Lesegeräts halten. Bei Beträgen bis 25 Euro entfällt sogar meist die Eingabe der PIN. Der Betrag wird dann von deinem Konto abgebucht.
Dabei gibt es nun zwei Möglichkeiten:
- Du bezahlst kontaktlos mit deiner Debitkarte (Girocard) direkt vom Konto oder
- mit dem Guthaben auf dem Chip (girogo-Funktion).

Mit Wellensymbol kann man kontaktlos bezahlen.

Logos auf der Rückseite einer Girocard.

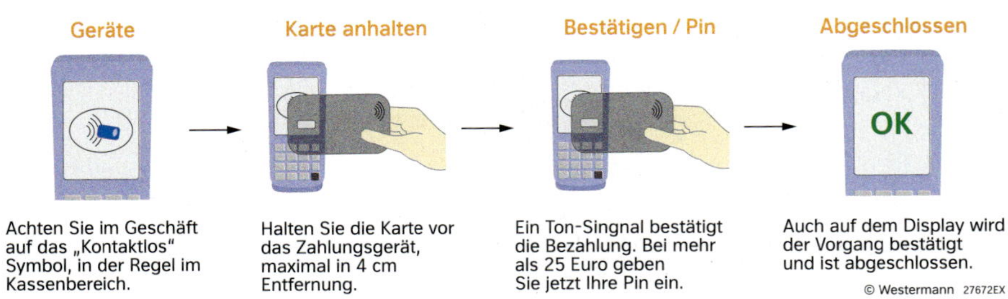

So funktioniert das kontaktlose Bezahlen.

Haben deine Eltern oder du schon einmal die GeldKarte-Funktion oder das kontaktlose Bezahlen genutzt? Informiere dich und berichte über die Erfahrungen.

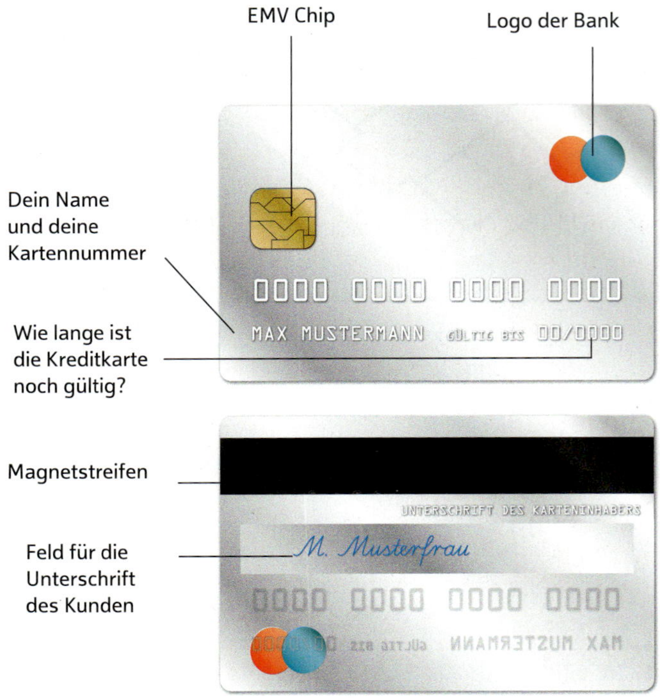

Was ist eine Kreditkarte?

Eine Kreditkarte funktioniert beim Bezahlen genauso wie eine Girocard (Debitkarte). Man bekommt mit der Kreditkarte auch Bargeld an Automaten. Es ist auch eine Plastikkarte mit einem Magnetstreifen. Der Betrag wird dir vom Konto abgebucht.

Wo liegen die Unterschiede zur Girocard?

- Der Betrag wird nicht sofort vom Konto abgebucht, sondern meist erst am Ende des Monats. Das Wort „Kredit" bedeutet, dass man sich einen Geldbetrag von der Bank leiht. Das heißt, dass man sich beim Einkaufen den Geldbetrag so lange leiht, bis er vom Konto abgebucht wird.
- Man muss die Kreditkarte extra bei der Bank beantragen und eine Gebühr dafür bezahlen.
- Nicht jeder bekommt sie. Man muss genügend Geld verdienen.
- Zwischen deiner Bank und der Bank des Zahlungsempfängers gibt es einen Zwischenhändler (siehe Grafik).

Der Ablauf beim Bezahlen mit einer Kreditkarte:

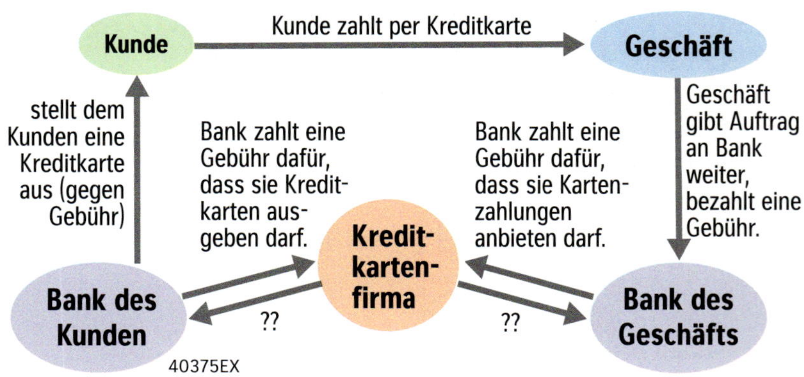

40375EX

Tipp: Wenn du deine Karte später mal verlieren solltest oder sie dir gestohlen wird, dann rufe sofort die Telefonnummer: 116 116 an und lasse die Karte sperren.

1. Bitte deine Eltern, Bekannte oder Verwandte, dir ihre Kreditkarte zu zeigen: Welchen Anbieter nutzen sie? Welche Erfahrungen haben sie damit gemacht (positiv oder negativ)? Erstellt anschließend eine Übersicht in der Klasse.
2. Schaue dir die Grafik über den Ablauf beim Bezahlen mit einer Kreditkarte an:
   a) Erkläre sie mit eigenen Worten.
   b) An zwei Pfeilen in der Grafik fehlt die Beschriftung. Ergänze diese und erkläre sie deinem Partner.
3. Recherchiere verschiedene Kredikartenanbieter.

Was sind Onlinebezahldienste und wie funktionieren sie?

Viele Waren werden mittlerweile über das Internet, also online bestellt. Neben der normalen Überweisung und Rechnung werden meist auch verschiedene Onlinebezahldienste angeboten.

Um diese Dienste nutzen zu können, muss man sich dort anmelden und ein Konto einrichten. Wenn man ein Produkt im Internet kauft, wird der Geldbetrag (wie bei der Lastschrift) vom Konto abgebucht. Der Shop muss dafür einen kleinen Betrag an den Bezahldienst zahlen. Für den Kunden ist es „kostenlos".

Was ist „mobile-payment"?

Dabei bezahlt man mithilfe des Smartphones, des Tablets oder einer Smartwatch. Du bist unterwegs, möchtest im Laden etwas kaufen und bezahlst anstatt mit Bargeld oder einer Karte einfach mit deinem mobilen Gerät. Dazu hältst du das Gerät in die Nähe des Lesegeräts oder des Automaten. Dein Gerät muss dazu entweder NFC-fähig sein, also eine bestimmte Technik besitzen, oder eine bestimmte App geladen haben, manchmal sogar beides. So wird zum Beispiel das Smartphone zum Bezahlgerät. Meist bezahlt man damit sehr kleine Beträge im Laden, am Automaten oder im Parkhaus. Der Geldbetrag wird wieder vom Konto abgebucht.

Eine **Smartwatch** ist eine elektronische Armbanduhr, die Funktionen hat wie ein Computer.

NFC ist die Abkürzung für „Near Field Communication".

1. Welchen Onlinebezahldienst haben du oder deine Eltern schon genutzt? Berichte über eure Erfahrungen.
2. Warum ist das Wort „kostenlos" im Text in Anführungszeichen gesetzt?
3. In der Grafik zum „mobile-payment" werden Vor- und Nachteile genannt. Teilt euch in Gruppen auf und findet zu allen bargeldlosen Bezahlmöglichkeiten jeweils Vorteile (Chancen, Möglichkeiten) und Nachteile (Gefahren, Risiken).
4. Recherchiere online verschiedene Onlinebezahldienste. Stelle sie in einer Tabelle gegenüber und vergleiche die Geschäftsbedingungen.

Den bargeldlosen Zahlungsverkehr gibt es nicht für jeden.

Welche Regeln gibt es beim bargeldlosen Zahlen?

Schüler der 9. Klasse stellen sich Fragen zum bargeldlosen Zahlungsverkehr

Jonas und Ayat sind Schüler der 9. Klasse und wollen in diesem Schuljahr ihren Quali schaffen. Beide haben schon genaue Vorstellungen, wie es danach weitergehen soll. Nach der Schule machen beide eine Ausbildung. Sie haben bereits ihren Ausbildungsvertrag unterschrieben. Jedoch fragen sie sich, wohin ihr Lohn als Auszubildender überwiesen wird. Brauchen sie dazu ein Girokonto? Wo sollen sie dieses Konto einrichten? Was ist dabei zu beachten? Welche Regeln gibt es beim bargeldlosen Zahlungsverkehr?

Vielleicht kommt dir dieses Beispiel bekannt vor. Bald ist es auch für dich soweit und du stellst dir die gleichen Fragen.

Beim Eintritt in das Erwerbsleben kommen einige Freiheiten, aber auch Pflichten auf dich zu. Du wirst sicher ebenfalls ein eigenes Girokonto haben oder eröffnen und dann bargeldlos bezahlen wollen.
Ohne Bargeld zu bezahlen ist zwar schick, geht schnell und einfach, aber es gibt dabei auch Gefahren und Risiken. Schließlich geht es letztlich um Geld, für das jemand haften muss. Deshalb gibt es einige Regeln, und nicht jeder kann jede Form des bargeldlosen Zahlungsverkehrs nutzen.

Gibt es unterschiedliche Bedingungen für Jugendliche und Erwachsene?

Jede Form des bargeldlosen Zahlens benötigt im Hintergrund ein Girokonto bei einer Bank. Und da geht das Problem schon los:
Ein Jugendlicher kann ohne die Einwilligung seiner Eltern kein Girokonto eröffnen. Auch wenn die Eltern zustimmen, wird der Jugendliche kein Girokonto haben, bei dem alle Formen des bargeldlosen Zahlungsverkehrs freigeschaltet sind. Dies dient zum Schutz des Jugendlichen, denn schließlich kann das ersparte Geld auch schnell weg sein.

Jugendliche haben Einschränkungen beim Konto.

Beim bargeldlosen Zahlungsverkehr gibt es Unterschiede zwischen Jugendlichen und Erwachsenen.

Was sind die Voraussetzungen?

Man muss voll geschäftsfähig sein, um überhaupt ein Girokonto eröffnen zu können. Das ist man erst mit der Volljährigkeit, in Deutschland also mit 18 Jahren.

Für die Nutzung eines normalen Girokontos ist auch ein regelmäßiger Geldeingang Voraussetzung, zum Beispiel durch einen monatlichen Lohn. Es gibt Geldinstitute, die noch weitere Bedingungen verlangen. Damit man für sein Girokonto eine Kreditkarte bekommt, muss das monatliche Einkommen eine bestimmte Höhe haben. Außerdem muss man kreditwürdig sein. Dazu fragen die Banken und Sparkassen bei der SCHUFA nach, wo sämtliche Kreditinformationen über die Bankkunden gespeichert sind.

Für die Onlinebezahldienste ist im Hintergrund immer ein Girokonto notwendig. Außerdem werden manchmal Gebühren fällig. Auf alle Fälle musst du bei dem Onlinebezahldienst ein Konto eröffnen und die Daten deines Girokontos hinterlegen.

Die **SCHUFA** ist eine Firma, die Daten und Informationen über Personen und Kredite sammelt. Wenn du einen Kredit bei einer Bank verlangst, fragt sie erst bei der Schufa nach, ob du schon viele Kredite hast. SCHUFA ist die Abkürzung für „Schutzgemeinschaft für allgemeine Kreditsicherung".

1. a) Informiert euch bei Banken und Sparkassen über die rechtlichen Bestimmungen beim bargeldlosen Zahlungsverkehr oder ...
b) ... führt eine Expertenbefragung zu diesem Thema durch. Ladet jemanden aus einer Bank oder Sparkasse in die Schule ein oder besucht die Person in der Filiale.
c) Gestaltet mit den Ergebnissen aus a) oder b) Plakate bzw. Präsentationen und stellt sie in der Klasse oder bei einem Elternabend vor.

2. Im Text wird der Begriff „kreditwürdig" verwendet. Recherchiert, was damit gemeint ist und erklärt es euch gegenseitig mit eigenen Worten.

3. Nach der 9. Klasse fängst du möglicherweise eine Ausbildung an. Damit dir der Betrieb deine Ausbildungsvergütung, also deinen Lehrlingslohn, überweisen kann, brauchst du ein Girokonto. Deshalb möchtest du jetzt ein Girokonto bei einer Bank oder Sparkasse eröffnen: Recherchiere im Internet nach Angeboten und trage die Ergebnisse in einer Tabelle zusammen.

Anbieter/Bank/Sparkasse	Internetadresse	Bedingungen und Kosten
...	...	...
...	...	...

Hacker versuchen über das Internet an dein Girokonto und dein Geld zu kommen. Sei gerüstet.

Warum ist Sicherheit bei Onlinegeschäften wichtig?

Die Geldgeschäfte online, also über das Internet, zu erledigen, geht schnell und ist einfach. Mal schnell etwas online einzukaufen und zu bestellen, ist bequem und spart Zeit. Beides kann aber auch sehr gefährlich werden. Wenn etwas schiefläuft, dann kannst du womöglich mit deinem Geld haftbar gemacht werden. Das bedeutet, am Ende trägst du die Verantwortung, wenn du unachtsam oder grob fahrlässig gehandelt hast. Deshalb ist es sehr wichtig, bei Onlinegeschäften und Onlineshopping auch an die Sicherheit zu denken. Ansonsten kann dein Geld über das Internet auch sehr schnell weg sein.

Grob fahrlässig bedeutet, dass man in einer bestimmten Situation sehr leichtsinnig war und nicht an die Folgen gedacht hat. Es grenzt fast schon an die Vermutung, man hätte es absichtlich gemacht.

Was beachtest du beim Onlinebanking?

Gib die Internetadresse selbst ein.

Gib die Adresse beim Online-Banking immer selbst ein. Klicke nicht auf Internetadressen, die dir vorgeschlagen werden. Die Internetadresse muss immer mit „https" beginnen. Das „s" am Ende steht für secure (= sichere Verbindung).

Wähle ein sicheres Passwort.

Verwende ein sicheres Passwort und speichere es nicht auf dem Internetbrowser. Du solltest dieses Passwort auch nicht für das Onlineshopping nutzen. Das Passwort sollte länger sein, verschiedene Zeichen (Sonderzeichen, Ziffern und Buchstaben) beinhalten und für dich leicht zu merken sein.

Achte auf das verriegelte Schloss.

Im Adressfeld deines Internetbrowsers ist vorne ein kleines Schloss zu sehen. Es muss auf alle Fälle verschlossen sein.

Sei vorsichtig mit TANs und PINs.

Damit man Geldgeschäfte mit seinem Girokonto online erledigen kann, braucht man nicht nur die Girocard (Debitkarte), sondern oft auch eine PIN (Persönliche Identifikationsnummer) und sogenannte TANs (Transaktionsnummern). Beides bekommst du von deiner Bank oder Sparkasse. Es gibt dabei verschiedene Wege, wie du die TANs bekommen kannst. Du solltest sehr vorsichtig mit diesen Nummern umgehen und sie niemandem verraten oder sie nie in einer Mail mitteilen.

Bleibe aufmerksam und wachsam.

Wenn du Zweifel hast, dir irgendetwas komisch vorkommt oder anders ist als sonst, dann brich die Aktion und das Onlinebanking sofort ab und verlasse das Portal.

Shoppen im Netz ist einfach, aber nicht ohne Risiko.

Was beachtest du als Konsument bei Onlinegeschäften?

Über das Internet Waren und Dienstleistungen zu kaufen, ist mittlerweile für Viele selbstverständlich. Es gibt nichts, was man im Internet nicht kaufen kann. Die Wenigsten wissen aber, dass es auch dort viele Gefahren und Risiken gibt. Man kann schnell in eine Falle tappen – und dann wird es teuer.

Grundsätzlich gibt es zwei Unterschiede bei Onlinegeschäften:

- Du verkaufst selbst Waren als **Händler.** Dann gibt es viele Punkte, die du beachten musst. Dazu solltest du dich nochmals extra von Profis beraten lassen. Zum Beispiel von einem Rechtsanwalt.
- Du kaufst etwas als Kunde und bist somit **Konsument** (Verbraucher).

Damit du als Konsument im Internet sicher einkaufen kannst, solltest du nicht nur vorsichtig und wachsam sein, sondern auch einige Regeln befolgen wie zum Beispiel:

Schau dir den Laden genau an.

Wenn du in einen echten Laden gehst, siehst du dich erst um, ob er auch seriös, also zuverlässig, ordentlich und ernsthaft ist. Genau das solltest du auch im Onlineshop beachten. Gibt es einen Ansprechpartner, ein Impressum oder vielleicht ein Gütesiegel?

Jedes Buch, jede Zeitschrift und jede Internetseite hat ein **Impressum**. Dort stehen der Name und die Kontaktdaten der Person, die für das Ganze verantwortlich ist.

Vergleiche die Preise.

Sind die Preise gegenüber anderen Läden angemessen oder sehr viel billiger? Dann solltest du misstrauisch werden. Warum sind die Waren hier viel günstiger?

Bezahle mit sicheren Verfahren.

Wähle eine sichere Zahlungsmethode. Wenn Vorkasse verlangt wird, solltest du kritisch sein. Besser wäre auf Rechnung oder über Onlinebezahldienste zu bezahlen. Gib nicht leichtfertig deine Kontodaten an.

1. Findet ihr zu den Themen „Onlinebanking“ und „Shoppen im Internet“ jeweils noch weitere Sicherheitshinweise? Gestaltet zu jedem Thema Wandplakate und stellt sie in der Klasse vor.
2. Warum ist Sicherheit beim Onlinebanking und bei Onlinegeschäften wichtig? Wiederhole das Gelernte mit eigenen Worten.
3. Welche Rechte hast du als Verbraucher bei Onlinegeschäften? Informiere dich bei einer Verbraucherzentrale vor Ort oder im Internet.

verbraucherzentrale Bayern

Es gibt viele Möglichkeiten bargeldlos zu bezahlen: Welches Zahlungsmittel sollst du verwenden?

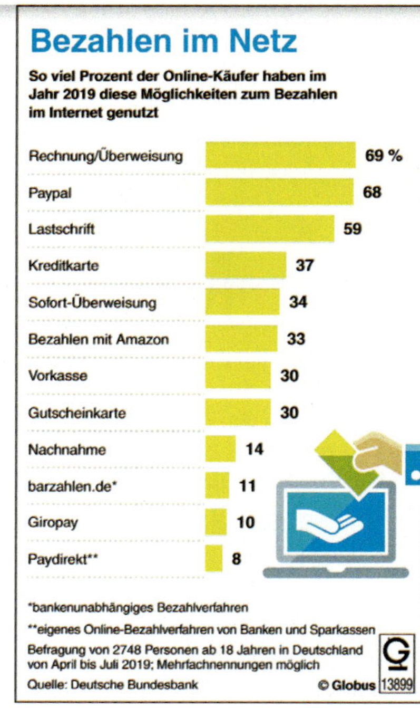

Welche Zahlungsmöglichkeit nutzt du in Zukunft?

Beispiele für Zahlungen

Nach der Schule fängst du eine Ausbildung an und du erhältst deinen ersten Lohn. Wenn du 18 Jahre alt wirst, bekommst du über dein Girokonto mehr Möglichkeiten, bargeldlos zu bezahlen. Am Anfang wirst du wahrscheinlich unsicher sein. Vielleicht stellst du dir die Frage: „Welches bargeldlose Zahlungsverfahren soll ich denn nun anwenden?"

Hier ein paar Beispiele:

Ohne Bargeld beim Busfahren
Katharina will den nächsten Bus nach Hause nehmen. Leider hat sie kein Bargeld dabei – nur ihre Girocard mit Geldkartenfunktion.

Beim Einkaufen im Supermarkt
Valentina kauft für ihre Party am Wochenende im Supermarkt ein. Der Betrag ist größer als sie gedacht hat. So viel Bargeld hat sie nicht dabei, aber ihre Girocard.

Eine Rechnung des Fachmanns
Jeremy hatte einen Wasserschaden in seiner Wohnung. Die Rechnung des Sanitärinstallateurs muss er nun begleichen.

Ein Vertrag für das Smartphone
Manuel hat sich ein neues Handy zugelegt und will jetzt eines mit einem Vertrag. Da er jeden Monat unterschiedlich viel telefoniert, ist der Rechnungsbetrag immer anders.

Die Miete ist jeden Monat fällig
Max ist nach seiner Ausbildung vom Betrieb übernommen worden und bekommt jetzt einen Gesellenlohn. Als erstes möchte er in seine eigene Wohnung ziehen. Die Miete beträgt 425 Euro und ist jeden Monat fällig.

Shopping im Internet
Leonie sitzt am Tablet und will sich noch Tickets für das nächste Pop-Konzert bestellen. Sie muss die Tickets sofort bezahlen.

Ohne Geld und Karte im Geschäft
Steffi und Mehmet sind gerade zusammen in der Stadt. Eigentlich wollten sie sich nur zum Reden treffen. Beim Streifzug durch die Stadt haben beide jedoch coole Klamotten gesehen. Leider haben sie außer ihrem Handy gar kein Geld und keine Karten dabei.

1. Welche Form des bargeldlosen Zahlungsverkehrs könnten die Personen in den Beispielen nutzen? Diskutiere mit deinem Partner und erklärt es euch gegenseitig.

Wie zahlen die Deutschen im Netz?

Wie lernst du am besten mit den Zahlungsformen umzugehen?

Für die Beispiele links musstest du verschiedene Zahlungsformen finden. Bei einigen Beispielen war es sicher nicht einfach. Vor allem, weil es nicht immer eindeutig ist, und du auch noch keine Übung in diesen Formen der Bezahlung hast. Die Übung kommt erst mit der Anwendung.

Was kannst du machen, um mehr Sicherheit im Umgang mit diesen Bezahlformen zu bekommen? Vielleicht solltest du deinen Eltern einige Male zusehen, wie sie verschiedene Zahlungsformen nutzen oder einen Experten einladen und es dir zeigen lassen. Oder wie wäre es mit Simulationen über das Internet?

Der Vorteil von Onlinesimulationen ist, dass du üben kannst, ohne dass es Geld kostet oder dass du Geld verlierst. Verschiedene Banken bieten Simulationen für das Onlinebanking an. Als zukünftiger Kunde kannst du bereits erste Erfahrungen machen.

Du kannst dadurch sehen, welche Möglichkeiten und Vorteile es gibt, aber auch welche Nachteile und Risiken entstehen können. Du erfährst möglicherweise auch, welche technischen Voraussetzungen du brauchst oder welche Gefahren auf dich lauern.

Jugendliche lernen über Simulationen.

Simulieren ist das Verb zum Substantiv **Simulation**. Simulieren bedeutet so viel wie etwas nachstellen. Man tut so „als ob“. Wenn man etwas übt, als wäre es ernst, dann simuliert man.

2. Suche im Internet nach Möglichkeiten, Onlinebanking zu simulieren und zu üben.

3. Lasse dir von deiner Lehrkraft zeigen, wie du online Zahlungsformen üben und simulieren kannst.

4. Frage deine Eltern, ob du ihnen in den nächsten Wochen bei den verschiedenen Zahlungsformen über die Schulter schauen oder dabei sein kannst.

5. Überlegt, ob ihr euch einen Experten einer Bank oder Sparkasse in die Klasse einladet, damit er über verschiedene Zahlungsformen berichtet und sie online simuliert.

Starthilfe zu 2:

Banken und Sparkassen bieten manchmal die Möglichkeit, Onlinebanking zu simulieren. Frage gezielt bei der Bank oder Sparkasse deiner Familie nach.

Sparen ist wichtig.

Ein defektes Auto kann teuer werden.

Warum, wofür und wie sparen wir eigentlich?

Du bekommst bestimmt regelmäßig Taschengeld von deinen Eltern. Du hast nun zwei Möglichkeiten: Entweder alles ausgeben oder einen Teil davon für etwas Größeres sparen. Vielleicht ein neues Fahrrad, eine Spielekonsole oder sogar schon für den Führerschein.

Deinen Eltern geht es genauso wie dir. Sie bekommen jeden Monat ein bestimmtes Einkommen. Davon müssen sie Miete, Strom, Wasser, Heizung, Essen, Kleidung und noch vieles mehr bezahlen. Alles immer auszugeben wäre aber nicht klug, weil zwischendrin plötzlich auch mal etwas kaputtgehen kann, zum Beispiel die Waschmaschine oder das Auto. Die Reparatur erfordert meist einen größeren Geldbetrag. Wenn man dann kein Gespartes beiseitegelegt hat, sieht es nicht gut aus.

Deshalb werden deine Eltern ihr komplettes Einkommen nicht jeden Monat ausgeben, sondern einen Teil davon sparen.

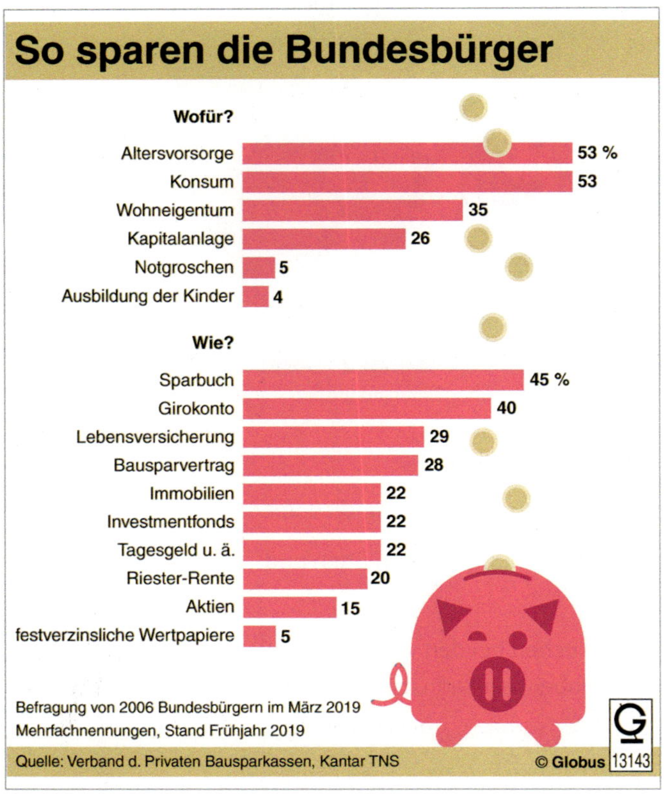

Sparen ist notwendig, um sich größere Anschaffungen leisten zu können oder unvorhergesehene Ausgaben abzufedern.

Wie viel man jeden Monat sparen kann, ist von Familie zu Familie unterschiedlich. Wovon hängt es ab? Da gibt es grundsätzlich zwei verschiedene Möglichkeiten:

- **Vom Einkommen.**
  Je mehr deine Eltern jeden Monat verdienen, desto mehr können sie auch sparen.
- **Von den festen Ausgaben.**
  Je mehr feste Ausgaben die Familie hat, desto weniger kann sie sparen. Feste Ausgaben sind zum Beispiel die Miete, Auto und Versicherungen.

Beispiele für Anlageformen: Sparbuch, Aktien, Immobilien

Wie kann ich sparen und was ist dabei wichtig?

So unterschiedlich wie die Gründe für das Sparen sind auch die Sparformen. Sie werden auch Formen der Geldanlage oder nur kurz Anlageformen genannt.

Welche unterschiedlichen Anlageformen es gibt, siehst du in der Grafik auf der linken Seite. Dies sind jedoch nicht alle; es gibt noch weitere. Die einzelnen Anlageformen werden auf den nächsten zwei Seiten nochmals genauer erklärt.

Welche Anlageform bzw. Sparform am besten ist, hängt vom Schwerpunkt des Sparziels ab. Es gibt sehr viele verschiedene Gesichtspunkte, die dabei wichtig sind, zum Beispiel:

- Wie hoch ist mein Einkommen? Wie viel kann ich jeden Monat sparen?
- Wie schnell möchte ich wieder auf das Geld zugreifen können (= Liquidität)?
- Welche Rendite soll es geben (= Rentabilität)? Möchte ich die Chance auf viel Zinsen und einen hohen Ertrag haben?
- Wie hoch sind die Steuersätze?
- Wie sicher soll die Anlageform sein? Bin ich bereit, ein Risiko einzugehen?
- Wann brauche ich das Geld? Wie viel Zeit habe ich zum Sparen?

Die **Rendite** ist der Ertrag einer Geldanlage. Bekommt man hohe Zinsen, ist die Rendite hoch.

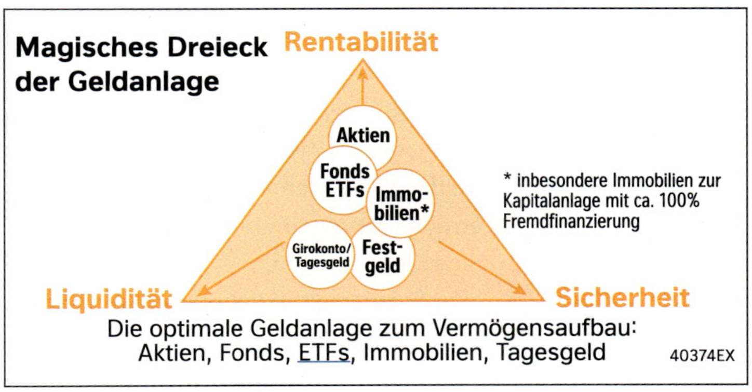

ETF ist die Abkürzung für „Exchange Traded Fund“, auf Deutsch „börsengehandelter Fonds“. Ein Fonds ist ein Geldtopf, aus dem Aktien gekauft werden.

1. Wofür sparst du? Tausche dich kurz mit einem Mitschüler aus, wofür und in welcher Form du sparst.
2. In der Grafik auf der linken Seite ist aufgezählt, wofür die meisten Menschen in Deutschland sparen. Erkläre die einzelnen Punkte mit eigenen Worten.
3. M Welche Gründe könnte es geben, warum man das Dreieck der Geldanlage als „magisch“ bezeichnet?
4. M Versucht die anderen Anlageformen aus der Grafik auf der linken Seite im „magischen Dreieck der Geldanlage“ einzuordnen.

Risiko oder auf Nummer sicher?

Formen der Geldanlage: Lebensversicherung, ...

Was bedeuten die Formen der Geldanlage im Einzelnen?

Jeder spart anders. So unterschiedlich wie die Spargründe sind auch die Anlageformen. Jede Form der Geldanlage hat ihre Chancen und Risiken:

Das Sparbuch ...
- wird von jeder Bank angeboten,
- beinhaltet ein Heft, in dem steht, wie viel Geld man auf dem Konto hat,
- ermöglicht regelmäßige und unregelmäßige Einzahlungen,
- erlaubt jederzeit Abhebungen bis zu einem bestimmten Betrag,
- bietet die höchste Sicherheit,
- bringt einen sehr niedrigen Ertrag (niedrige Zinsen).

Beim Termin-/Festgeld ...
- wird das Geld für einen bestimmten Zeitraum fest angelegt (je höher die Laufzeit, desto höher die Zinsen),
- kommt man während der Laufzeit nicht an sein Geld, außer man kündigt den Vertrag und erlebt dann einen Zinsverlust,
- kann der Zinssatz höher sein,
- will man meist nicht langfristig sein Geld anlegen, sondern zum Beispiel einen Zeitraum bis zum Konsum überbrücken.

Bei der Lebensversicherung ...
- hat man eine Mischung aus Versicherung und Geldanlage (außer man wählt eine reine Risiko-Lebensversicherung, die nur im Todesfall zahlt),
- wird regelmäßig Geld eingezahlt,
- am Ende der Laufzeit oder im Todesfall wird eine bestimmte Geldsumme ausgezahlt,
- erhält man in der Regel keine so hohen Zinserträge,
- hat man eine sichere Geldanlage für das Alter.

Immobilien ...
- sind Häuser, Wohnungen und Grundstücke,
- können selbst bewohnt oder vermietet werden,
- sind in der Regel eine sichere Geldanlage.

Das Girokonto ...
- ist das normale Zahlungskonto eines Kunden,
- bietet keine Zinsen (Girokonten für Kinder bringen bei manchen Banken und Sparkassen kleine Zinsbeträge),
- ermöglicht jederzeit Einzahlungen und Abhebungen,
- ist zum Sparen langfristig eher ungeeignet.

→ S
Auf d
und 1
Hilfe
gung

... Immobilien, Aktien oder Edelmetalle wie Gold.

Der Bausparvertrag ...
- wird abgeschlossen, wenn man ein Haus oder eine Wohnung kaufen oder renovieren möchte,
- wird über eine bestimmte Höhe abgeschlossen (zum Beispiel 50.000 Euro),
- verlangt eine monatliche Einzahlung,
- wird bis zur Hälfte der Summe angespart. Anschließend erhält man die ganze Summe und zahlt die andere Hälfte als Kredit mit monatlichen Raten ab.

Edelmetalle ...
- sind zum Beispiel Gold, Silber, Platin,
- sind in Krisenzeiten sehr gefragt,
- erleben immer wieder starke Kursschwankungen,
- werden im Bankschließfach gelagert (außer man investiert in Fonds).

Aktien ...
- sind Anteile an Unternehmen, das bedeutet, dem Aktienbesitzer gehört ein Teil des Unternehmens,
- sind Wertpapiere,
- werden in der Regel über die Banken und Sparkassen gekauft,
- werden an der Börse gehandelt. Der Wert wird durch Angebot und Nachfrage bestimmt. Deshalb schwankt der Kurs,
- können höhere Zinsen bieten.

Die Riester-Rente ...
- ist eine staatliche geförderte Form der Vorsorge für das Alter,
- bietet staatliche Zulagen,
- ist eine sichere Geldanlage für das Alter,
- bietet eine niedrige Rendite (niedrige Zinsen).

Ein **Fonds** ist eine Geldreserve oder ein Topf. Mehrere Personen zahlen in den Topf Geld ein. Der Fondsmanager verwaltet den Topf und kauft mit dem Geld etwas. Jeder, der in den Topf Geld eingezahlt hat, erhält Zinsen oder eine Rendite. Mit Fonds kann man verschiedene Sachen kaufen, deshalb gibt es ...
- Aktienfonds,
- Immobilienfonds,
- Investmentfonds,
- Edelmetallfonds,
- usw.

1. Informiert euch noch ausführlicher über die Anlageformen aus der Übersicht und stellt die Ergebnisse der Klasse vor.
2. M Recherchiert über weitere Anlageformen.
3. M Bei einigen Anlageformen sind bereits Chancen und Risiken genannt. Gibt es weitere Vor- und Nachteile?
4. Überlegt, ob ihr einen Experten zu diesem Thema befragen wollt. Falls ja, erarbeitet im Fach Deutsch Fragen dazu und übt die Befragung in einem Rollenspiel.
5. Sprich mit deinen Eltern über die Anlageformen: Welche nutzen sie bereits und welche Erfahrungen haben sie jeweils dabei gemacht?

→ Starthilfe zu 4:

Auf den Seiten 114 und 115 erhältst du Hilfe für die Befragung eines Experten.

Typische Anschaffungen, für die man einen Kredit aufnimmt.

Welche Chancen und Risiken gibt es bei Krediten?

Was ist ein Kredit?

Wir sparen in der Regel, um uns größere Wünsche erfüllen zu können. Manchmal reicht das gesparte Geld nicht aus, dann muss man sich den Rest der Summe von der Bank leihen. Hier spricht man von einem Kredit. Dies ist eine Geldsumme, die der Kunde sich für einen bestimmten Zeitraum ausleiht und sie in Raten zuzüglich Zinsen an die Bank zurückzahlt.

Dabei gibt es verschiedene Arten von Krediten:

Dispositionskredit (= Überziehungskredit)

Wenn du ein Girokonto hast, dann kannst du in der Regel dein Konto kurzfristig bis zu einem bestimmten Betrag überziehen, also ins Minus geraten.

Ratenkredit (= Anschaffungskredit)

Wenn du dir z. B. ein Auto oder ein Möbelstück kaufen möchtest, dann leihst du dir einen Geldbetrag von der Bank, den du in Raten plus Zinsen wieder zurückzahlst.

Hypothekendarlehen

Wenn du dir ein Haus oder ein Grundstück kaufst, dann gibt es als Sicherheit für die Bank einen Eintrag im Grundbuch.

Das **Grundbuch** ist ein amtliches Register/Buch, in das geschrieben wird, wem welches Haus oder Grundstück gehört. Das Grundbuch wird beim zuständigen Amtsgericht geführt.

Wenn dir die Bank einen Kredit gewährt, dann muss sie dir unbedingt Folgendes mitteilen:

- Wie hoch ist das Darlehen genau?
- Wie hoch sind die Rückzahlungsraten?
- Wie ist der genaue Zinssatz?
- Wie hoch sind die effektiven Jahreszinsen?
- Wie lange läuft der Kredit?
- Gibt es Nebenkosten?
- Welche Sicherheiten sind notwendig?

Als Verbraucher musst du genau über den Kredit Bescheid wissen, bevor du den Darlehensvertrag (= Kreditvertrag) unterschreibst.

Welche Vorteile bietet ein Kredit?

Die Aufnahme eines Kredits bietet die Chance, sich sofort einen Wunsch erfüllen zu können. Manchmal ist man sogar auf einen sofortigen Kredit angewiesen (z. B. bei einer defekten Heizung). Wenn man gegenüber Handwerkern bar bezahlen und einen Rabatt ausnutzen kann, ist ein Kredit auch vorteilhaft.

Mit einem Kredit endlich einen Wunsch erfüllen

Bargeld Blitzkredite

Darlehen bis 25.000 € auch bei bestehenden Krediten und Kontoüberzug. Bargeld ohne Grundbucheintragung, Hypothekendarlehen ab 3,5% effektiver Jahreszins, 100% Auszahlung, zum Beispiel

Kredit: 51.129 €

monatlich 233,66 € inkl. Tilgung

Geldfalle?

Probleme bei einer Überschuldung

Welche Nachteile oder Risiken gibt es bei Krediten?

So schön es ist, sich mit einem Kredit gleich einen Wunsch erfüllen zu können, so muss man auch die Gefahren im Hinterkopf haben.

Ein Kredit ist geliehenes Geld, welches plus Zinsen wieder zurückgezahlt werden muss. Das muss man sich auch leisten können. Von dem Geld, welches man jeden Monat mit seiner Erwerbsarbeit verdient, gehen Ausgaben wie Miete, Essen, Kleidung, Handyrechnung, Kosten für das Auto und anderes weg. Bleibt am Ende jedes Monats genug Geld übrig, um die Rate für den Kredit zu bezahlen? Wenn nicht, dann gibt es Probleme.

Dies führt dann zur **Überschuldung**. Das bedeutet, dass man so viele monatliche Ausgaben hat, dass man seine Kreditraten nicht mehr bezahlen kann.
Gleiches gilt, wenn man zu viele Kredite aufgenommen hat. Dies kann ganz schnell gehen, denn viele Kaufhäuser werben damit, dass man die Produkte einfach über Ratenkredite finanzieren kann. Plötzlich werden die Schulden jeden Monat mehr.

Auch der zu sorglose und leichtfertige Umgang mit der Girocard oder Kreditkarte kann schnell zu einer Überschuldung führen. Man bezahlt im Geschäft mit Karte und merkt erst später, dass man sich die Ausgaben gar nicht hätte leisten können.

1. Informiert euch im Internet über Kreditangebote verschiedener Banken: Mit welchen Chancen wird jeweils geworben? Welche Risiken und Kosten gibt es jeweils? Präsentiert die Ergebnisse in der Klasse.
2. Recherchiert bei verschiedenen Banken, wie hoch jeweils die Überziehungszinsen beim Girokonto sind.
3. M Was bedeutet der Begriff „Grundschuld"? Welche Vor- und Nachteile gibt es?
4. a) Welche Gefahren ergeben sich aus der obigen Anzeige?
   b) Informiere dich zum Begriff „Kredithai".
5. Sprich mit deinen Eltern oder Großeltern über das Thema Kredite: Welche Kreditformen haben sie bereits genutzt und wofür? Welche Erfahrungen haben sie gemacht? Stelle dir vorher einen kleinen Fragenkatalog zusammen.
6. Wie kann man eine Überschuldung vermeiden? Stellt Möglichkeiten zusammen.
7. Ladet jemanden aus einer Schuldnerberatungsstelle zum Thema „Überschuldung" in die Klasse ein. Stellt vorher einen Fragenkatalog zusammen.

Bevor der Kreditantrag bewilligt wird, gibt es einige Hürden zu überwinden.

Welche rechtlichen Hürden gibt es bei Krediten?

Hürden kennst du vom Sport. Man kann die 100 Meter normal sprinten oder im Hürdenlauf hinter sich bringen.

Hürden und Hindernisse kann es aber auch bei Krediten und allgemein bei Geldgeschäften geben. Welche können das sein?

Der Begriff **Bonität** bedeutet so viel wie Kreditwürdigkeit. Man hat ausreichend Geld, um Schulden zu begleichen. Ein hohes Einkommen und Immobilien, wie zum Beispiel ein Haus, haben einen positiven Einfluss auf die Bonität.

Geschäftsfähigkeit

Seit der 8. Klasse kennst du dich mit dem Thema Geschäftsfähigkeit bereits aus. Erst mit 18 Jahren ist man voll geschäftsfähig, außer man hat eine geistige Behinderung.

Kreditwürdigkeit

Bevor dir die Bank einen Kredit gibt, erkundigt sie sich, ob du ein regelmäßiges Einkommen hast und genügend Geld verdienst, um den Kredit zurückzuzahlen. Außerdem erkundigt sie sich bei der SCHUFA, wie viele Kredite du schon hast und ob du sie in der Vergangenheit zurückbezahlt hast.

Wer einen Kredit möchte, wird auf Bonität überprüft.

Kreditsicherheit

Wenn du dir Geld von einer Bank in Form eines Kredits ausleihen möchtest, will die Bank natürlich ihr Geld zurück. Deshalb prüft sie, ob du Sicherheiten als Pfand hast. Das können entweder Wertgegenstände oder Grundstücke sowie Häuser sein.

Aber auch andere Personen können für dich zur Sicherheit werden. Deine Eltern oder andere Personen können zum Beispiel für dich eine Bürgschaft übernehmen. Dies bedeutet, sie unterschreiben, dass sie selbst den Kredit zurückzahlen, falls du es nicht mehr kannst. Eine Bürgschaft für jemanden zu übernehmen, sollte gut überlegt sein. Man haftet für dessen Schulden.

Eine **Bürgschaft** ist ein Vertrag, durch den sich der Bürge bei einem Gläubiger für einen Dritten einsetzt und zusagt, dessen Schulden im Ernstfall zu übernehmen.

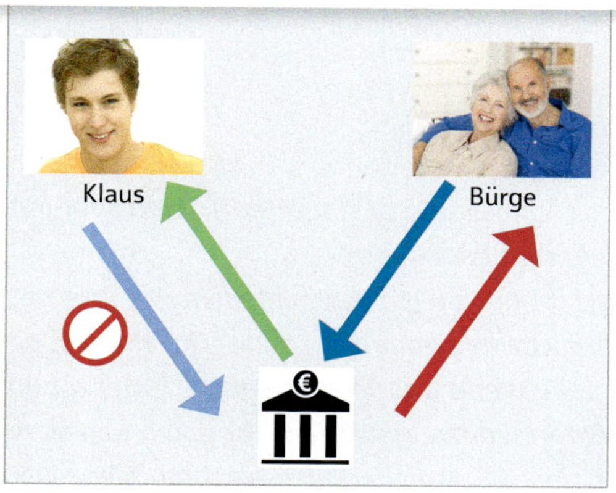

Funktionsprinzip einer Bürgschaft

Kredite werden für vieles gebraucht.

Wohnsitz
Wer in Deutschland einen Kredit aufnehmen will, muss in der Regel einen festen Wohnsitz in der Bundesrepublik Deutschland haben.

Girokonto
In der Regel benötigt man ein Girokonto, damit die monatlichen Rückzahlungsraten abgezogen werden können.

Alter
Um einen Kredit zu bekommen, muss man nicht nur 18 Jahre alt und geschäftsfähig sein. Manche Banken machen Kunden auch Probleme, wenn sie ein bestimmtes Alter überschreiten. So bekommt man im hohen Alter, über 70 Jahren, nicht mehr so ohne Weiteres einen Kredit.

Beleihungswert
Wenn man sich Geld für ein Haus, eine Wohnung oder ein Grundstück ausleiht, spricht man von einem Immobilienkredit. Man kann die Immobilie als Pfand bei der Bank angeben. Die Kredithöhe richtet sich nach dem Immobilienwert. Das heißt, man bekommt nur so viel Geld, wie die Immobilie im Ernstfall auch wert ist.

Je höher der Wert, desto höher der Kredit.

1. a) Informiert euch ...
- bei Banken und Sparkassen oder
- im Internet oder
- bei Verbraucherverbänden ...

über die Regelungen auf diesen zwei Seiten und weitere rechtliche Bestimmungen bei Krediten.

b) Tragt eure Ergebnisse in der Klasse zusammen.

c) Diskutiert jeweils Sinn und Zweck sowie Vor- und Nachteile der rechtlichen Bestimmungen auf diesen Seiten für den Kreditgeber und den Kreditnehmer.

2. Informiere dich über die verschiedenen Arten einer Bürgschaft. Erklärt euch gegenseitig mit eigenen Worten eure Ergebnisse.

Einen Experten befragen

Ein Experte ist ein ausgebildeter Fachmann, der sich bei einem bestimmten Thema sehr gut auskennt. Meist hat er auch lange Erfahrung in diesem Fachgebiet.
Wenn ihr einen Experten befragt, dann informiert ihr euch nicht durch Medien wie Internet oder Bücher, sondern ihr bekommt reale, also wirkliche Informationen aus erster Hand. Eine Expertenbefragung kann immer dann sinnvoll sein, wenn das Thema sehr schwierig und kompliziert ist oder wenn es nur wenig gutes Material dazu gibt. Wenn ihr einen Experten befragt, dann wird das Thema meist gleich mit einem Beispiel erklärt, weshalb diese Unterrichtsmethode sehr motivierend und lehrreich sein kann. Damit ihr aber wirklich etwas lernt, sollte die Expertenbefragung nach folgendem Schema ablaufen:

Schritt 1
Wie wird die Befragung vorbereitet?

Termin planen
Ihr solltet rechtzeitig Kontakt zum Experten aufnehmen und einen Termin vereinbaren. Dabei gibt es grundsätzlich zwei Möglichkeiten:
- Entweder der Experte kommt zu euch in die Schule oder
- ihr geht zum Experten in den Betrieb.

Beides muss rechtzeitig vereinbart werden. Wer kümmert sich darum?

Termin mit einem Experten vereinbaren

Experten informieren
Ihr solltet den Fachmann darüber informieren, was ihr genau von ihm erfahren wollt. Worüber soll er berichten? Welche Erfahrungen soll er weitergeben?

Außerdem ist es sinnvoll, dem Experten etwas über euch zu erzählen: Wie alt seid ihr? Welche Schule und welche Klasse besucht ihr? Zu welchem Unterrichtsthema wird er befragt?

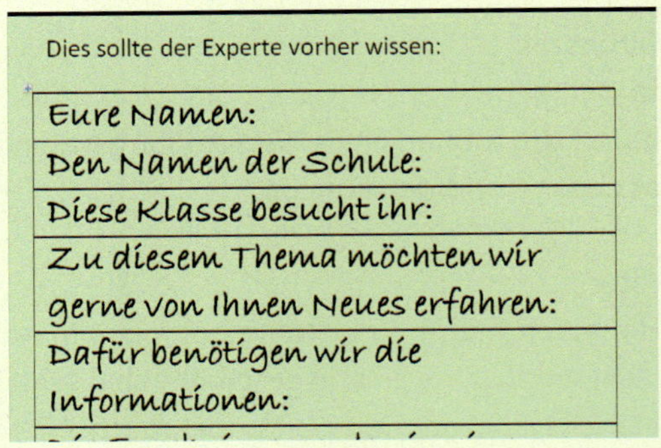
Dies sollte der Experte vorher wissen:

Eure Namen:
Den Namen der Schule:
Diese Klasse besucht ihr:
Zu diesem Thema möchten wir gerne von Ihnen Neues erfahren:
Dafür benötigen wir die Informationen:

Den Experten über Wichtiges informieren

Organisatorisches klären
Es sollten auch Punkte geklärt werden wie: Haben wir eine Genehmigung der Schulleitung? Welche Medien (Tafel, Flipchart, Beamer) können vom Experten genutzt werden? In welchem Raum findet das Ganze statt?

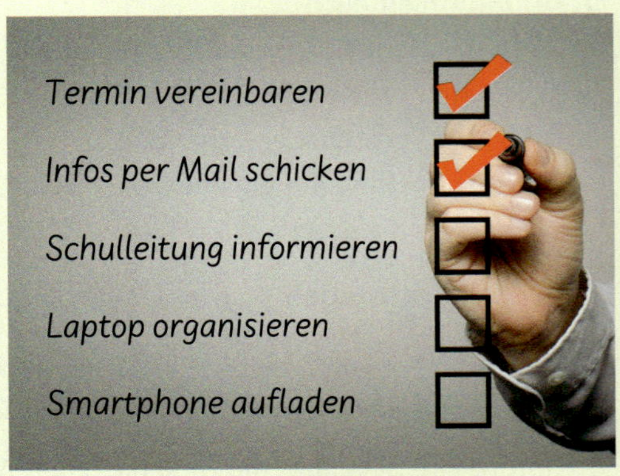

Viele organisatorische Fragen sind geklärt.

Fragen finden
Ein sehr wichtiger Punkt ist natürlich, dass ihr euch überlegt, welche Fragen ihr genau stellen möchtet. Das könnt ihr in Gruppenarbeit oder als Hausaufgabe erledigen.

Am besten legt ihr euch eine Tabelle mit zwei Spalten an. Auf der einen Seite sind eure Fragen und auf der anderen Seite notiert ihr die Antworten. Denkt auch daran, Stifte und Schreibunterlage bereitzulegen.

Schüler finden Fragen für den Experten.

Schritt 2

Was ist bei der Befragung selbst zu beachten?

Für einen reibungslosen Ablauf der Expertenbefragung helfen euch diese Tipps:

Ihr solltet nach einer kurzen Begrüßung den Experten zuerst seine Informationen vortragen lassen. Dabei hört ihr sehr genau zu und notiert euch wichtige Punkte.

Der Experte ist in die Schule gekommen.

Anschließend tragt ihr noch eure Fragen geordnet vor. Alle Antworten sollten leserlich und übersichtlich aufgeschrieben werden. Wenn ihr etwas nicht genau verstanden habt, dann fragt höflich nach oder lasst es wiederholen. Am Ende bedankt ihr euch beim Experten für sein Kommen und den Vortrag.

Schritt 3

Wie erfolgt die Auswertung der Befragung?

Damit die Expertenbefragung für euch gewinnbringend ist, solltet ihr sie anschließend gut auswerten und euch folgende Fragen stellen:
Was haben wir Neues erfahren?
Worüber waren wir sehr überrascht?
Haben wir alles verstanden?
Was ist immer noch unklar?
Können wir mit dem Gelernten eine Mindmap gestalten?

Aber auch solche Fragen sollten auftauchen:
Haben wir uns ordentlich verhalten?
Haben wir gut zugehört?
Hätten wir die Fragen anders formulieren sollen?
Was war gut, was war nicht gut?
Hatten wir die Befragung gut vorbereitet?
War die Auswahl des Experten gut?
Was sollten wir beim nächsten Mal unbedingt besser machen?

Die Klasse wertet die Befragung aus.

Was bedeutet soziale Marktwirtschaft?

Was heißt Marktwirtschaft?

Jeder von uns braucht jeden Tag die wichtigsten Dinge zum Leben (= Grundbedürfnisse): Essen, Trinken, Kleidung, Wohnen und vielleicht noch vieles mehr. Diese Dinge werden gekauft bzw. verkauft. Es wird also auf einem Markt gewirtschaftet. Jedes Land hat Regeln, wie diese Wirtschaft funktionieren soll. Diese Regeln nennt man dann **Wirtschaftsordnung**.

Wenn jeder ohne Regeln seine Waren und Dienstleistungen kaufen und verkaufen kann wie er will, dann spricht man von einer freien Marktwirtschaft. Das bedeutet, es gibt keine Regeln, welche Waren zu welchem Preis oder in welcher Menge verkauft oder gekauft werden.

Gibt es Marktwirtschaft überall?

Marktwirtschaft gibt es in vielen Ländern. Allerdings sind die Formen der Marktwirtschaft sehr unterschiedlich, wie du dem Schaubild entnehmen kannst.

Wie ist die Situation in Deutschland?

Die Wirtschaftsordnung in Deutschland heißt **soziale Marktwirtschaft**. Was ist der Unterschied zur freien Marktwirtschaft?
Bei der freien Marktwirtschaft gibt es keine Regeln. Dies kann gut laufen. Es können aber auch viele Nachteile entstehen. Stelle dir vor, beim Fußball gäbe es keine Regeln. Dann würde jeder spielen, wie er wollte. Das Spiel würde nicht richtig funktionieren.

Das Wort „sozial“ bedeutet, dass niemand benachteiligt wird und dass denen geholfen wird, die in einer Notlage sind. Der Staat hat bei der sozialen Marktwirtschaft die Aufgabe, dafür zu sorgen, dass es den Menschen und den Firmen gut geht. Alles soll gerecht ablaufen.

Deshalb gibt der Staat Regeln und Gesetze für das Wirtschaften vor. Er greift in die freie Marktwirtschaft ein. Beispiele dafür sind: Kündigungsschutz für Arbeitnehmer oder Mutterschutz für schwangere Frauen.

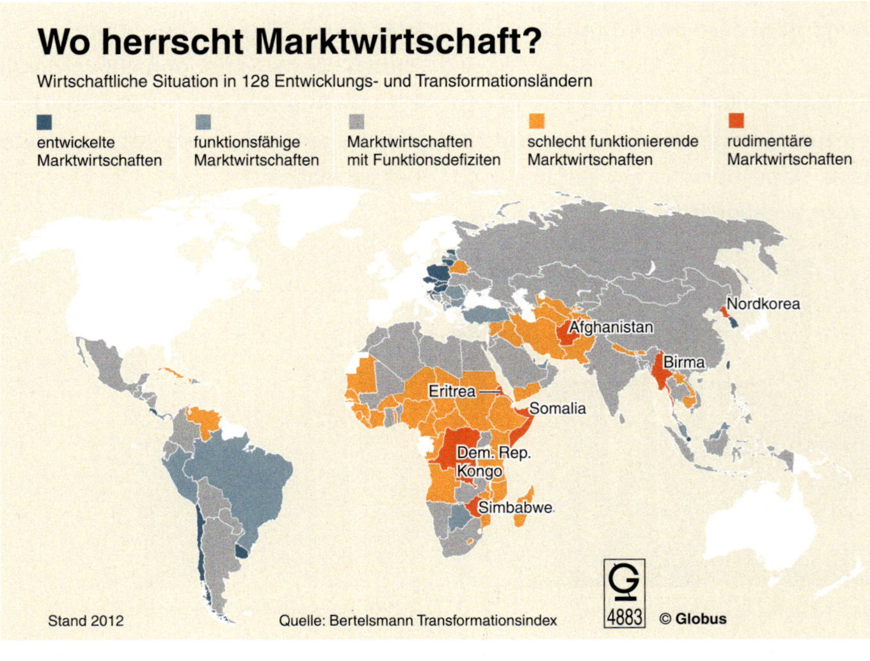

Damit das Marktgeschehen funktioniert, gibt es in der Bundesrepublik Deutschland wirtschaftliche Grundfreiheiten:

- **Freizügigkeit:** Jeder Bürger hat das Recht, seinen Wohn- und Arbeitsort frei zu wählen.
- **Freie Konsumwahl:** Jeder kann frei entscheiden, was er kaufen möchte.
- **Garantie des Privateigentums:** Jeder hat das Recht auf privates Eigentum.
- **Gewerbefreiheit:** Jeder hat das Recht, sich selbstständig zu machen und seinen eigenen Betrieb zu eröffnen.

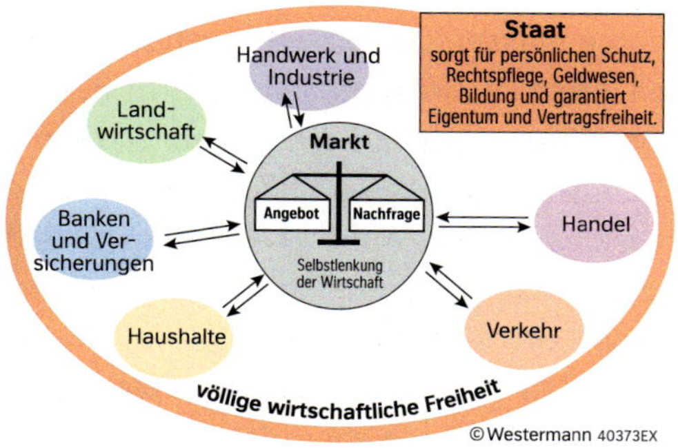

Freie Marktwirtschaft

Was macht die soziale Marktwirtschaft in Deutschland so sozial?

Trotz dieser Freiheiten ist die Marktwirtschaft aber in Deutschland besonders geregelt.
In Deutschland gibt es verschiedene Elemente, die unsere Marktwirtschaft zur sozialen Marktwirtschaft machen. Dies sind folgende:

Ausgeglichener Arbeitsmarkt: Jeder soll eine Arbeit finden. Der Staat unternimmt etwas gegen Arbeitslosigkeit.

Soziale Sicherung: Jeder soll sozial abgesichert sein. Im Falle von Krankheit, Unfall, Rente, Pflege oder Arbeitslosigkeit greift das soziale Netz.

Wirtschaftliches Wachstum: Der Wirtschaft soll es gut gehen. Die Menge der hergestellten Güter soll jedes Jahr mehr werden.

Preisstabilität: Die Preise für die Waren und Dienstleistungen sollen möglichst lange gleichbleiben oder nur sehr wenig steigen.

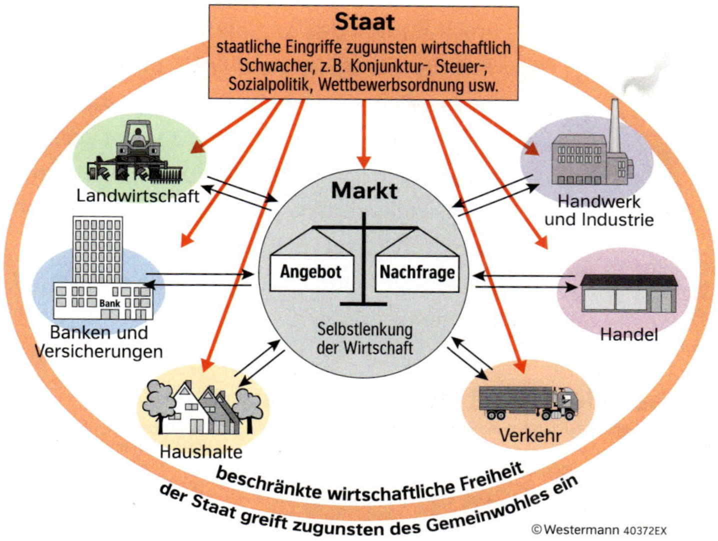

Soziale Marktwirtschaft

In den letzten Jahren trat zusätzlich die **gerechte Einkommens- und Vermögensverteilung** und die **Schonung der Umwelt** hinzu.

1. Wiederholt das Gelernte aus 7. Klasse: Was ist ein Markt? Welche Märkte kann es geben? Was haben Angebot und Nachfrage mit dem Preis zu tun?
2. Erkläre mit eigenen Worten den Unterschied zwischen einer freien Marktwirtschaft und der sozialen Marktwirtschaft.
3. M Werte die beiden Schaubilder auf dieser Seite aus. Was erklären sie?
4. Informiert euch über a) Ludwig Erhard und b) die geschichtliche Entwicklung der sozialen Marktwirtschaft. Berichtet in der Klasse, z. B. in einem Kurzreferat.
5. Was weißt du bereits über die verschiedenen Elemente der sozialen Marktwirtschaft? Besprich dich mit deinen Klassenkameraden und notiert Ergebnisse.

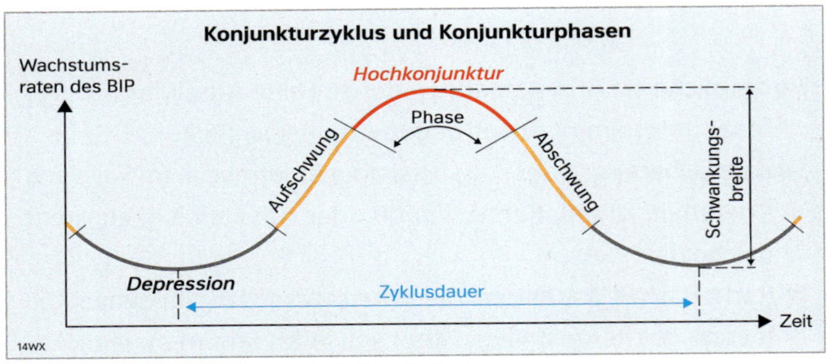

Konjunktur: Das Auf und Ab der Wirtschaft

Erntehelfer: Saisonal unterschiedlich gefragt

Was bedeutet Arbeitslosigkeit – auch für den Staat?

Im Rahmen der sozialen Marktwirtschaft hat der Staat mehrere Ziele. Ein Ziel ist ein ausgeglichener Arbeitsmarkt. Das bedeutet, dass jede Person, die eine Arbeit sucht, eine Beschäftigung findet. Mit anderen Worten: niemand ist arbeitslos. Dies nennt man **Vollbeschäftigung**.

Dieses Ziel wird nicht immer erreicht, wie folgende Grafik zeigt:

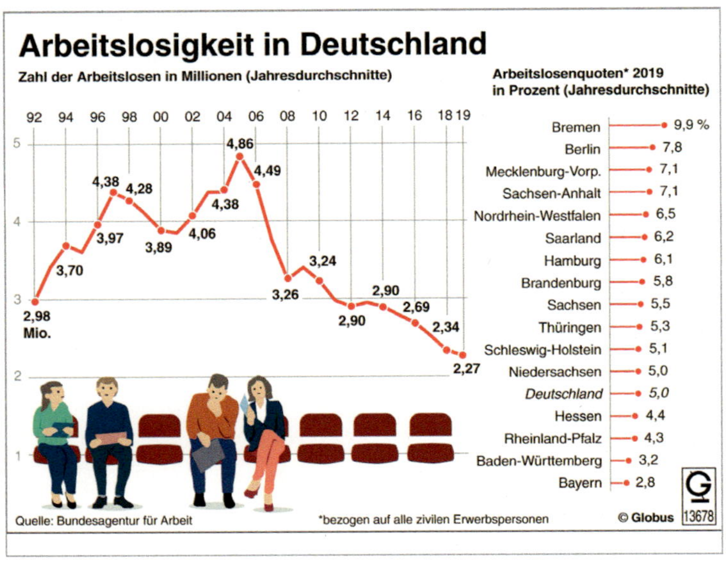

Warum werden Menschen arbeitslos?

Alle Menschen kaufen ein. Manche Dinge täglich, manche nur ab und zu. Es gibt Menschen, die sparen und andere, die geben ihr Geld aus. Je mehr Waren und Dienstleistungen von den Menschen eingekauft werden, desto mehr Waren müssen die Betriebe auch produzieren. **Aber**: Es wird nicht immer gleich viel von den Bürgern eingekauft. Deshalb schwankt der Konsum. Die Betriebe müssen darauf reagieren. Dieses Auf und Ab der Wirtschaft nennt man auch **Konjunktur**. Kaufen die Bürger viel ein, dann wird viel produziert und die Konjunktur geht rauf. Halten sich die Bürger zurück und sparen eher, dann produzieren die Firmen weniger und deshalb brauchen sie auch weniger Arbeiter. Die Konjunktur geht runter. Man spricht dann von **konjunktureller Arbeitslosigkeit**.

Es gibt aber noch andere Gründe, warum man arbeitslos werden kann.

Saisonale Arbeitslosigkeit

Manche Jobs gibt es nur im Sommer, z. B. Erntehelfer, oder im Winter, z. B. in Skigebieten.

Strukturelle Arbeitslosigkeit

Arbeitsplätze fallen manchmal weg, wenn sich die Wirtschaft verändert. Ein Beispiel ist der Wandel in der Automobil- und Zulieferindustrie.

Friktionelle Arbeitslosigkeit

Eine hundertprozentige Vollbeschäftigung kann es nicht geben. Bei einem Arbeitsplatzwechsel ergeben sich oft Zeiten der Überbrückung ohne Beschäftigung.

Welche Folgen hat Arbeitslosigkeit?

Für den Einzelnen

Arbeitslosigkeit ist für jeden Betroffenen eine schwere seelische Belastung. Es fehlt einem nicht nur Geld, sondern auch das Selbstwertgefühl sinkt.

In der Familie

Es kann zu mehr Konflikten in der Familie kommen, weil Geld fehlt und die Betroffenen frustriert sind.

Bei den Arbeitenden

Die Angst arbeitslos zu werden, setzt einen Arbeitenden unter Leistungsdruck und Stress.

In der Gesellschaft

Die Versorgung von Arbeitslosen verursacht hohe Kosten. Außerdem fehlen dem Staat wichtige Einnahmequellen (siehe Grafik rechts). Je mehr Bürger arbeitslos sind, desto weniger werden Konsumgüter und Dienstleistungen nachgefragt. Die gesamte Entwicklung der Wirtschaft (Konjunktur) wird gedrückt. Je mehr Leute also arbeiten, umso ...
- mehr Konsum gibt es,
- mehr Zufriedenheit herrscht in der Gesellschaft,
- mehr Steuereinnahmen werden erzielt und
- weniger Kosten für den Staat fallen an.

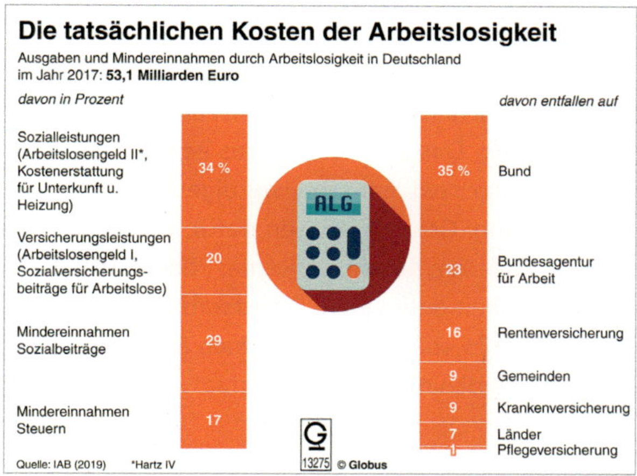

Damit möglichst viele Menschen eine Arbeit finden, leistet die Bundesagentur für Arbeit Hilfen durch Berufsberatung, Arbeitsvermittlung und Umschulungsmaßnahmen. Durch die Belebung und Ankurbelung der Wirtschaft versucht der Staat indirekt möglichst viele Jobs zu schaffen.

Was kannst du selbst tun?

Der beste Schutz vor Arbeitslosigkeit sind ein guter Schulabschluss und eine Ausbildung. Um in seinem Fachgebiet auf dem Laufenden zu bleiben, sollte man sich ständig weiterbilden.

1. Recherchiere weitere Gesichtspunkte zu den Begriffen der konjunkturellen, saisonalen, strukturellen und friktionellen Arbeitslosigkeit und berichte in der Klasse. Finde Beispiele zu den Arten der Arbeitslosigkeit.
2. M Deutschland ist Exportland. Wie wirken sich Veränderungen auf die Konjunktur aus? Recherchiert und diskutiert in der Klasse.
3. Erkläre die Grafik zur Konjunktur auf der linken Seite oben.
4. Wertet die beiden Schaubilder/Diagramme aus.
5. Recherchiert zu aktuellen Maßnahmen des Staats zur Belebung des Arbeitsmarktes und präsentiert die Ergebnisse in der Klasse. Überlegt, ob ihr dazu auch einen Mitarbeiter der Bundesagentur für Arbeit einladen möchtet.
6. M Was wollen die einzelnen Parteien im Bundestag gegen Arbeitslosigkeit unternehmen? Informiere dich über deren wirtschaftspolitische Programme.

Wie funktioniert das System der sozialen Sicherung?

Was ist das Ziel?

Ein wesentliches Element der sozialen Marktwirtschaft in Deutschland ist die soziale Sicherung. Das Ziel des Staates ist es, dass jeder Bürger ein menschenwürdiges Leben führen kann. Gesetze sorgen dafür, dass jeder im Falle von Krankheit, Rente, Pflege, Arbeitslosigkeit oder einem Arbeitsunfall abgesichert ist. Es soll niemand deshalb einen Notstand erleiden müssen (Sozialstaatsgebot).

Im Grundgesetz ist das **Sozialstaatsgebot** verankert (GG Art. 20). Das bedeutet, dass ein sozialer Ausgleich geschaffen werden muss zwischen Arm und Reich und dass Menschen in Notlagen Hilfen erhalten müssen.

Wenn du **krank** bist, gehst du zum Arzt, solltest du im Rollstuhl sitzen und dich nicht mehr bewegen können, wird man dich **pflegen**. Nach einem **Unfall** musst du zu Hause bleiben und möchtest, dass dein Lohn weiterbezahlt wird. Als Arbeitsloser brauchst du finanzielle Unterstützung, das **Arbeitslosengeld**. Wenn du in Rente gehst, erwartest du eine **Rentenzahlung**. In allen diesen Fällen greift das System der sozialen Sicherung. Es ist wie ein Netz, welches dich im Notfall auffängt. Deshalb spricht man auch vom sozialen Netz.

Gab es das schon immer in Deutschland?

Nein. Vor über 150 Jahren war noch jeder Bürger auf sich gestellt. Wurde jemand krank und konnte nicht arbeiten, dann erhielt er auch keinen Lohn. Man brauchte Geld, um einen Arzt bezahlen zu können. Wenn die Familie den Betroffenen nicht stützen konnte, geriet sie sehr schnell in eine Notlage. Der Druck der Arbeitnehmer bewirkte, dass eine Absicherung für die Bürger im Notfall eingeführt wurde (siehe Grafik unten). Mittlerweile gibt es fünf Grundsäulen der Sozialversicherung: Renten-, Kranken-, Arbeitslosen-, Pflege- und Unfallversicherung.

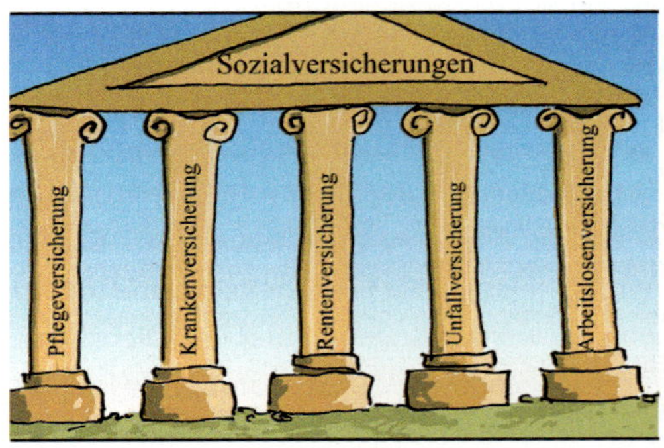

Wer bezahlt das alles?

Die Beiträge zu den verschiedenen Sozialversicherungen zahlen Arbeitnehmer und Arbeitgeber je zur Hälfte (siehe Grafik auf der rechten Buchseite). Nur die Beiträge für die Unfallversicherung trägt der Arbeitgeber alleine.

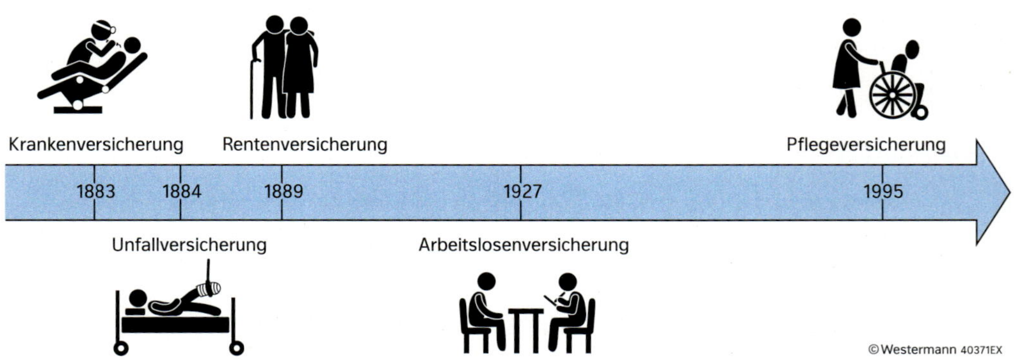

Welche weiteren Sicherungen gibt es im sozialen Netz?

Im Grundgesetz steht, dass jeder Bürger das Recht auf einen angemessenen Lebensstandard hat. Der Staat muss also im Notfall Hilfe gewähren. Deshalb kommen zu den fünf Säulen der Sozialversicherung noch viele weitere Sicherungen hinzu. Dazu gehören zum Beispiel ...

- Kinder- und Elterngeld,
- Wohngeld,
- Entgeltfortzahlungen im Krankheitsfall,
- Jugendhilfe,
- Ausbildungsförderung.

Was kannst du selbst tun?

Es ist beruhigend zu wissen, dass man im Notfall vom Staat Hilfe bekommt. Der Staat gibt aber inzwischen sehr viel Geld für die Sozialleistungen aus. Mittlerweile übersteigen die Ausgaben die Einnahmen. Der Sozialstaat ist in Gefahr. Es wird in Zukunft nicht mehr alles bezahlt werden können. Bei der Pflege sind die Auswirkungen schon jetzt sichtbar. Damit du aber in Zukunft weiterhin für alle Fälle sozial abgesichert bist, solltest du selbst vorsorgen, sobald du erwerbstätig bist.

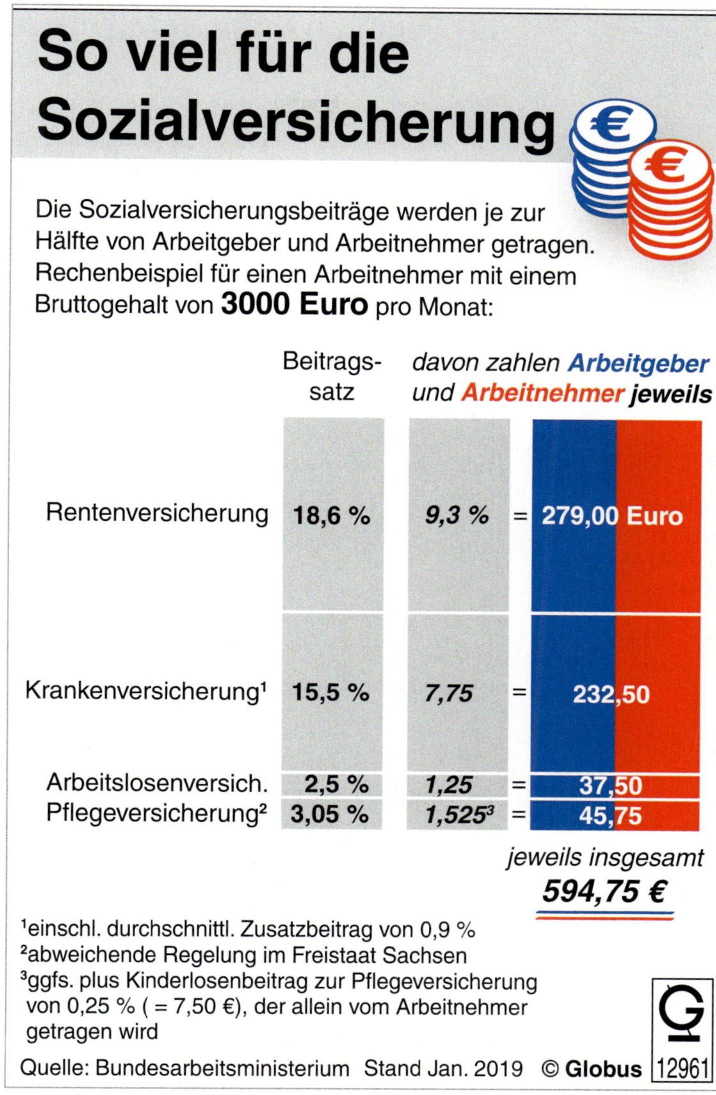

1. Informiere dich, ob die Prozentsätze in der Grafik oben noch aktuell sind.
2. Bildet Arbeitsgruppen. Jede Arbeitsgruppe informiert sich über eines der folgenden Themen und präsentiert die Ergebnisse vor der Klasse:
   a) Wie genau funktioniert die Krankenversicherung? Was bedeutet das Solidarprinzip? Was ist der Unterschied zwischen gesetzlicher und privater Versicherung?
   b) Wie funktioniert die Pflegeversicherung? Welche Pflegestufen gibt es?
   c) Wie funktioniert die Rentenversicherung? Was ist der Generationenvertrag und was hat er mit der Rentenversicherung zu tun?
   d) Wie funktioniert die Arbeitslosenversicherung? Ab wann gibt es für wen Geld? Welche Stufen gibt es?
   e) Wie funktioniert die gesetzliche Unfallversicherung?

Ist Wirtschaftswachstum immer gut für die Menschen?

Zwei Ziele, die der Staat im Rahmen der sozialen Marktwirtschaft in Deutschland verfolgt, kennst du jetzt bereits:

- Jeder Bürger, der arbeiten will, soll einen Job finden (Vollbeschäftigung).
- Jeder Bürger soll im Notfall sozial abgesichert sein (soziale Sicherung).

Es gibt noch weitere Ziele, zum Beispiel das Wirtschaftswachstum.

Als **Konjunktur** bezeichnet man das Auf und Ab der Wirtschaft.

Was ist Wirtschaftswachstum?

Bäume, Pflanzen und auch Menschen wachsen bis zu einem bestimmten Alter. Wie kann die Wirtschaft wachsen?

Mit Wirtschaft meinen wir alle Leistungen, die die Betriebe in Deutschland erbringen. Wenn zum Beispiel alle Geschäfte in deinem Ort mehr Waren und Dienstleistungen verkaufen als im letzten Jahr, dann ist die Wirtschaft in deinem Ort gewachsen. So kann auch die Wirtschaft im ganzen Land wachsen.

Je mehr verkauft wird, desto höher ist das Wachstum.

Welche Folgen hat Wirtschaftswachstum zunächst?

Wenn alle Betriebe mehr Waren produzieren und Dienstleistungen erbringen als im letzten Jahr, dann brauchen sie oft auch mehr Mitarbeiter.
Das bedeutet, mehr Menschen finden einen Arbeitsplatz und weniger sind arbeitslos.

Der Staat nimmt mehr Geld ein, weil auf alle Waren und Dienstleistungen Steuern zu zahlen sind. Auch über die Löhne der Menschen erhält der Staat Geld (Lohnsteuer).
Der Staat kann dann wieder mehr Geld für Schulen, Straßen, Krankenhäuser usw. ausgeben.

Die Konjunktur steigt, dem Land geht es also insgesamt besser. Deshalb ist Wirtschaftswachstum ein Ziel des Staates. Die Regierung macht viel dafür, dass die Wirtschaft wächst und es den Menschen besser geht. Um das zu erreichen, versucht sie zum Beispiel ...

- die Preise stabil zu halten und
- Gesetze zu erlassen, damit es mehr Jobs gibt.

Kann man Wirtschaftswachstum messen?

Das Wachstum von Bäumen und Menschen kann man messen. Wie sieht es aber beim Wirtschaftswachstum aus? Man misst es durch das Bruttoinlandsprodukt (BIP).

Das **Bruttoinlandsprodukt (BIP)** ist der Wert aller Güter und Dienstleistungen, die in einem Land innerhalb eines Jahres produziert oder erbracht werden.

Alle Waren und Dienstleistungen, die einen Preis haben und gekauft werden, zählen zum Bruttoinlandsprodukt (BIP) dazu. Das freiwillige Rasenmähen bei dir zu Hause zählt nicht dazu. Deine Eltern zahlen dafür weder Steuern noch Lohn, der offiziell registriert wird.

Je höher das BIP, desto reicher ist das Land (siehe dazu auch Grafik rechts oben).

Bis vor kurzem dachte man, dass diese Behauptung stimmt. Man hat das Wirtschaftswachstum nur von der Menge aus betrachtet (**Quantität**), also vom Bruttoinlandprodukt (BIP) her. Die Umwelt spielte keine so große Rolle.

Uns geht es aber auch besser, wenn unsere Natur sauber ist, wir eine gute Bildung erhalten, uns untereinander in der Gesellschaft gut verstehen und Kultur wie Musik, Theater oder Kunst genießen können. Man spricht dann von **qualitativem** Wachstum. Dies wird jedoch in Deutschland noch nicht gemessen.
Durch die Grafik oben rechts kannst du die Entwicklung des BIP in Deutschland erkennen. Du siehst, dass sich das BIP in den letzten 30 Jahren verdreifacht hat. Im Durchschnitt haben wir also dreimal so viel wie vor 30 Jahren: Dreimal so viel Kleidung, Handys, Autos, Essen usw.

Die Fragen lauten jetzt: Brauchen wir das alles? Machen wir damit die Umwelt und unsere Lebensgrundlage kaputt? Müssen Menschen in anderen Ländern wegen unseres Wirtschaftswachstums leiden?

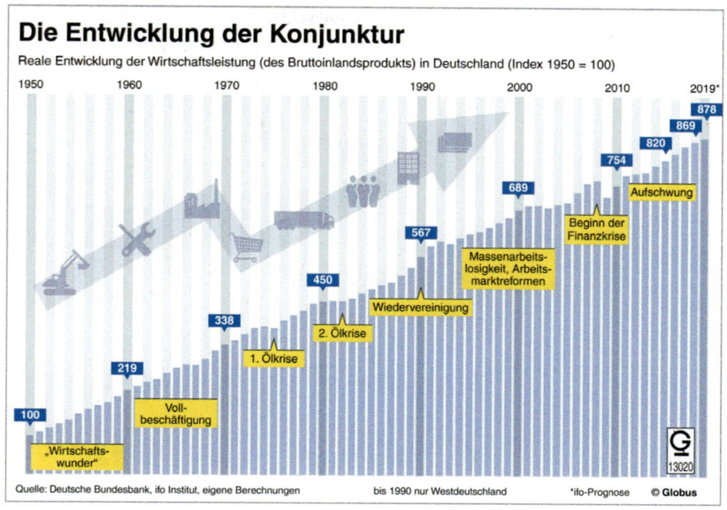

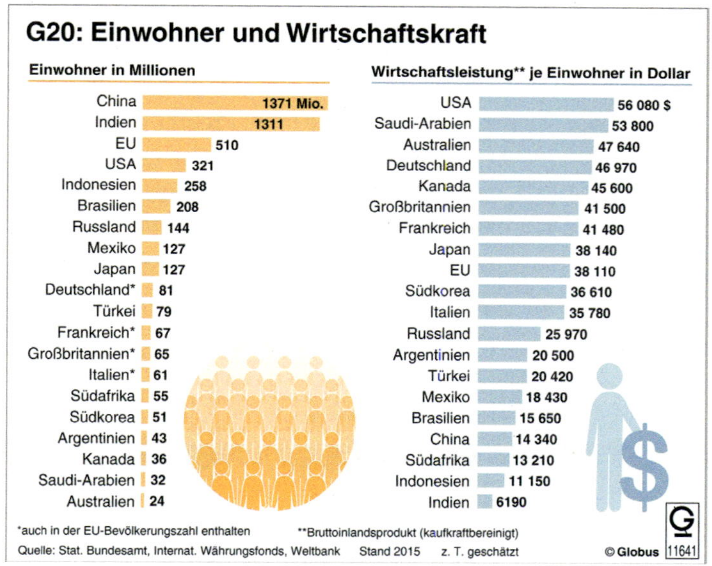

Wirtschaftskraft weltweit (Stand: 2015)

1. Welche Folgen hat es, wenn die Wirtschaft/die Konjunktur in einem Land sinkt? Denkt dabei an folgende Begriffe: Konsum, Betriebe, Arbeitslosigkeit, Steuereinnahmen, Geld für Schule und Krankenhäuser. Diskutiert in der Klasse.
2. Mit welchen Maßnahmen versucht die Politik aktuell, die Wirtschaft anzukurbeln und für Wirtschaftswachstum zu sorgen?
3. M Recherchiert zum Begriff „Kaufkraft". Welcher Zusammenhang besteht zum Wirtschaftswachstum? Berichtet vor der Klasse.
4. Wertet die beiden Grafiken auf dieser Seite aus.
5. Informiere dich weiter zum Thema Wirtschaftswachstum und gestalte mit diesen Infos eine Wandzeitung.

Gespräch im Supermarkt

Warum ist es gut, wenn die Preise stabil bleiben?

Was bedeutet Preisstabilität?

Das Beispiel oben im Supermarkt kommt dir sicher bekannt vor. Bestimmt haben deine Eltern auch schon mal gesagt, dass die eingekauften Produkte immer teurer werden.
Es ist normal, dass die Preise leicht steigen. Dies betrifft auch alle Produkte und Dienstleistungen (siehe folgende Grafik).
So lange die Preise immer nur leicht steigen, ist alles in Ordnung. Wenn die Preise nicht mehr als 2 % pro Jahr steigen, spricht man von **Preisstabilität**. Im Rahmen der sozialen Marktwirtschaft versucht der Staat, dass die Preise möglichst stabil bleiben.

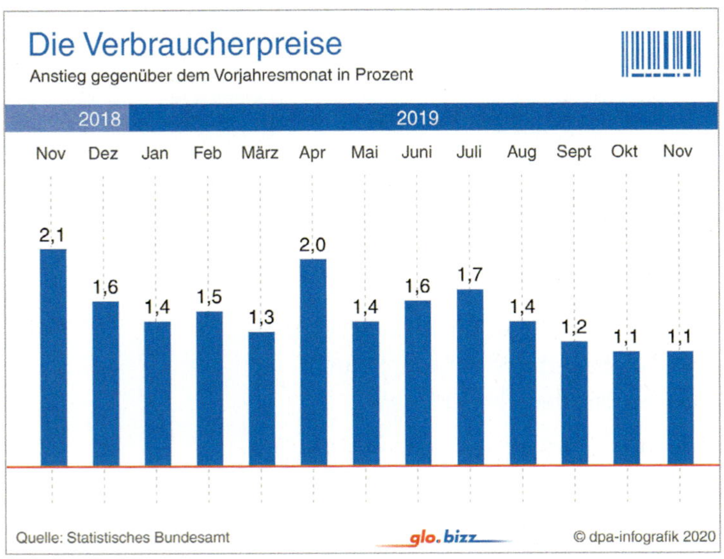

Was bedeutet „Kaufkraft"?

Wenn du mit einem 20-Euro-Schein in ein Geschäft zum Einkaufen gehst, bekommst du eine bestimmte Menge an Waren: Zum Beispiel eine Zeitschrift, eine Musik-CD und zwei Getränke. Der Geldbetrag hat also eine bestimmte **Kaufkraft**.

Welche Nachteile entstehen, wenn die Preise steigen und die Kaufkraft sinkt?

Wenn die Preise stabil bleiben, bekommst du auch in einem Jahr die gleiche Menge an Waren für deinen 20-Euro-Schein. Wenn die Preise steigen, dann vermindert sich die Kaufkraft, weil du dann weniger Waren für dein Geld bekommst. Das ist für dich ein Nachteil.
Es gibt aber noch weitere Nachteile: Je mehr die Preise steigen, desto ...
- länger musst du arbeiten, um dir bestimmte Waren leisten zu können.
- schwieriger wird es für dich, Produkte zu vergleichen.
- teurer wird es, sich bei der Bank Geld zu leihen.
- schneller verliert dein gespartes Geld an Wert.
- weniger Waren werden gekauft. Dies kostet Arbeitsplätze. Es gibt weniger Jobs.

Wie hat sich die Kaufkraft entwickelt?

Die Kaufkraft ist in den letzten 50 Jahren gestiegen, weil die Löhne stärker gestiegen sind als die Preise. Wir müssen also weniger lange arbeiten, um uns bestimmte Produkte leisten zu können (siehe Grafik rechts unten). Von unserem Lohn bleibt mehr Geld für andere Dinge übrig.

Wie kommt es zur Inflation?

Den Vorgang, dass die Preise immer weiter steigen und der Wert des Geldes immer weniger wird, bezeichnet man als **Inflation**. Eine Inflationsrate (= Preissteigerungsrate) von jährlich 1 bis 5 Prozent gilt als „leichte Inflation“ und ist für die Wirtschaft und das Land nicht gefährlich. Wenn die Preise höher steigen, dann gibt es immer mehr Nachteile (siehe Grafik rechts oben).

Der Staat möchte, dass die Preise möglichst **stabil** bleiben. Das ist gut für die Menschen, die Wirtschaft und das Land.

Es wird gefährlich, weil durch steigende Preise ein Teufelskreis entstehen kann:

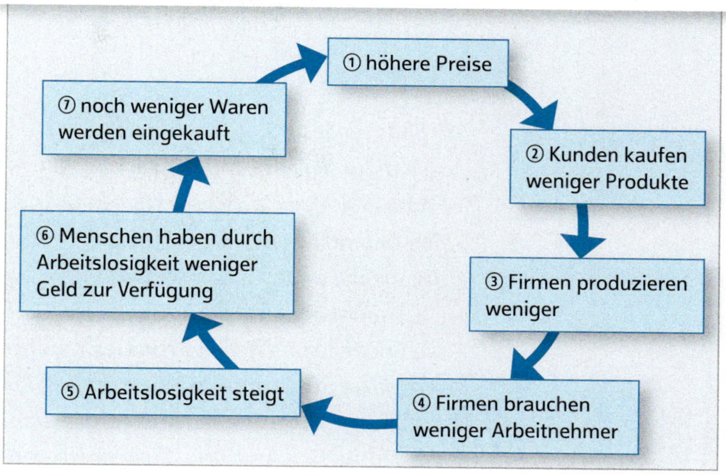

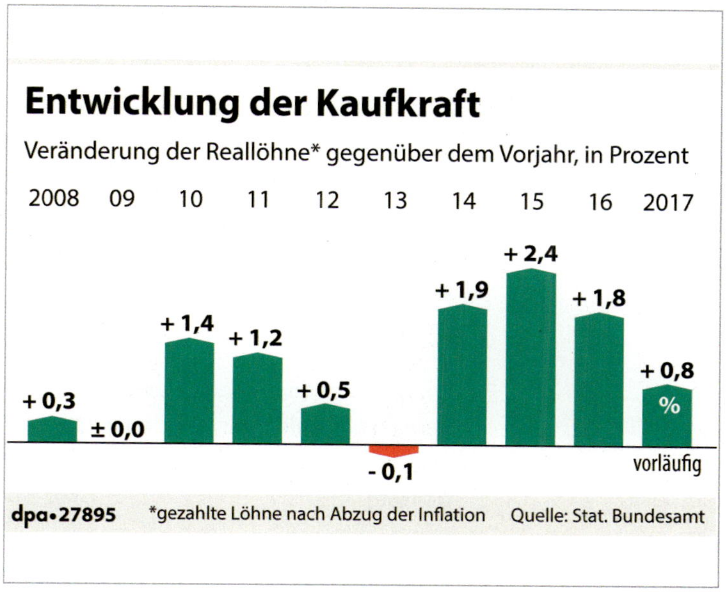

1. Wertet die Grafiken aus. Welche Informationen könnt ihr beiden entnehmen?
2. M Recherchiert weiter zum Thema „Inflation" (Ursachen und Folgen) und gestaltet eine Wandzeitung.
3. M Informiere dich über die Kaufkraft in den verschiedenen Ländern Europas bzw. der ganzen Welt. Was fällt dir auf? Diskutiere Gründe für die Unterschiede.
4. In Deutschland gab es in den letzten 100 Jahren zwei große Inflationen. Informiere dich darüber. Welche Ursachen und Folgen gab es jeweils?
5. Informiere dich darüber, was der Staat unternimmt, damit die Preise stabil bleiben.
6. Recherchiert, wie die Inflationsrate (= Preissteigerungsrate) jeden Monat bzw. jedes Jahr gemessen wird. Berichtet in der Klasse.
7. Deflation ist das Gegenteil von Inflation. Informiere dich über den Begriff „Deflation“. Welche Ursachen und Folgen hat Deflation? Berichte vor der Klasse.

Lernbilanz

Am Ende dieses Kapitels kannst du ...
- *selbstständig in Gruppen einen Betrieb im regionalen Umfeld erkunden,*
- *Fragestellungen zur betrieblichen Grundfunktion „Verwaltung" beantworten,*
- *personalpolitische Fragen eines Betriebs erläutern,*
- *die soziale und ökologische Verantwortung eines Unternehmens beschreiben,*
- *Geschäftsvorgänge des bargeldlosen Zahlungsverkehrs nachvollziehen,*
- *die Chancen und Risiken von Geldanlagen und Krediten vergleichen und abschätzen,*
- *rechtliche Bestimmungen zum bargeldlosen Zahlungsverkehr sowie zu Geldanlagen und Krediten nachvollziehen und vergleichen,*
- *die Notwendigkeit von Sicherheit und Rechtssicherheit bei Onlinegeschäften und Onlinebanking beurteilen,*
- *die grundlegenden Elemente der sozialen Marktwirtschaft unterscheiden und beschreiben sowie deren Notwendigkeit begründen.*

Mit folgenden Aufgaben kannst du überprüfen, ob du diese Kompetenzen erworben hast:

1. Welchen typischen Fragen aus den Bereichen Beschaffung, Produktion, Absatz und Verwaltung muss sich ein Betrieb stellen?

2. Welche typischen Unterabteilungen kann eine Verwaltung in einem Betrieb haben?

3. Erkläre folgende Bereiche und überlege dir jeweils eine Frage, die man sich in diesem Bereich normalerweise stellt: Personalentwicklung, Personalbetreuung, Personalplanung, Personalverwaltung, Arbeitssicherheit, Personalbeschaffung, Personalführung.

4. a) Beschreibe, wie die Mitarbeiter in einem Betrieb mitbestimmen und mitwirken können.
b) Gilt das auch für die Auszubildenden?

5. Erkläre das Wort Verantwortung mit eigenen Worten.

6. Erläutere jeweils kurz die Begriffe „soziale Verantwortung" und „ökologische Verantwortung" in einem Betrieb.

7. Was musst du bei einer Betriebserkundung beachten bezüglich
a) Vorbereitung (inhaltlich, methodisch, organisatorisch),
b) Durchführung,
c) Reflexion und Nachbereitung?

8. Welche Dienste leisten Geldinstitute für uns? Nenne Aufgabenbereiche und Dienstleistungen.

9. Welcher Unterschied besteht zwischen Banken und Sparkassen?

10. a) Warum sind Geldinstitute wichtig? Welche wirtschaftliche Bedeutung haben sie?
b) Wie fließen die Geldströme? Welche Bedeutung haben dabei Banken?

11. a) Welche Formen gibt es, bargeldlos zu bezahlen?
b) Erkläre jede kurz mit eigenen Worten.

c) Was ist der Unterschied zwischen einer Debitkarte und einer Kreditkarte?
d) Wiederhole rechtliche Bestimmungen zum bargeldlosen Zahlungsverkehr.
e) Was sind Onlinebezahldienste und wie funktionieren sie?
f) Warum ist Sicherheit beim Onlinebanking und bei Onlinegeschäften wichtig?
g) Welche Sicherheitshinweise solltest du bei Onlinegeschäften als Verbraucher berücksichtigen?

12. a) Nenne Gründe für das Sparen.
b) Welche Möglichkeiten gibt es, sein Geld anzulegen und zu sparen? Nenne jeweils kurz Vor- und Nachteile bzw. Chancen und Risiken.
c) Was sollte man grundsätzlich beim Sparen bedenken? Wiederhole das „magische" Dreieck der Geldanlage.
d) Was sind Kredite? Welche Arten von Krediten gibt es?
e) Nenne kurz Vor- und Nachteile von Krediten.
f) Welche rechtlichen Hürden gibt es bei Krediten?

13. a) Unterscheide die Begriffe „soziale Marktwirtschaft" und „freie Marktwirtschaft".
b) Begründe, warum es gut ist, dass es in Deutschland eine soziale Marktwirtschaft und keine freie Marktwirtschaft gibt.

14. a) Welche Arten von Arbeitslosigkeit gibt es?
b) Welche Folgen hat Arbeitslosigkeit für den Einzelnen, für die Familie, für den Staat?

15. a) Wie funktioniert das System der sozialen Sicherung in Deutschland?
b) Nenne die fünf Säulen der Sozialversicherung in Deutschland.

16. Erkläre die Begriffe „Wirtschaftswachstum" und „Bruttoinlandsprodukt".

17. Erkläre die Begriffe „Preisstabilität", „Kaufkraft" und „Inflation".

18. Betrachte die Elemente der sozialen Marktwirtschaft genauer: Wo gibt es Verbesserungsmöglichkeiten? Wo sollte sich die soziale Marktwirtschaft weiterentwickeln und verändern? Hole dir weitere Informationen dazu ein.

19. Bei der sozialen Marktwirtschaft spielen zunehmend weitere Gesichtspunkte eine wichtige Rolle. Recherchiere und begründe folgende Aussagen:
a) Die Schonung der Umwelt muss in der Marktwirtschaft berücksichtigt werden.
b) Die Einkommensverteilung muss gerechter werden.

20. Erstelle Karteikarten für die Lernkartei, auf denen du folgende Begriffe erklärst:
- Marketing
- Verwaltung
- Betriebsrat
- Jugend- und Auszubildendenvertretung
- Verantwortung, soziale Verantwortung
- Betriebsverfassungsgesetz
- Corporate Social Responsibilty
- Export
- Import
- Lastschriftverfahren
- mobile-payment
- Rentabilität
- Liquidität
- Rendite
- Bürgschaft
- Bruttoinlandsprodukt (BIP)
- Kaufkraft
- Inflation
- Deflation
- Preisstabilität

ZERTIFIZIERT
ISO 9001
ZERTIFIZIERT

PROJEKT
PROJEKT
PROJEKT

praxis

In diesem Kapitel lernt ihr:

entweder im Projekt Wohnen ...
- die Methode der Projektarbeit im Projekt Wohnen anzuwenden,
- zu planen, wie eure erste Wunschwohnung ausgestattet sein soll,
- zu erforschen, welche Wohnungen auf dem Wohnungsmarkt angeboten werden,
- zu vergleichen, welche Angebote in Frage kommen,
- zu analysieren, ob sich eure Wunschvorstellungen verwirklichen lassen,
- zu entscheiden, welche Wohnung für eure Bedürfnisse ausreichend ist,

oder im Projekt Testen ...
- zu entscheiden, welche Produkte und Dienstleistungen ihr testen wollt,
- zu begründen, welche Testmethoden für eure Tests in Frage kommen,
- zu entscheiden, welche Kriterien ihr testen und bewerten wollt,
- eure Testergebnisse zu vergleichen und darzustellen,
- eure Testergebnisse abschließend zu interpretieren und zu beurteilen,

oder in einem selbst gewählten Projekt diese Methoden anzuwenden.

PROJEKTE UND TECHNIK

Projektarbeit ist oft Teamwork.

Projektarbeit – ein wichtiger Lernweg in der Mittelschule

Ziele der Projektarbeit

Projekte bringen Abwechslung in den Unterrichtsalltag. Sie helfen dir, Erfahrungen zu machen, Ideen zu verwirklichen, Probleme aufzugreifen, verschiedene Lösungsmöglichkeiten zu überdenken und dich auf die Projektprüfung vorzubereiten.

Was bedeutet Arbeiten im Projekt für dich?

Projektarbeit ist auch die Arbeitsform, die von dir später im Berufs- und Arbeitsleben verlangt wird. Sie ist sehr vielseitig und stellt an dich in verschiedenen Bereichen hohe Anforderungen, die von dir verlangt und vorausgesetzt werden.

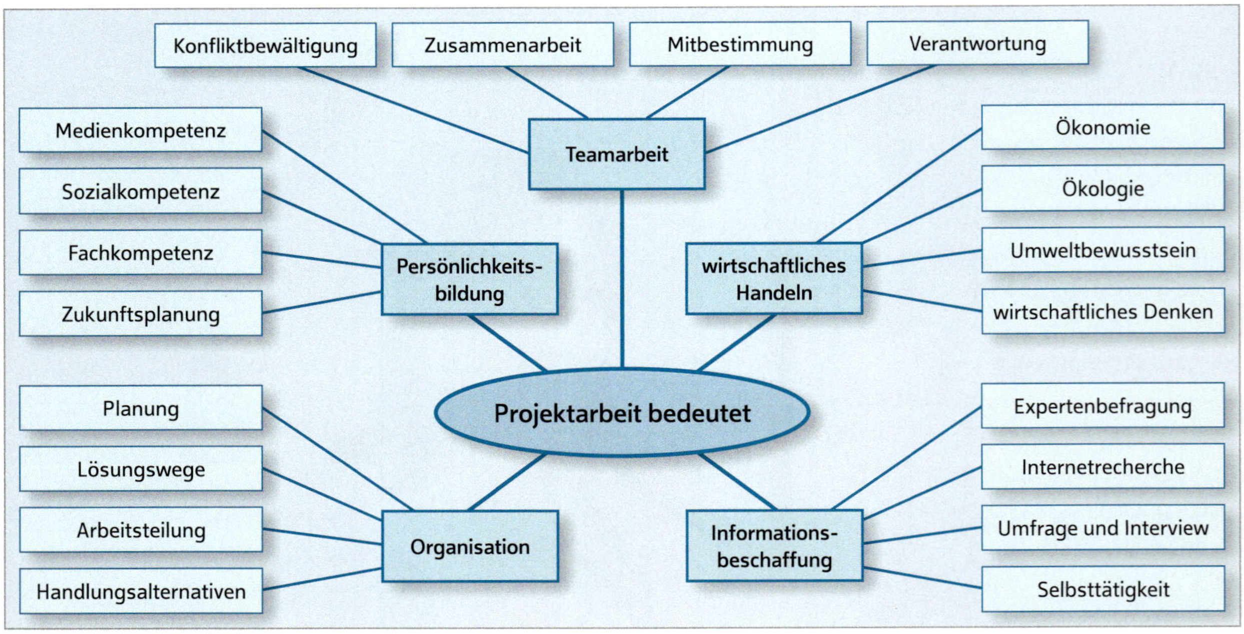

Erkläre die Ober- und Unterbegriffe in der Grafik anhand eines Beispiels.
Schreibe auf, welche Punkte für dich besonders wichtig sind und warum.

Die Projekte in der Jahrgangsstufe 9

Bereits in den vorherigen Jahrgangsstufen habt ihr verschiedene Projekte durchgeführt. In der Jahrgangsstufe 9 stehen im Unterrichtsfach Wirtschaft und Beruf verschiedene Projekte zur Auswahl:

- Projekt Wohnen oder
- Projekt Testen von Waren bzw. Dienstleistungen oder
- ein Projekt eurer Wahl (eigene Ideen).

Ihr sollt euch für ein Projekt entscheiden und es in der Gruppe in Zusammenarbeit mit den berufspraktischen Fächern als Vorbereitung auf die Projektprüfung durchführen.

Projektunterricht – wir erinnern uns

Ein kurzer Rückblick soll euch die Voraussetzungen für Projektarbeit in Erinnerung rufen.

Projektarbeit ist Teamarbeit

Projekte bedeuten eine willkommene Abwechslung im Unterrichtsalltag. Im Team arbeiten, dabei Erfahrungen sammeln und gemeinsam zu Lösungen kommen, sind Kennzeichen einer erfolgreichen Teamarbeit, wie sie auch im Berufsleben erwartet wird.

Teamarbeit gelingt, wenn

- Ziele und Regeln klar definiert sind,
- sich alle Teamplayer (Gruppenmitglieder) gleichermaßen einbringen,
- sich das ganze Team auf jeden Einzelnen verlassen kann,
- die Aufgaben gerecht verteilt sind,
- die Rollen im Team klar verteilt sind, z. B. Gruppensprecher, Protokollführer, Fotograf,
- ein fairer Umgang herrscht (Sprache, Verhalten, zuhören, diskutieren usw.),
- Konflikte sachlich ausgetragen werden,
- Teamarbeit offen und ehrlich bewertet wird.

Projektarbeit geschieht in Projektschritten

Euer Projekt sollt ihr in folgenden fünf Projektschritten durchführen:

Projektinitiative

- Ideen sammeln, diskutieren, entscheiden
- Leittext und Aufgaben besprechen
- Projektziele formulieren

Projektplanung

- Organisations- und Zeitplan aufstellen
- Arbeitsverteilung beschließen
- Arbeitstechniken festlegen
- Arbeitsschritte planen

Projektdurchführung

- Aufgaben gemäß den Organisations- und Arbeitsplänen bearbeiten
- Zeitplan überwachen
- Arbeitsqualität kontrollieren
- Zwischenergebnisse reflektieren
- Projektverlauf dokumentieren

Projektpräsentation

- Beschreibung des Projektverlaufs
- Darstellung der Ergebnisse des Einzelnen
- Bericht über Gesamtergebnis der Gruppe
- Erreichung der Projektziele

Projektreflexion

- Bewertung der Teamarbeit bzw. Einzelarbeit
- Problembewältigung in der Gruppe
- Fehleranalyse
- Verbesserungsvorschläge

INFO

Je besser die Zusammenarbeit in der Gruppe ist, desto wahrscheinlicher ist der Erfolg eures Projekts.

Die Projektprüfung

Die Projektprüfung ist Bestandteil des qualifizierenden Abschlusses der Mittelschule und des mittleren Schulabschlusses an der Mittelschule. Die Durchführung des Projekts im Zuge der besonderen Leistungsfeststellung erfolgt im Laufe des Schuljahrs.
Übungsprojekte wie die folgenden sollen dich auf die Projektprüfung vorbereiten. Bei diesen Projekten sollst du deine bisher erworbenen Erfahrungen, Fähigkeiten und Fertigkeiten aus Betriebspraktika, Betriebserkundungen und Unterricht unter Beweis stellen, ergänzen und anwenden.

Grundsätze der Projektprüfung

Die Aufgabenstellung besteht aus einem Leittext, den du am Anfang der Prüfung erhältst. Die Prüfung erstreckt sich über einen längeren Zeitraum.

- Eine Gruppe arbeitet in der Regel gemeinsam an einem Thema.
- Das Ergebnis stellt die Gruppe in einer Abschlusspräsentation vor.
- Jedes Gruppenmitglied führt und bearbeitet seine eigene Projektmappe.

Die fünf Phasen der Projektprüfung

Eigenverantwortlich in oder außerhalb der Schule und des Unterrichts		In der Schule		
Projekt beginnen	Ziele setzen und planen	Projekt durchführen	dokumentieren und präsentieren	kontrollieren und bewerten
Informationen und Material beschaffen	zeitlich planen und organisieren	praktisches Arbeiten	gestalten und präsentieren	eigene Leistung einschätzen

Projektmappe **Gruppenarbeit**
Wirtschaft und Beruf
Reflexion **Projektpräsentation**
Durchführung
Wirtschaft und Kommunikation
Ernährung und Soziales **Technik**
Projekt

Dauer der Projektprüfung

Deine Schule legt für das Projekt rechtzeitig einen genauen Zeitraum fest. Diesen Zeitrahmen müsst ihr einhalten, deshalb ist eine genaue Planung notwendig.

Prüfungszeiten im praktischen Teil

- im Fach Technik 240 Minuten,
- im Fach Wirtschaft und Kommunikation 120 Minuten
- im Fach Ernährung und Soziales 150 Minuten.

Die Projektmappe

In der Projektmappe dokumentierst du – optisch gut aufbereitet – Verlauf, Arbeitsberichte, Arbeitsplanung und Arbeitsdurchführung, Zeitplanung, Präsentationsinhalte, Reflexion deiner Arbeit und die der Gruppe.

Du sammelst deine Zwischenergebnisse, Unterlagen aus der Planungs- und Durchführungsphase. Du gestaltest Begleittexte für die Präsentation und den Rückblick auf deine eigene Arbeit und die der Gruppe im Projekt. Die Projektmappe solltest du kreativ gestalten: Deckblatt, Inhaltsverzeichnis, Fotos und Rechercheberichte, Expertengespräche usw. Die äußere Form muss ansprechend sein und deine Arbeit optisch gut aufbereitet wiedergeben.

Der Leittext als Aufgabenstellung

Deine Gruppe erhält bei der Prüfung einen Leittext mit einem interessanten Sachverhalt aus deiner Schul- oder Lebenswelt, der dich zum gemeinsamen Lösen von Aufgaben veranlasst. Ähnliches hast du bei früheren Projekten in den berufsorientierenden Fächern geübt.

Der Leittext besteht aus drei Teilen:

- **Mögliches Ereignis:** Wohnungssuche, Umweltschutzmaßnahmen usw.
- **Aufgabenstellung:** 5 bis 7 Aufgaben, kurze Anweisungen für die Gruppe und jeden Einzelnen (Zeitplan, Organisation, Prototyp, Präsentation usw.)
- **Inhalt der Projektmappe:** Gewünschte Unterpunkte für deine Mappe (Deckblatt, Zeitplan, Begleittexte, eigene Arbeit usw.)

Projektpräsentation

Die fünf Phasen der Projektprüfung

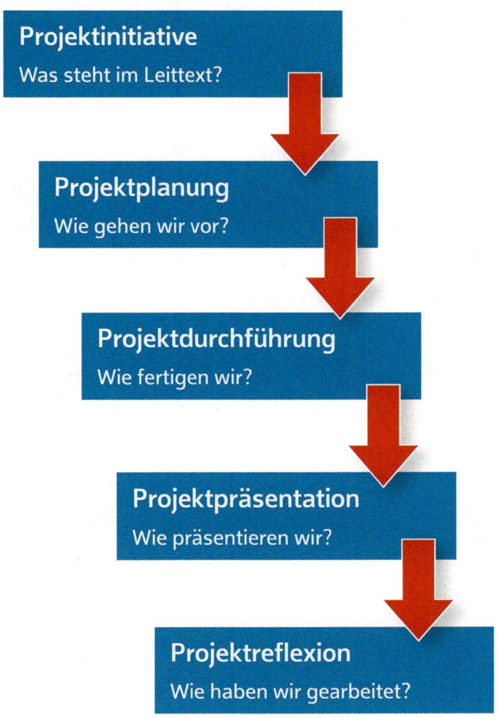

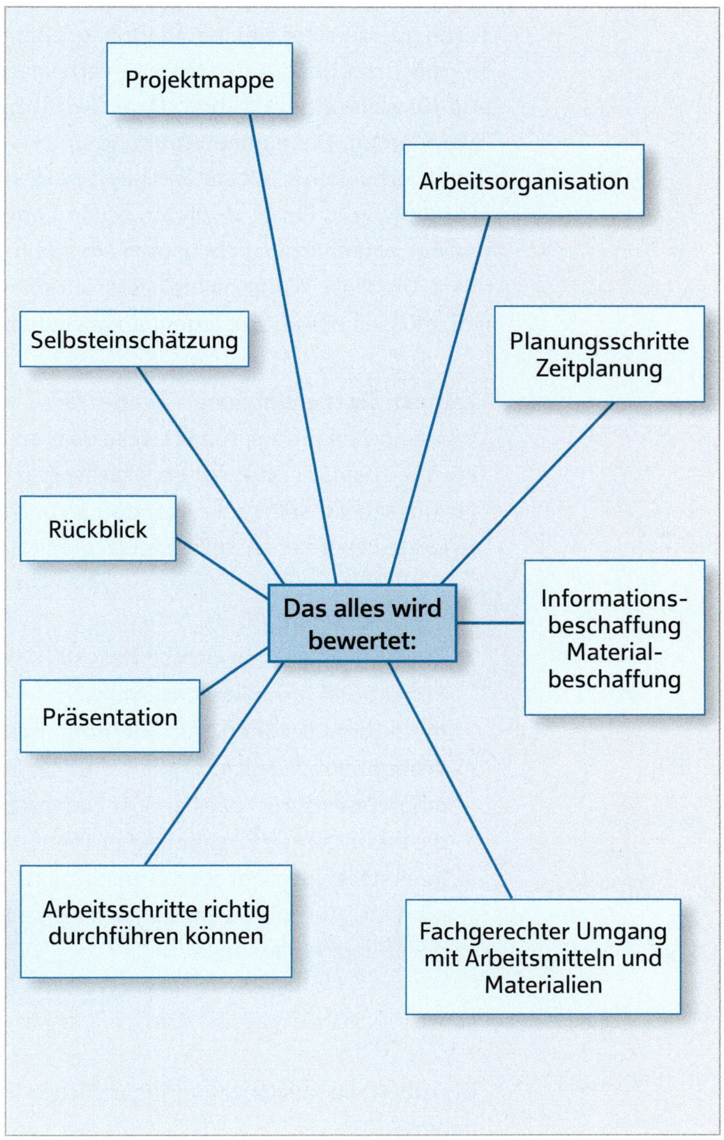

Projekt: Eine eigene Wohnung – Ja oder Nein?

Viele Jugendliche haben den Wunsch, nach Abschluss ihrer Ausbildungszeit selbstständig zu werden. Sie wollen zum Beispiel den Führerschein machen, ein eigenes Auto besitzen oder in einer eigenen Wohnung leben. Sie möchten das „Hotel Mama“ verlassen und für sich und ihr Leben Verantwortung übernehmen. Die eigene Wohnung und die damit verbundene Selbstständigkeit werden allerdings vom Beruf, der finanziellen Lage und der persönlichen Lebensplanung beeinflusst. Um diese Wünsche realisieren zu können, müssen einige Überlegungen angestellt werden, z. B. was spricht für oder gegen das eigene Auto oder für die eigene Wohnung? Eine ehrliche Abwägung der Vor- bzw. Nachteile kann die Jugendlichen vor finanziellem Schaden und Sorgen bewahren.

Mit der Leittextmethode sollt ihr euer „Projekt Wohnen“ durchführen. Die Leittextmethode ist eine wesentliche Methode im Unterricht des Fachs Wirtschaft und Beruf, aber auch in der späteren Berufsausbildung. Ihr habt sie z. B. bereits in der Jahrgangsstufe 7 bei der Zugangserkundung und auf Seite 89 bei der Betriebserkundung angewendet.

Leittext: Eigene Wohnung – ja oder nein?

Weil seine zukünftige Arbeitsstelle über 40 Kilometer von seinem Elternhaus entfernt liegt, möchte Thomas sich in seinem Arbeitsort eine Wohnung suchen, um nicht jeden Tag pendeln zu müssen. Ihr sollt nun selbstständig und innerhalb der Gruppe erarbeiten, welche Überlegungen Thomas anstellen muss, damit er sich seinen Wohnungswunsch erfüllen kann.

Das müsst ihr tun:

1. Zuerst diskutiert ihr den Leittext für das Projekt und formuliert das Projektziel.
2. Ihr sammelt Ideen zur Planung des Wohnprojekts und informiert euch über mögliche Ansprechpartner oder Experten, die ihr für dieses Projekt fragen könnt.
3. Ihr erstellt einen Zeit- und Organisationsplan mit Aufgabenverteilung innerhalb der Gruppenmitglieder.
4. Jedes Gruppenmitglied erstellt seinen eigenen Aufgabenplan.
5. Ihr legt fest, was und wie dokumentiert wird.
6. Jedes Gruppenmitglied erstellt seine Projektmappe.
7. Gemeinsam stellt ihr eure Ergebnisse vor. Jeder von euch übernimmt dabei die vorher vereinbarten Aufgaben.

Diskutiert die Aussagen der Jugendlichen im Bild oben und begründet eure Stellungnahme.

Bausteine für das Projekt Wohnen

Folgende fünf Bausteine sollen euch helfen, das Projekt zielgerichtet durchzuführen. Am Ende des Projekts sollt ihr folgende Fragen beantworten können:
- Kann ich mir eine eigene Wohnung leisten?
- Was muss ich vor meiner Entscheidung alles beachten, überprüfen, vergleichen, gegenüberstellen und abwägen?

Wohnprojekt starten (Projektstart)

- Leittext zum Wohnprojekt analysieren
- persönliche Situationsanalysen vorstellen
- eigene Wünsche und Vorstellungen zum Wohnen und Leben entwickeln

Wohnprojekt planen (Projektplanung)

- Entscheidungskriterien für eine Wohnung (Lage, Preis, Nebenkosten, Wohndauer usw.) festlegen
- Funktionsbereiche der Wohnung festlegen
- Dokumentation für die Projektmappe

Wohnprojekt durchführen (Projektdurchführung)

- Wohnungssuche starten
- Vergleichen und Bewerten der Wohnungsangebote (Grundausstattung, Standortfaktoren, Miete und Nebenkosten, Verkehrsanbindung, Alt- oder Neubau, Umwelt)
- Entscheidung für eine Wohnung treffen
- Einrichtung planen (Wohnungsskizze)
- Möbel auswählen
- Preis- und Finanzierungsplan erstellen
- Umzug planen und durchführen

Wohnprojekt dokumentieren und präsentieren (Projektpräsentation)

- Art der Darstellung der Ergebnisse (Referat, Wandzeitung, Protokolle, Computerpräsentation usw.)
- Präsentationsplan erstellen (Wer präsentiert welche Ergebnisse?)
- Darbietung der erarbeiteten Inhalte und Ergebnisse

Wohnprojekt reflektieren und bewerten (Projektreflexion)

- Rückschau auf sach- und fachgerechte Projektarbeit (Teamarbeit, Dokumentation)
- Gegenüberstellung und Bewertung von Projektziel und Ergebnis: Wunsch und Wirklichkeit im Projekt herausgearbeitet
- Kompromisslösungen suchen und diskutieren

Gute und günstige Wohnungen sind sehr begehrt.

Du hast es geschafft – deine neue Wohnung

Welche Vorstellungen hast du von deiner Wohnung?

Viele von euch haben wahrscheinlich ein eigenes Zimmer. Ihr habt es nach euren Wünschen eingerichtet und ausgestattet. Für die erste eigene Wohnung habt ihr sicher viele Wünsche und Vorstellungen. Nicht alle werden erfüllbar sein. Damit ihr aber nicht scheitert, verlangt die Umsetzung eurer Pläne:

- eine ehrliche und genaue Klärung der persönlichen Lebenssituation,
- eindeutige Entscheidungskriterien im Hinblick auf Notwendigkeit und Finanzierbarkeit der Wünsche,
- systematische Vorgehensweise bei der Planung des Wohnprojekts.

Persönliche Lebenssituation

Die Wohnung ist der Lebensbereich, in dem wir die meiste Zeit verbringen. Eine ehrliche persönliche Situationsanalyse, die eigene Wünsche und Bedürfnisse, Wohnkosten und Lebensplanung umfasst, ist die Voraussetzung für die Wohnungssuche.

1. Stelle deine persönlichen Vorstellungen von einer eigenen Wohnung in Form einer Mindmap dar. Vergleicht diese in der Klasse und begründe deine Vorstellungen.

Zusammenleben kann viel Spaß machen – wenn alle gemeinsam anpacken!

Warum ist die Einschätzung der persönlichen Situation wichtig?

Bevor du deine Entscheidung für eine eigene Wohnung triffst, solltest du dir Folgendes nochmal überlegen und versuchen, diese Fragen ehrlich für dich zu beantworten.

- Brauche ich eine eigene Wohnung oder reicht auch ein Zimmer in Untermiete?
- Ist es für mich möglich, mit anderen Wohnungssuchenden eine Wohngemeinschaft zu bilden?
- Bringe ich die nötige Toleranz und Lockerheit auf, die mit einer Wohngemeinschaft verbunden sind?

- Kann ich die Verantwortung für die mit der eigenen Wohnung verbundenen Aufgaben, Vorgaben, Arbeiten usw. übernehmen und gewissenhaft verrichten?
- Welche Mindestanforderungen stelle ich an eine eigene Wohnung?
- Bin ich bereit, innerhalb der Wohngemeinschaft auch unangenehme Arbeiten zu übernehmen?

Zeitraum	Müll	Bad	Küche
01.05. bis 07.05.	Alice	Bob	Caro
08.05. bis 14.05.	David	Alice	Bob
15.05. bis 21.05.	Caro	David	Alice
22.05. bis 28.05.	Bob	Caro	David
29.05. bis 04.06.	Alice	Bob	Caro

- Sind die Verkehrsverbindungen zu meinem neuen Arbeitsplatz so ungünstig, dass ich eine Wohnung benötige?
- Kann ich die Strecke eventuell mit dem Auto in einer Fahrgemeinschaft zurücklegen?
- Kann ich mir mit meinem Verdienst die Wohnung leisten?
- usw.

Die Entscheidung für eine eigene Wohnung wirkt sich immer auf die persönliche Lebenssituation und auf Lebensbereiche wie z. B. Freundeskreis, Partnerschaft oder berufliche Zukunft aus. Damit übernimmst du Verantwortung für dein weiteres Leben. Das bedeutet auch: du musst für deine Entscheidungen auch die Konsequenzen tragen.

2. Warum können Kriterien der persönlichen Lebenssituation die Entscheidung für eine eigene Wohnung beeinflussen? Ergänze sie und nenne Gründe.

Kriterien:
Kennzeichen, Merkmale, Eigenschaften eines Gegenstands

Wohnen – Schlafen – Arbeiten

Einbauküche

Welche Mindestanforderungen muss deine Wohnung erfüllen?

Wenn du dich für eine eigene Wohnung entschieden hast, musst du, bevor du auf Wohnungssuche gehst, deine Mindestanforderungen für drei wichtige Bereiche festlegen:
- Wohnungskriterien,
- Wohnumfeld,
- Wohnungskosten.

Eine Wohnung sollte folgende minimale Wohnungskriterien erfüllen:

Sie ist **Wohn- und Schlafstätte**, d. h. Wohn- und Schlafbereich können getrennt oder bei kleinen Appartements als kombinierter Wohn- und Schlafraum gestaltet sein.

Sie muss eine **Kochgelegenheit** haben. Anschlüsse für Geschirrspüler, Waschmaschine und Wäschetrockner sind vorteilhaft.
Für die Körperpflege muss ein Bad vorhanden sein. Waschbecken, Dusche bzw. Badewanne und WC gehören heute zur Grundausstattung einer Wohnung.

Die Wohnung muss natürlich beheizbar sein.

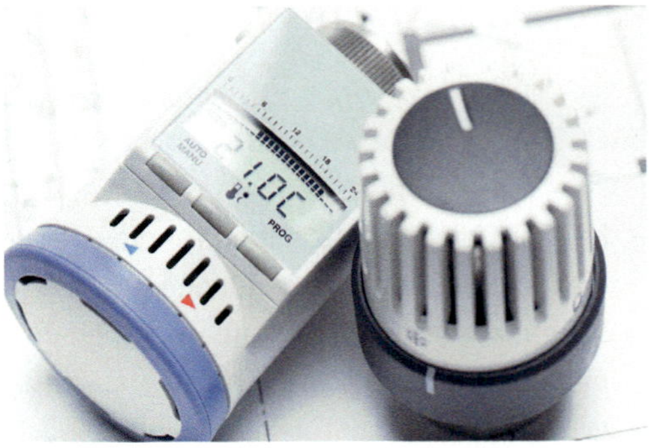

1. Welche Minimalforderungen (Wohnungskriterien) stellst du an die Wohnung, deren Zustand und Einrichtung? Ordne sie nach der Wichtigkeit und begründe deine Entscheidung.

Sanierte Altbauwohnung

Neubau: Bald bezugsfertig!

Bei Bedarf sollte sie ein **Arbeitszimmer** oder Platz z. B. für Büroarbeiten bieten. Telefon-, Internet- und Fernsehanschluss gehören heute zur Standardausstattung einer zeitgemäßen, modernen Wohnung.

Bietet die Wohnung **Platz für Hobbys**, z. B. Sport (Rudergerät), Musik (E-Piano), Bastelecke (Modellbau)?

Ist in der Wohnung **Tierhaltung** erlaubt, z. B. Katze, Hund oder Wellensittich?

Sinnvoll ist ein **Abstell- bzw. Kellerraum** für Fahrrad oder Verpackungen.

Die Miete sollte dem **Allgemeinzustand** der Wohnung und der Ausstattung entsprechen. Darunter versteht man z. B. den Zustand der Fußböden, der Wände, der Türen und der sanitären Einrichtungen, eventuelle Renovierungsarbeiten vor dem Einzug, ausreichendes natürliches Licht durch Fenster, Balkontüre, Oberlichte, Dachfenster usw.

INFO

Da Wunsch und Wirklichkeit oft weit auseinander liegen, ist es vor der Wohnungssuche wichtig, die eigenen Mindestansprüche an eine Wohnung genau zu analysieren und abzuwägen, Wunsch und Wirklichkeit gegenüberzustellen.

2. Nennt die Kriterien, die ihr für wichtig haltet. Diskutiert sie und begründet eure Vorstellungen von der ersten eigenen Wohnung.

3. Welche Merkmale unterscheiden beide Wohnungen in der oberen Bilderleiste? Nennt weitere Unterscheidungsmerkmale Alt- und Neubau.

Wohnen in der Einflugschneise

Wohnen im ruhigen Stadtrandviertel oder im belebten Ortszentrum

Welche Anforderungen stellst du an dein Wohnumfeld?

Ein wichtiger Bereich ist das Wohnumfeld, in dem du lebst. Jede Wohnung ist von verschiedenen Standortfaktoren geprägt. Folgende Fragen solltest du dir vor der Wohnungssuche bezüglich des Wohnumfelds stellen:

Welche Wohnlage bevorzuge ich?

- Möchte ich am Stadtrand, in einem Vorort oder direkt in der Stadt wohnen?
- Welche Vor- bzw. Nachteile bringt mir die Stadt- oder die Stadtrandwohnung?
- Stört mich der Straßen- oder Umgebungslärm durch das Verkehrsaufkommen?
- Welcher Lärm- und Luftbelastung bin ich dadurch ausgesetzt?
- In welcher Naturumgebung (Seen, Wald, Parkanlagen, Grünanlagen, Naherholungsgebiet) liegt die Wohnung?

Wie sieht es mit dem Angebot im sozialen Umfeld aus?

- Wer sind meine Nachbarn?
- Welche Bildungseinrichtungen (Volkshochschule, Musikschule usw.) gibt es?
- Welche Kultur- und Sporteinrichtungen (Theater, Kino, Schwimmbad, Fußballplatz usw.) kann ich nutzen?

Welche öffentlichen Verkehrsanbindunge- kann ich nutzen?

- Kann ich meinen Arbeitsplatz mit öffentlichen Verkehrsmitteln erreichen?
- Gibt es Fahrradwege, auf denen ich zur Arbeit, zu Sportanlagen, zum Kino, in Naherholungsgebiete sicher radeln kann?

Welche Versorgungseinrichtungen und Dienstleistungsangebote stehen mir zur Verfügung?

- Welche Einkaufsmöglichkeiten (Verbrauchermarkt, Lebensmittel, Getränke, Metzger, Bäcker usw.) habe ich?
- Welche Gesundheitseinrichtungen wie zum Beispiel Krankenhaus, Allgemeinarzt, Zahnarzt und Apotheke sind in meiner Nähe?

Wohnumfeld und Standortfaktoren müssen bei der Wohnungssuche genau bewertet werden. Sie beeinflussen das Wohngefühl und sind für das Wohlbefinden des Menschen mitverantwortlich.

1. Welche Standortfaktoren sind für dich besonders wichtig? Erkläre sie anhand eines Beispiels.

Wohnkosten

Welche Kosten muss ich kalkulieren, wenn ich mir eine Wohnung leisten will?

Ob du dir eine Wohnung leisten kannst, hängt von den Kosten ab, die du für den Traum einer eigenen Wohnung aufwenden musst. Viele denken in erster Linie an die Miete, vergessen aber, dass Nebenkosten für die Wohnung und sonstige Kosten anfallen.

Hauptfaktor – Mietkosten

Die Miete ist der größte Kostenfaktor. Für jeden Ort gibt es einen „örtlichen Mietspiegel", der die aktuellen und ortsüblichen Mietpreise enthält. Je nach Größe, Lage, Alter und Ausstattung wird der Mietpreis festgesetzt. Das folgende Beispiel zeigt die Mietentwicklung im Vergleich Nürnberg, Bayern und Gesamtdeutschland. Diese Zahlen sind Durchschnittspreise, die von den tatsächlichen Mietpreisen abweichen können.

Kaltmiete pro m² bei einer 30-m²-Wohnung

Jahr	Nürnberg	Bayern	BRD
2015	12,15 €	14,20 €	9,41 €
2016	15,50 €	17,46 €	11,59 €
2017	13,79 €	16,40 €	9,68 €
2018	13,98 €	15,76 €	11,06 €
2019	14,85 €	16,25 €	11,25 €

Nebenkosten für die Wohnung

Zusätzlich zur Kaltmiete fallen noch Nebenkosten an. Sie werden vom Vermieter nach der Abrechnungsperiode in Rechnung gestellt.

- Monatliche Abschlagszahlungen für Strom, Wasser, Warmwasser und Heizung
- Müllabfuhr, Straßenreinigung, Hausreinigung, Kaminkehrer, Heizungsablesung
- Hausverwaltung und Hausmeister
- Kosten für Benutzung Kellerabteil, Autostellplatz, Waschkeller, Treppenhaus
- Benutzung der Kabelanschlüsse für Telefon, Internet, Fernseher
- Hausversicherungen, Grundsteuer

Zusätzliche private monatliche Kosten z. B.:

- Verpflegungskosten,
- Kosten für Körperpflege,
- Beiträge zu Versicherungen,
- Fahrtkosten zur Arbeitsstelle, Heimfahrten zu Eltern und Freunden,
- Unterhaltskosten für Auto und Hobbys.

INFO

Kaltmiete, Nebenkosten und zusätzliche Kosten müssen genau kalkuliert und bei der Wahl der Wohnung sorgfältig bewertet werden. Auch die Tendenz, dass die Miete steigen kann, muss in die geplante Mietdauer einbezogen werden, wenn man sorgenfrei wohnen möchte.

Unter **kalkulieren** versteht man planen, berechnen, veranschlagen, vorausberechnen und überschlagen der Kosten, die für eine Wohnung anfallen können.

Unter **Kaltmiete** versteht man die reine monatliche Miete ohne Nebenkosten.

2. Fragt zu Hause nach, wie umfangreich und hoch die monatlichen Nebenkosten sind. Überlegt euch Beispiele, bei welchen Nebenkosten man sparen kann.

Für Thomas steht eine wichtige Entscheidung an!

Wohnungssuche – nicht so einfach!

Der neue Arbeitsplatz von Thomas befindet sich fast im Zentrum der Stadt. Er möchte aber lieber am Stadtrand wohnen, wo er seinem Hobby „Joggen in der Natur" leichter nachgehen kann. Zusätzlich braucht er eine gute Verkehrsanbindung und Radwege in die Stadt.

Abkürzungen
App. = Apparte-ment
Balk. = Balkon
DG = Dach-geschoss
Du. = Dusche
EBK = Einbau-küche
EG = Erdge-schoss
ELW = Einlieger-wohnung
KT = Kaution
MM = Monats-miete
NB = Neubau
NK = Neben-kosten
OG = Ober-geschoss
TG = Tiefgarage
Stellpl. = Stellplatz
Wfl. = Wohnfläche
ZH = Zentral-heizung

Wie hilft mir die Wohnungsanzeige bei der Suche?

Bei der Wohnungssuche gibt es zwei Möglichkeiten: eine eigene Suchanzeige für die Wohnung erstellen oder die Wohnungsangebote aus der Zeitung, vom Makler oder im Internet sichten. Bei Maklerangeboten kommen zusätzliche Maklerkosten dazu, die sich nach dem Mietwert der Wohnung richten. Eigene Suchanzeigen in der Zeitung verursachen ebenfalls Kosten und müssen mit den richtigen Abkürzungen verständlich formuliert sein.

Checkliste als Hilfe zur Wohnungssuche

Sinnvoll ist eine Checkliste mit deinen Mindestanforderungen, Bedürfnissen und Wünschen und deinen Preisvorstellungen. Die Liste hilft dir, nichts zu vergessen, die Übersicht zu behalten und zusätzliche Fragen zur Wohnung bei der Besichtigung abzuklären. Beispiele und Vordrucke gibt es bei Verbraucherzentralen, Mieterschutzvereinen und im Internet.

Inserate für die Wohnungssuche

Ruhige ELW, DG, 20 Min. v. Stadtzentrum, U-Bahn, 56 m² Wfl., NB, teilmöbliert, Bad mit WC, Kabel-TV, mit Gartenanteil, Laminat, Bezug ab 01.10.20.., 270 + NK, keine KT, Stellpl. 25 mtl., Tel. 01010/897265

Helle 2-Zimmer-Wohnung, Stadtmitte, neu ren., 72 m², Einbauküche, 1. OG, ZH, großes Bad mit Du., sep. WC, Südbalkon, Nähe Stadtpark, großer Kellerraum, ab sofort, 360 + NK + KT 2 MM, + TG (40) Chiffre: 679543

Suche ab Sept. 20.. in der Gartenstadt 2-Zi. Whg. bis 50 m² Wfl., Balk., EBK, Bad mit Du., ZH, Internetanschluss, NB oder AB, Fahrradabstellpl., Keller, Miete/NK
Tel. 0000/XXXXXX E-Mail: xxxxxxxxxxxxxx

Wohnungsinserate sind eine gute Orientierungs- und Informationshilfe, die durch eine Wohnungsbesichtigung ergänzt werden muss.

1. Sammelt interessante Inserate aus Zeitungen oder Internet und vergleicht diese miteinander. Fertigt ein Plakat.
2. Formuliert selbst verschiedene Inserate.
3. Vergleicht bei mehreren Zeitungen die Kosten für ein Inserat.

Begehrte preiswerte Wohnung

Auf Mängel muss sofort hingewiesen werden.

Was ist für die Wohnungsbesichtigung wichtig?

Bevor man sich für eine Wohnung entscheidet, ist es sinnvoll, mehrere in Frage kommende Wohnungen zu besichtigen. Bei einer Wohnungsbesichtigung ist es gut, wenn man zu zweit ist, um für eventuell mündlich getroffene Vereinbarungen einen Zeugen zu haben. Manche privaten Vermieter und Ansprechpartner von Wohnungsunternehmen verlangen einen Selbstauskunftsbogen mit Fragen zum Beruf, Einkommen und Familienstand. Diese Fragen sollte man wahrheitsgemäß beantworten.

Checkliste für die Wohnungsbesichtigung

Damit du bei der Wohnungsbesichtigung nichts vergisst, solltest du dir eine Checkliste machen, in der du deine Fragen auflistest:

- Welche Geräte hat die Einbauküche?
- Sind genügend Steckdosen vorhanden?
- Welche Belüftung hat das Badezimmer?
- Sind Renovierungsarbeiten zu machen?
- Welche Heizungsart ist vorhanden?
- Gibt es einen Aufzug?
- Wer sind meine Nachbarn?
- Wie ist der Zustand der Fenster?
- Genaue Größe der Wohnung?
- Passen meine Möbel in die Wohnung?
- Ist die Wohnung hellhörig?
- Gibt es einen Wäscheraum?
- Steht ein Fahrradkeller zur Verfügung?

Checkliste für die Wohnungsübergabe

Bei der Wohnungsübergabe solltest du den Zustand der Wohnung überprüfen und eventuelle Mängel schriftlich bestätigen lassen, damit du nicht für solche haftbar gemacht werden kannst. Solche Mängel könnten zum Beispiel schadhafte Fliesen im Bad, Lackschäden, undichte und schlecht schließende Fenster, tropfende Wasserhähne, Schimmelflecken, defekte Küchengeräte sein.

Wohnungsübergabeprotokoll

Ein sorgfältig ausgefülltes Übergabeprotokoll schützt vor unangenehmen und unberechtigten Forderungen durch den Vermieter.

Wohnungsübergabeprotokoll (Ein- und Auszug)

Name der/des Mieter(s): ______________________

Besichtigte Wohnung Nr.: ______

Straße und Hausnummer: ______________ □ **vor dem Einzug**

PLZ: ______ Ort: ______________ □ **vor dem Auszug**

Bei der Besichtigung der Wohnung am ________ wurden □ keine □ folgende Mängel festgestellt:

	In Ordnung	**Folgende Mängel wurden festgestellt:**	**Bemerkungen**
1. Diele/Flur	□ ja □ nein:		
2. Küche	□ ja □ nein:		
3. Bad/WC	□ ja □ nein:		
4. Wohnzimmer	□ ja □ nein:		

4. Welche Absicht steckt hinter der Selbstauskunft für den Vermieter? Nenne Gründe.

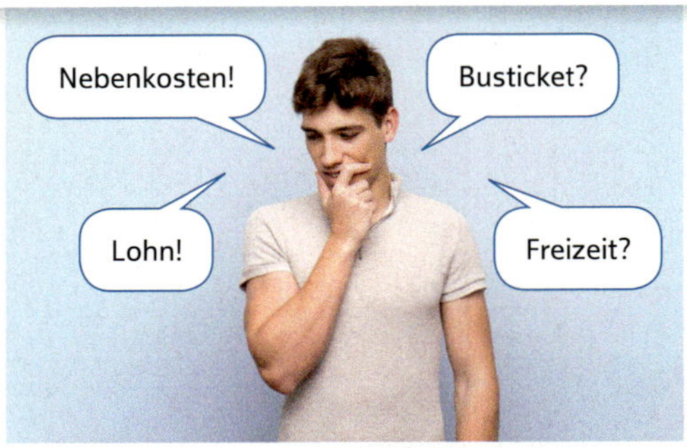

Thomas muss rechnen: Kann ich mir die Wohnung leisten?

Kann ich mir die Wohnung wirklich leisten?

Bevor du deinen Mietvertrag unterschreibst, solltest du eine Bedarfs- und Kostenaufstellung für die Wohnung machen. Erst dann kannst du entscheiden, ob du deine Wunschwohnung auch finanziell „verkraften" kannst. Ob du dir die Wohnung leisten kannst, hängt von deinem Einkommen und den zukünftigen Ausgaben für Wohnung und Lebenshaltung ab.

Thomas muss rechnen

Er hat ein monatliches Nettoeinkommen von 1410 €. Seine Wohnung hat 45 Quadratmeter. Zum Berechnen nimmt er die tatsächliche Kaltmiete, die Durchschnittswerte für Neben- und Heizkosten und weitere Lebenshaltungskosten.
Nach einer Faustregel (2017) sollte die Miete (Miete + Neben- und Betriebskosten + Heizung) nicht höher sein als ein Drittel des monatlichen Nettoeinkommens.
Im Durchschnitt rechnet man, abhängig vom Wohnort, für folgende Aufwendungen:

- Miete 5,98 € pro Quadratmeter
- Nebenkosten 2,19 € pro Quadratmeter

Die Heizkosten können je nach Energieart und Heizperiode unterschiedlich hoch sein. Im Durchschnitt sind es nach Angaben des Deutschen Mieterbundes 2,16 € pro Quadratmeter.

Kostenstellen	Kosten
Warmmiete (Miete, Heizung, Nebenkosten)	485,– €
Strom	60,–
Kabel- + Internetanschluss	19,– €
Verpflegung	200,– €
Kleidung	80,– €
Körperpflege	40,– €
Fahrtkosten	60,– €
Rundfunkgebühr, Zeitungen	70,– €
Telefonkosten	10,– €
Versicherungen (Hausrat, Haftpflicht, Lebensversicherungen)	40,– €
Vergnügen und Freizeit	100,– €
Rücklagen (Urlaub, Anschaffungen ...)	100,– €
Sonstiges	30,– €
Feststehende Ausgaben	**1294,– €**

Von seinem Lohn bleiben Thomas noch 116 € übrig.

Wie entscheidet sich Thomas?

Thomas bespricht sich mit seinen Eltern. Sie sichern ihm zu, ihm bei der Anschaffung notwendiger Möbel und Hausrat „unter die Arme" zu greifen und bei unvorhergesehenen Notfällen einzuspringen. Sie geben ihm Ratschläge, bei welchen Posten man Geld einsparen kann. Thomas will nun seinen Mietvertrag unter „Dach und Fach" bringen.

1. Würdest du den Mietvertrag unterschreiben? Begründe deine Entscheidung.
2. Recherchiere im Internet die aktuellen statistischen Erhebungen zu den einzelnen Kostenstellen. Vergleiche sie mit den aktuellen Zahlen aus deiner Gemeinde.

Thomas unterschreibt den Mietvertrag.

Mietrecht

Der Mietvertrag

Thomas hat sich für die Wohnung entschieden. Mietpreis, Einbauküche, Stadtrandlage, die Besichtigung sowie die Person des Vermieters haben ihn überzeugt. Da er bereits volljährig ist, darf er seinen Mietvertrag selbst unterschreiben. Bevor man einen Mietvertrag unterschreibt, sollte man sich Musterverträge anschauen und beraten lassen. Die gesetzlichen Regelungen zum Mietrecht sind im Bürgerlichen Gesetzbuch (BGB) festgelegt.

Welche Inhalte enthält der Mietvertrag?

Der Mietvertrag ist eine schriftliche Vereinbarung zwischen Mieter und Vermieter mit folgenden Inhalten:
- Beschreibung des Mietobjekts
- Name und Adresse Vermieter und Mieter
- Miete und Nebenkosten
- Kautionsvereinbarung (Höhe, Verzinsung)
- Mängel lt. Wohnungsübergabeprotokoll
- Besondere Pflichten (Räum-/Putzpflicht)
- Detailfragen (Tierhaltung)
- Sondervereinbarungen (Renovierung)
- Bezugs-/Auszugsdaten (Mietdauer)
- Unterschriften Vermieter und Mieter

Welche Pflichten hat der Vermieter?

Gebrauchsüberlassung: Der Vermieter muss dem Mieter den ungestörten Gebrauch der Wohnung überlassen.

Erhaltungspflicht: Der Vermieter muss die Beseitigung von auftretenden Mängeln veranlassen.

Fürsorgepflicht: Der Vermieter muss den Mieter über eventuelle Gefahren, z. B. Baumaßnahmen oder Renovierungsarbeiten informieren.

Welche Pflichten hat der Mieter?

Mietzahlungspflicht: Der Mieter muss zum vereinbarten Termin die Miete entrichten.

Fürsorgepflicht: Der Mieter muss den Vermieter über auftretende Schäden und Mängel informieren.

Duldungspflicht: Der Mieter muss bei Mängeln Handwerkern und dem Vermieter den Zugang zur Wohnung ermöglichen.

3. Besorgt euch verschiedene Mustermietverträge (Internet, Verbraucherschutzzentralen, Mieterschutzbund) und vergleicht sie. Stellt Gemeinsamkeiten und Unterschiede anhand einer Tabelle oder Wandzeitung übersichtlich dar.

4. Welche Inhalte des Mietrechts sind im BGB beschrieben? Begründet deren Sinn.

5. Führt ein Expertengespräch (z. B. mit einem Vertreter des Mieterschutzbunds) zu den Pflichten von Vermieter und Mieter.

Renovieren kannst du auch selber, dadurch sparst du viel Geld.

Wie richte ich meine Wohnung ein?

Wohnen ist ein menschliches Grundbedürfnis. Damit du dich in deiner Wohnung wohlfühlst, solltest du sie nach eigenen Wünschen und Bedürfnissen gestalten und einrichten.

Wie gehst du zweckmäßig vor?

Vorüberlegungen

Die Verwirklichung deiner Vorstellungen ist abhängig vom Grundriss der Wohnung, den Anschlüssen für Telefon, Internet und Fernsehen. Du musst entscheiden, worauf du Wert legst: gemütliche Wohnlandschaft, Essecke, Arbeitsplatz usw. Falls du eigene Möbel mitbringst, schreibe dir die Maße auf.

Zeichne einen Grundriss

Ein maßstabsgetreuer Grundriss hilft dir bei der Planung. Zeichne deine eigenen Möbel ein. Mit maßstabsgetreuen Symbolen, die du im Grundriss frei platzieren kannst, lassen sich Stellmöglichkeiten ausprobieren.

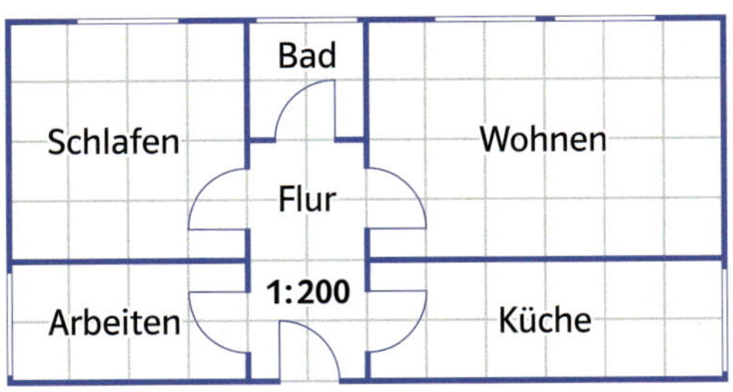

Vorhandene und fehlende Möbel erfassen

Mache dir eine Tabelle für das vorhandene und geplante Mobiliar. Die Erstausstattung einer Wohnung ist im Normalfall kostspielig. Besonders Küchengeräte können teuer werden. Die vorhandene Einbauküche mit Geräten war für Thomas ein Grund, die Wohnung zu nehmen. Trotz der mitgenommenen und der von den Eltern gesponserten Möbel blieben dennoch viele Dinge übrig, die er anschaffen muss.

Ermittle den Finanzbedarf der Einrichtung

Für notwendige Anschaffung von Möbeln, Geräten, Teppich, Tapeten usw. musst du den Finanzbedarf ermitteln. Liste genau auf, was du noch benötigst, und vergleiche vor der Anschaffung die Preise. Gute gebrauchte oder auch mit wenigen Mitteln selbst gefertigte und „aufgepeppte“ Einrichtungsgegenstände senken deinen Finanzbedarf.

Soll ich die Einrichtung finanzieren?

Viele Möbelhäuser bieten Finanzierungen mit festen Raten an. Überlege aber gewissenhaft, welche Neuanschaffungen du auf später verschieben kannst, um deinen Finanzrahmen nicht zu sprengen. Ein kleines Finanzpolster ist von Vorteil, wenn unvorhergesehene Ausgaben auf dich zukommen sollten.

1. Zeichne einen maßstabsgetreuen Grundriss deines jetzigen Zimmers mit Mobiliar.
2. Erstelle am Computer (Software z. B. aus dem Internet) einen Grundriss deiner Traumwohnung.

Die Familie packt mit an.

Eigene Leistung spart Geld. Mit der Hilfe von Freunden klappt's!

Einzug in die neue Wohnung

Der Einzug in die neue Wohnung muss gut organisiert werden. Aus dem Elternhaus müssen vorhandene Möbel abgebaut, transportiert und in der neuen Wohnung aufgestellt werden. Ob du den Umzug in Eigenregie machst oder eine Firma beauftragst, ist eine Frage der Kosten. Thomas möchte den Umzug in Eigenregie machen, um Geld zu sparen. Er spricht seine Freunde an, bittet seine Eltern und vergleicht Angebote für einen Leihtransporter. Für den bevorstehenden Umzug macht er sich eine Checkliste mit Zeitplanung.

Checkliste und Zeitplan für den Umzug

Wann? (Tage vor dem Umzug)	Was? (Was muss organisiert und erledigt werden?)	Wer?	Erfüllt?
30	Festsetzung des Umzugstermins	Thomas	?
	Wohnungsübergabetermin vereinbaren	Thomas	?
	Helfer für Umzug benachrichtigen	Thomas	?
	Liefertermin für neue Möbel vereinbaren	Thomas	?
	Transportfahrzeug reservieren	Vater	?
20	Neuen Telefonanschluss beantragen	Thomas	?
	Neue Anschrift mitteilen an: Versorgungsbetriebe, Versicherungen, Bank, Behörden usw.	Thomas	?
10	Möbelstellplan für die Umzugshelfer erstellen	?	?
	Notwendige Renovierungen durchführen		
	Installationsarbeiten in der neuen Wohnung durchführen, z. B. Vorhänge, Lampen	?	?
	Umzugskartons besorgen	?	?
	Werkzeug für den Selbstaufbau bereitstellen	?	?
4	Abbau der Möbel in der alten Wohnung	Vater	?
	Einpacken der Gegenstände, die mitmüssen	Mutter	?
2	Helfer nochmals benachrichtigen	?	?
1	Essen und Getränke für Helfer organisieren	Mutter	?
Umzugstag	Ausräumen der alten Wohnung, Einrichten der neuen Wohnung	?	?
	Einzugsfeier mit Helfern planen	?	?

Erstellt Musterbriefe für die Adressänderung bzw. neue Telefonverbindung an Banken, Gemeinde, Freunde, Versicherungen, Vereine usw.

Starthilfe:

Nutzt Querverbindungen zu Deutsch und Wirtschaft und Kommunikation.

Präsentation der Projektergebnisse

Bewertung der Projektarbeit

Wohnprojekt auswerten und präsentieren

Projektauswertung und Projektpräsentation sind am Ende eines jeden Projekts angesagt. Es ist wichtig, auf die vergangenen Wochen zurückzublicken und den Projektverlauf zu beurteilen.

Fragen zur Projektauswertung

Wie ist unser Projekt gelaufen? Haben wir unsere Projektziele erreicht? Was ist gut, was weniger gut gelaufen? Wo waren Kompromisslösungen gefragt? Hat die Teamarbeit geklappt? War die Zusammenarbeit reibungslos? Was würden wir anders machen? Stimmen unsere Vorstellungen und unsere Ergebnisse überein? Wie stellen wir unsere Projektergebnisse dar? Es sind Fragen, die man sachlich und auch ehrlich beantworten sollte. Sie sind der Grundstock für das Gelingen weiterer Projekte.

Bewertung des Wohnprojekts

Am Beispiel von Thomas und seiner neuen Wohnung wurde deutlich, wie umfassend und umfangreich so ein Wohnprojekt sein kann. Mit dem Ergebnis kann Thomas zufrieden sein.

Das Projektziel, für Thomas eine Wohnung zu suchen, die Wohnung einzurichten und den Umzug zu organisieren, haben wir in vier großen Schritten erreicht:

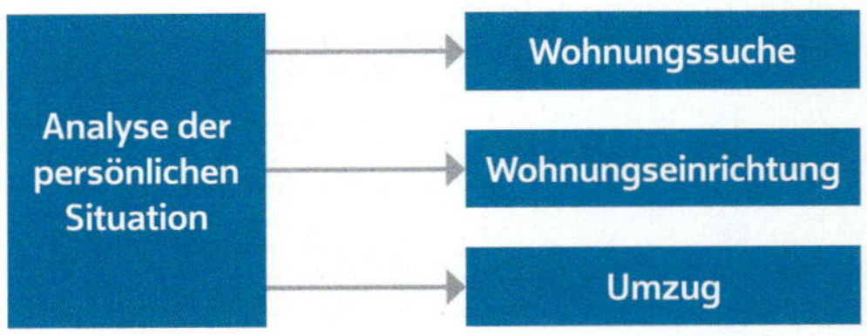

Präsentation des Wohnprojekts

Die Präsentation sollte am Ende eines jeden Projekts stehen. Ersichtlich sollten sein der Verlauf, die Zwischenergebnisse und die Ergebnisse aus den einzelne Arbeitsgruppen. Mindmaps, Wandzeitungen, Fotos, Planungsskizzen, Umzugsplan, Zeitplan, Finanzierungsmöglichkeiten, Expertengespräche, Fotocollagen, Bericht für die Schülerzeitung und das Herausstellen zum Beispiel der Projektschwerpunkte runden ein gelungenes und erfolgreiches Projekt ab.

1. Erstellt für euer Wohnprojekt eine Präsentation mit den wichtigsten Stationen.
2. Recherchiert zum Begriff „nachhaltiges Wohnen“ (Wohnen und Umweltschutz). Gestaltet dazu ein Informationsplakat.

Reflexion des Projektes Wohnen

In diesem Projekt hast du erfahren, wie sinnvoll es ist, einen Wohnungswechsel genau und umfassend zu planen. Persönliche Situation, Wohnungssuche, Wohnungseinrichtung, Wohnungskosten und Umzug sind Bausteine, die für das Wohnen und das Sich-Wohlfühlen im neuen Wohnumfeld und in der neuen Wohnung ausschlaggebend sein können. Dabei spielen wiederum kleine und große Kriterien eine ausschlaggebende Rolle. Nicht alle persönlichen Vorstellungen lassen sich verwirklichen. Eine gewissenhafte ehrliche Vorbereitung eines Wohnungswechsels vermindert die Kluft zwischen Wunsch und Wirklichkeit.

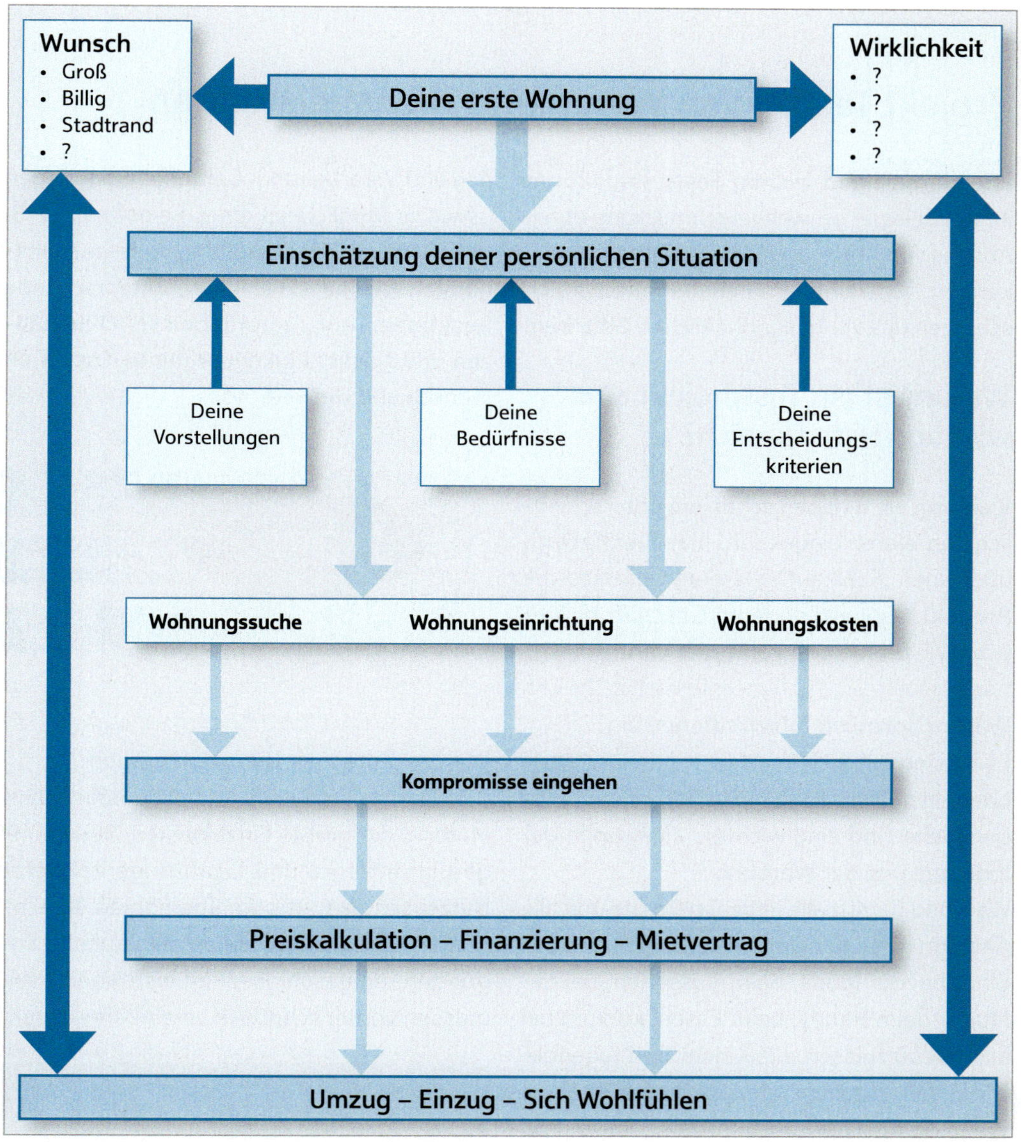

1. Erkläre die Zusammenhänge und Abhängigkeiten der Grafik in Form eines Kurzvortrags. Verdeutliche sie mit Beispielen.
2. Welche Pflichten übernimmst du, wenn du eine eigene Wohnung beziehst? Begründe, was das für deine neue Selbstständigkeit bedeutet.

Materialtest bei einem Autoreifen

Testlabor für Lebensmittel

Projekt Testen von Waren und Dienstleistungen

Wie sinnvoll und wichtig Tests sind, könnt ihr am Beispiel Umweltverschmutzung durch Abgase von Autos, Industrie, Kraftwerken erkennen. Testreihen im Lebensmittelbereich schützen uns vor gesundheitlichen Gefahren.

Der Begriff **Nachhaltigkeit** stammt aus der Forstwirtschaft. Dort steht er für den Grundsatz, nicht mehr Bäume zu fällen, als auch nachwachsen können. So bleibt die Natur im Gleichgewicht.

Warum ist ein Testprojekt eine wichtige Hilfe für dich?

Viele von euch haben schon die unterschiedlichsten Waren eingekauft. Mancher hat sich über einen „Fehlkauf" geärgert, weil dasselbe Produkt in einem anderen Geschäft billiger war. Wie lassen sich Fehlkäufe vermeiden?

Warum holen wir Informationen ein?

Es ist sinnvoll, sich vor dem Kauf einer Ware oder einer Dienstleistung zu informieren. Jugendliche sind eine wichtige Zielgruppe der Industrie und der Werbung.

Werbung betrifft alle Lebensbereiche und alle Altersgruppen der jungen Menschen. Das beginnt bei der Mode, beim Aussehen, bei der Musik, beim Handy, beim Essen, kurzum bei allen Bedürfnissen, die Kinder und Jugendliche in den einzelnen Altersabschnitten haben. Wenn du Anschaffungen machst, solltest du sie auf Notwendigkeit, Sinn und Nutzbarkeit hinterfragen.

Warum testen wir Waren?

Beim Einkauf von Waren kommt es an auf Preis, Qualität, Zustand, Inhaltsstoffe, Aussehen und Verarbeitung, Garantiebedingungen usw. Die Möglichkeit eines Selbsttests, z. B. Handhabung und Bedienung von Haushaltsgeräten verhindert Fehlkäufe. Entsprechende Reaktionen auf Testergebnisse, Ökobilanzen und Nachhaltigkeitsprüfungen schonen Mensch und Umwelt.

Warum testen wir Dienstleistungen?

Bei Dienstleistungen sind Löhne neben dem Material der größte Einzelposten. Bewertungen im Internet und Erfahrungen anderer Nutzer schützen uns vor überhöhten Abrechnungen. Zusatzkonditionen, Zahlungsbedingungen, eingeschlossene Leistungen usw. müssen vorher schriftlich vereinbart werden.

Bausteine für das Projekt Testen von Waren und Dienstleistungen

Wie das Wohnprojekt so muss auch das Testprojekt sorgfältig geplant werden, wenn es gelingen soll. Für das Testobjekt gelten dieselben fünf Bausteine wie beim Wohnprojekt. Deshalb legen wir für unsere Testteams gemeinsame Projektschritte fest, die die Arbeitsplanung erleichtern und gleiche Testabläufe gewährleisten sollen.

Testprojekte starten (Projektstart)

- Leittext zum Testprojekt analysieren
- Testideen sammeln, diskutieren und ordnen
- Entscheiden für Testobjekte von Waren und Dienstleistungen

Testprojekte planen (Projektplanung)

- Testziele formulieren
- Qualitätsmerkmale der Testobjekte auswählen und festlegen
- Expertengespräche bei professionellen Testern führen
- Bewertungsmaßstäbe für Testverfahren diskutieren und festlegen
- Sich einen Überblick über das Marktangebot verschaffen
- Testobjekte aus dem Angebot wählen
- Arbeits- und Organisationspläne erstellen
- Dokumentation für die Projektmappe

Testprojekte durchführen (Projektdurchführung)

- Beschaffen der Testobjekte
- Beschreibung der Testobjekte
- erwartete Eigenschaften formulieren, z. B. durch eine Umfrage bei Nutzern
- Testverfahren für Objekte auswählen, beschreiben und festlegen
- Tests durchführen
- Dokumentation für Projektmappe

Testprojekte dokumentieren und präsentieren (Projektpräsentation)

- Darstellung der Testergebnisse: Ablauf, Bewertung, Empfehlung
- Präsentationsplan erstellen (Referat, Wandzeitung, Testprotokolle usw.)
- Wer präsentiert welche Ergebnisse?
- Veröffentlichung der Testergebnisse
- Dokumentation für die Projektmappe

Testprojekte reflektieren und bewerten (Projektreflexion)

- Rückblick auf Projektarbeit
- Gegenüberstellung von Zielen und Ergebnissen
- Lösungen für Verbesserungen suchen und diskutieren
- Wenn möglich: vergleichen mit Ergebnissen von professionellen Prüfergebnissen aus Fachzeitschriften

Wir testen Waren ...

... oder Dienstleistungen.

Welche Waren und Dienstleistungen testen wir?

Die vier Lehrkräfte (unsere Klassenlehrkraft und die Fachlehrkräfte der berufsorientierenden Zweige) stellen uns das Projekt „Testen von Waren und Dienstleistungen aus dem täglichen Leben" mit einem Leittext vor.

„Mithilfe der Leittextmethode sollt ihr ein Testprojekt durchführen. Nach einer gemeinsamen Ideensammlung sollt ihr euch für eine Projektidee und innerhalb der Gruppe für einen Warentest bzw. Dienstleistungstest entscheiden. Projektziel ist, den Test mit Testmethoden durchzuführen, die euch zur Verfügung stehen".

Wir sammeln Ideen für die Testprojekte

Gemeinsam sammeln wir in einem Brainstorming unsere Projektideen. Wir ordnen sie und diskutieren die Möglichkeit ihrer Durchführung. Manche scheiden aus, weil für den Test die geeigneten Vorrichtungen und fachlichen Voraussetzungen fehlen. Wir wollen Projekte durchführen, die für uns und unsere Klasse interessant, leicht durchführbar und nützlich sein sollen.

Wir entscheiden uns für folgende Tests:

Warentest

Mikrowelle für die Wohnungsausstattung von Thomas

Erfrischungsgetränke für die Klassenfahrt nach London

Test von Dienstleistungen

Busreisen für die Klassenfahrt nach London

Überlegt euch, welche Testobjekte und Dienstleistungen für Schüler besonders interessant sind. Erarbeitet dazu eine Umfrage, die ihr an eurer Schule durchführt (Fragebogen, Interview, Intranet der Schule usw.).

Projektumsetzung: Suche nach dem Ziel ...

... und der passenden Unterkunft

Wie soll das Projekt ablaufen?

Innerhalb des Fachs Wirtschaft und Beruf (WiB) bilden wir drei Gruppen, aufgeteilt nach den berufsorientierenden Zweigen:
- Technik (T) testet Mikrowellengeräte.
- Ernährung und Soziales (ES) testet die Erfrischungsgetränke.
- Wirtschaft und Kommunikation (WiK) testet Reiseangebote für Klassenfahrten.

Für alle Gruppen gilt folgendes Projektziel:

(Auszug aus dem Leittext):

Für die Projektdurchführung gilt:
„Jede Gruppe untersucht und testet ihre Testobjekte. Sie legt für ihren Test die Qualitätsmerkmale (Testkriterien) fest. Die Testergebnisse stellt sie so übersichtlich dar, dass eine begründete Kaufempfehlung möglich ist. Jeder Schüler dokumentiert seine Arbeit und das Projekt in seiner Projektmappe."

Welche Qualitätsmerkmale testen die einzelnen Gruppen?

Aus einer Fülle von Qualitätsmerkmalen wählen die Gruppen, abgestimmt auf ihr Testvorhaben, die Testkriterien aus, die für sie durchführbar sind.

Testkriterien bei den Mikrowellengeräten

- Ausstattung und Programme
- Handhabung und Bedienerfreundlichkeit
- Leistung
- Umweltfreundlichkeit
- Anleitung bzw. Benutzerhandbuch
- Sicherheitshinweise
- Anschaffungspreis

Testkriterien bei den Erfrischungsgetränken
Vergleich von Apfelschorlen

- vitaminreich
- Frucht- und Zuckeranteil (Kalorien)
- Geschmack
- Preis
- Verpackung
- Durstlöscher

Testkriterien bei den Reiseangeboten
Vergleich Angebote für Klassenfahrten

- Reisebus (Luxusbus, WC, Video usw.)
- Preis pro Person
- Art der Unterkunft
- Verpflegung
- Zusatzleistungen (Stadtrundfahrten, Stadtführer, Eintrittskarten, Fahrkarten für öffentliche Verkehrsmittel usw.)

1. Erstellt eine Liste von Qualitätsmerkmalen für euer Testprojekt.

2. Macht dazu eine Umfrage bei Schülern anderer Klassen, auf welche Qualitätsmerkmale sie Wert legen.

3. Begründe, warum die Umweltverträglichkeit ein wichtiges Testkriterium ist.

Verbraucherzentrale

Informationen aus Fachzeitschriften

Wo informieren wir uns über Produkte?

Nicht alle Waren oder Dienstleistungen kannst du selbst testen. Du musst dich informieren, was auf dem Markt angeboten wird. Eine gute Möglichkeit für Informationen bieten das Internet mit Bewertungsportalen, Fach- und Testzeitschriften, Beratungsangebote von Firmen, Fach- und Verbrauchermessen oder Institutionen, z. B. Verbraucherzentralen, Stiftung Warentest, Ernährungsberater, Fernsehsendungen, Umweltschutzorganisationen usw.

Auf dem Markt

Markterkundungen habt ihr bereits unter bestimmten Schwerpunkten durchgeführt. Der Schwerpunkt dieser Markterkundung ist das Sichten der angebotenen Waren, die für euren Test in Frage kommen. Bei der Vielzahl der Angebote müsst ihr gemäß der Testkriterien eine Vorauswahl treffen. Erst dann könnt ihr die Testobjekte auswählen.

In der Verbraucherzentrale

In allen Bundesländern und vielen Städten gibt es Verbraucherzentralen. Sie sind unabhängige, überwiegend öffentlich finanzierte, gemeinnützige Institutionen. Ziel ihrer Arbeit ist es, die Verbraucher zu informieren und zu beraten. Sie informieren über Mogelpackungen, überteuerte Dienstleistungen, Kaufverträge, Mietverträge, falsche Produktangaben, Versicherungen usw. In ihrer Infothek im Internet, in Broschüren und Zeitungsanzeigen informieren sie meist kostenlos. Im persönlichen Gespräch beraten sie die Bürger und geben wertvolle Tipps.

Die Verbraucherzentrale ist für eine Testgruppe eine gute und informative Anlaufstelle vor dem eigentlichen Testbeginn. Die Schüler bekommen wertvolle Hinweise zum Marktangebot, zum Verbraucher- und Gesundheitsschutz bei den Erfrischungsschorlen, bei den Mikrowellen und zu den Reiseangeboten.

1. Vergleicht Tests aus Testzeitschriften. Kommen sie zum gleichen Ergebnis?
2. Ladet eine Fachkraft aus der Verbraucherzentrale zum Expertengespräch ein. Erstellt dazu eine Wandzeitung zum Verbraucherschutz durch Verbraucherzentralen.

Stiftung Warentest

Jugend testet - du kannst dabei sein!

Bei der Stiftung Warentest

Die Stiftung Warentest ist eine Einrichtung, die die unterschiedlichsten Produkte und Dienstleistungen des täglichen Lebens testet. Dies geschieht entweder bei ihr selber oder in anerkannten unabhängigen Testinstituten oder Testlabors. Die Ergebnisse veröffentlicht sie in den Zeitschriften ihrer Stiftung. Zusätzlich gibt sie Sonderhefte heraus, die spezielle Bereiche ausführlich und für den Verbraucher übersichtlich behandeln. Bequem sind die Ergebnisse auf der Homepage der Stiftung abrufbar, und die vollständigen Testergebnisse können auch kostenpflichtig eingesehen werden.
Diese Möglichkeit hat auch die Testgruppe Mikrowellengeräte genutzt, Testverfahren und Testergebnisse analysiert.

Im Selbsttest

Eine Möglichkeit vor dem Kauf ist der Selbsttest. Hersteller werben mit Warenproben in Zeitschriften, in Supermärkten, auf der Straße oder auf Messen. Besonders bei Verbrauchermessen hat man die Gelegenheit, einander ähnliche Waren selbst zu testen und sie vor Ort zu vergleichen. Auf der Consumenta in Nürnberg kann man viele Waren, besonders im Lebensmittelbereich, selbst testen und ohne großen Testaufwand miteinander vergleichen.

Der Selbsttest: auf der Consumenta

INFO

Um einen Fehlkauf zu vermeiden, sollte man sich vor einem Kauf umfassend informieren.

3. Informiert euch über die Aufgaben und Angebote der Stiftung Warentest.

4. Warum ist es für den Verbraucher wichtig, dass es „unabhängige Waren- bzw. Dienstleistungstester“ gibt? Erklärt den Begriff „unabhängig“ anhand von Beispielen.

M **5.** Beim Schülerwettbewerb der Stiftung Warentest „Jugend testet“ könnt ihr in einer Gruppe oder mit der ganzen Klasse teilnehmen. Informiert euch auf der Homepage und diskutiert eine Teilnahme im Rahmen eurer Testprojekte.

Starthilfe:

Bei der Stiftung Warentest könnt ihr einen Klassensatz einer Ausgabe der Zeitschrift test kostenlos anfordern. Damit könnt ihr genau nachlesen, wie professionelle Tests durchgeführt werden.

Reisebüro besuchen

Prospekte für das Ziel der Klassenfahrt aussuchen

Wir testen Reisebüros für die Klassenfahrt

Unsere Abschlussfahrt wollen wir nach London machen. Die Reise soll eine Busreise werden. Reisetermin und Reiseplanung sind festgelegt. Unsere Vorstellungen, wie die Reise ablaufen soll, haben wir in der Klasse diskutiert und festgelegt. Was sollte im Reisepreis enthalten sein? Was darf die Reise pro Schüler höchstens kosten? Anhand einer Mindmap stellen wir unsere Bedingungen zusammen.

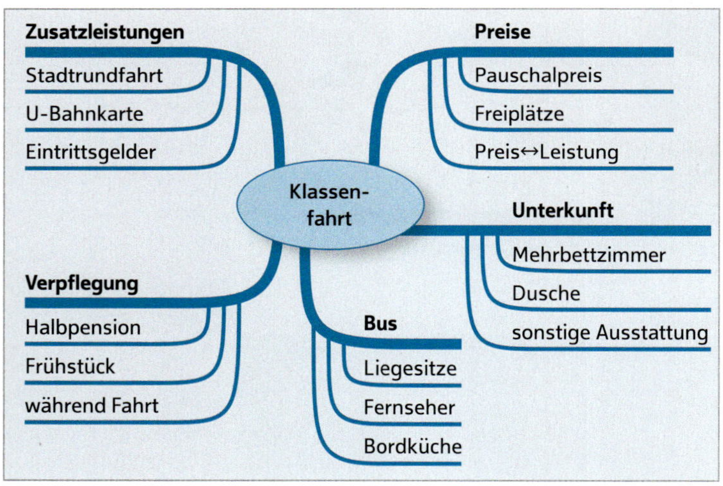

Testkriterien für den Reisepreis

Diese Bedingungen sind die Testkriterien für die Angebote, die wir von örtlichen und überörtlichen Busunternehmen sowie Reisebüros einholen wollen. Wir teilen uns auf, jedes Gruppenmitglied übernimmt ein Reisebüro oder sichtet die Angebote im Internet.

Reisebus

Luxusbus ausgestattet mit WC, Klimaanlage, Schlafsitzen, Fernsehschirmen für Videos

Unterbringung

Hotel im Zentrum, Drei- bis Vierbettzimmer, vier Übernachtungen mit Verpflegung (Frühstück/Abendessen)

1. Buchung bei einem örtlichen Reiseunternehmen oder im Internet? Diskutiert Vor- und Nachteile, stellt sie übersichtlich dar.

Wachsfigurenkabinett

Tower Bridge

Changing of the guard am Buckingham Palace

Zusatzleistungen: Stadtrundfahrt

Eine Stadtrundfahrt mit Stadtführer zu den wichtigsten Sehenswürdigkeiten

Tickets für öffentliche Verkehrsmittel, Besichtigungen, Eintrittsgelder

Freiplätze

Mit Freiplätzen können wir die Kosten mindern bzw. manche Schüler finanziell unterstützen.

Unser Testergebnis

Wir vergleichen die Angebote, diskutieren sie und stellen sie in einer Tabelle übersichtlich zusammen. Die Klasse entscheidet sich gemeinsam für ein Reiseunternehmen.

Testergebnisse

Reiseveranstalter	A	B	C	D	E
Bus	Luxusbus, WC, Schlafsitze, Klimaanlage	Luxusbus, WC, Schlafsitze, Klimaanlage, Fernseher	Luxusbus, WC, Schlafsitze, Klimaanlage	Luxusbus, WC, Schlafsitze, Klimaanlage, Fernseher	Luxusbus, WC, Schlafsitze, Klimaanlage
Unterbringung	Jugendhotel, 4-Bett-Zimmer, Zentrum, U-Bahnnähe	****Hotel, 2-Bett-Zimmer, Zentrum	**Hotel, 2–3-Bett-Zimmer, Zentrum, U-Bahnnähe	**Hotel, 2–4-Bett-Zimmer, Zentrum, U-Bahnnähe	***Hotel, 2–3-Bett-Zimmer, U-Bahnnähe
Verpflegung	Halbpension	Halbpension	Halbpension	Halbpension, Busverpflegung bei Hin- und Rückfahrt	Halbpension
Zusätzliche Leistungen	Stadtrundfahrt, Tower, Tower Bridge	Stadtrundfahrt, Tower, U-Bahnticket	Stadtrundfahrt, Tower, U-Bahnticket	Stadtrundfahrt, U-Bahnticket, Tower, Tower Bridge	Stadtrundfahrt, Tower, U-Bahnticket
Freiplätze	1	1	1	1	1
Preis/Person	285 €	385 €	340 €	335 €	360 €

2. Eine Klasse entscheidet sich für das Reiseunternehmen D. Begründet warum.

Es sollen Apfelschorlen getestet werden.

Nun muss eine Auswahl getroffen werden.

Wir testen Apfelschorlen

Wir wollen zur Klassenfahrt Erfrischungsgetränke mitnehmen. Aus der Auswahl von Säften und Getränken entscheidet sich die Klasse für Apfelschorlen.

Welche Kriterien testen wir?

- Preis
- Geschmack
- Inhaltsstoffe
- Verpackung
- Aussehen

Welche Testmethoden wenden wir an?

Im Selbsttest
- Preis
- Geschmack
- Aussehen
- Verpackung

Qualitätstest

INHALTSSTOFFE
- Zuckergehalt laut Packungsangabe
- Vitamin C mit Teststreifen
- Fruchtanteil laut Packungsangabe

Kauf der Testwaren

Wir kaufen in unterschiedlichen Supermärkten verschiedene Apfelschorlen ein. Apfelschorlen in Dosen lehnen wir aus Umweltschutzgründen ab. Unsere Schorlen sind entweder Glasflaschen oder rückgabepflichtige Mehrwegplastikflaschen.

Verschiedene Meinungen auch bei uns

1. Diskutiert die Aussagen der Schülerinnen und Schüler. Nehmt dazu Stellung. Begründet eure Meinung mit Argumenten.

Kennzeichnung und Befüllen der neutralen Testflaschen

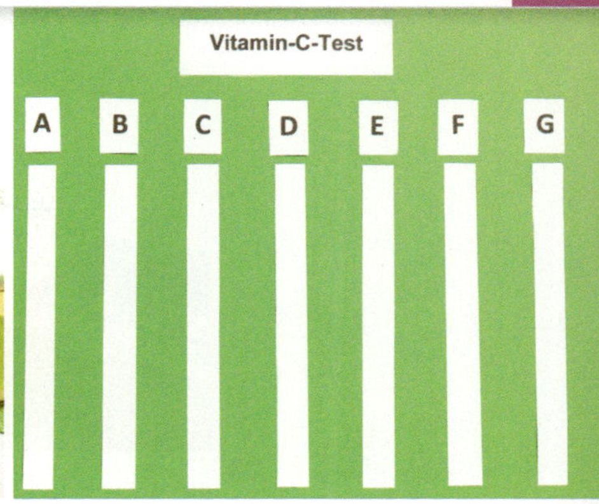

Vitamin-C-Test

Unser Testverlauf

Mit speziellen Teststreifen aus der Apotheke prüfen wir den Vitamin-C-Gehalt. Um den Geschmack objektiv zu testen, werden die Hersteller und entsprechend auch die Gläser mit Buchstaben versehen.

Bei Geschmack, Aussehen und Verpackung gibt es die höchste Bewertung, wenn alle Kriterien erfüllt sind. Höchster Vitamin-C-Gehalt, höchste Punktzahl, niedrigster Zuckergehalt und hoher Fruchtanteil höchste Punktzahl, niedriger Preis bedeutet hohe Punktzahl.

So werten wir:

0 Punkte = mangelhaft
1 Punkt = mäßig
2 Punkte = gut
3 Punkte = sehr gut

Testergebnisse „Apfelschorle"

Produkt	Aussehen	Geschmack	Verpackung	Preis je 0,5 Liter	Vitamin-C-Gehalt	Fruchtanteil	Zuckergehalt	Gesamtpunkte	Gesamturteil
A	3	1	3	2	3	2	1	15	gut
B	3	3	3	3	3	2	1	18	gut
C	2	2	3	2	3	2	1	15	gut
D	1	0	1	2	3	2	1	10	befriedigend
E	1	1	1	1	2	1	2	9	mangelhaft
F	1	0	2	3	2	3	3	14	befriedigend
G	3	2	0	0	1	1	0	7	mangelhaft

Die Punkte jedes Produkts werden addiert und erhalten anhand unserer „Punkteverteilung" eine Beurteilung („Noten"):
24 – 21 Punkte = sehr gut
20 – 17 Punkte = gut
16 – 10 Punkte = befriedigend
9 – 0 Punkte = mangelhaft

Geschmack
sehr fruchtig
nicht zu süß
nicht zu sauer
spritzig
erfrischend

Material recyclebar
Mehrwegflasche
ansprechendes Outfit
leichte Handhabung
wieder verschließbar

für hohen Vitamin-C-Gehalt laut Zutatenliste sowie unseres Testnachweises anhand der Teststäbchen

für 100 % Fruchtgehalt laut Zutatenliste

Den Testbericht mit Ergebnisse stellen wir in der Klasse vor und veröffentlichen ihn in der Schule. Unsere Kaufempfehlung: Apfelschorle B

2. Begründe, für welche Apfelschorle du dich entscheiden würdest.

M **3.** Stellt die Ergebnisse grafisch dar, zum Beispiel als Balken- oder Kreisdiagramm.

Thomas hat nicht viel Platz in seiner Küche.

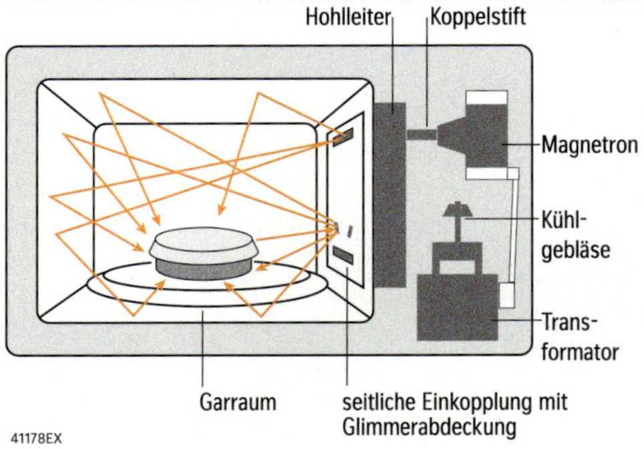

So funktioniert eine Mikrowelle.

Wir testen Mikrowellengeräte

Eine **Mikrowelle** ist ein Haushaltsgerät, das mithilfe von elektromagnetischen Wellen (= Mikrowellen) Speisen und Flüssigkeiten erwärmt.
Elektrische Energie wird dabei in Wärmeenergie umgewandelt.
Mikrowellen durchdringen Glas-, Keramik-, Papier- und Plastikgefäße und erwärmen damit auch Speisen in geschlossenen Behältern.

Thomas benötigt für seinen Singlehaushalt in der neuen Wohnung noch eine Mikrowelle. Mikrowellen gehören in vielen Haushalten zur Grundausstattung. Sie dienen zum Auftauen, Erwärmen, Garen und Grillen von Speisen.

Welche Vorteile haben Mikrowellengeräte?
- Eingefrorene Speisen, Brot und Gebäck können in kurzer Zeit aufgetaut werden.
- Die Speisen können direkt auf dem Teller, Flüssigkeiten im Glas erhitzt werden.
- Sie sind energiesparender als ein Backofen oder Herd, weil die Hitze schnell verfügbar ist.
- Die Reinigung von Töpfen und Pfannen entfällt.
- Einfache Handhabung durch Vorwahl von Zeit und Leistungsstufe.
- Geringer Platzbedarf. Sie können beim Wohnungswechsel mitgenommen werden.
- Günstige Anschaffungspreise je nach Ausstattung und Leistung.

Welche Kriterien testen wir?

Warum möchte sich Thomas eine Mikrowelle anschaffen?
Der Einsatz einer Mikrowelle bringt Thomas in seinem Alltag viele Vorteile.
- Er senkt seine Verpflegungskosten, weil er im Elternhaus fertig zubereitete tiefgefrorene Speisen mitnimmt, die er während der Woche verzehrt.
- Das schnelle Erhitzen und Zubereiten der Speisen bringt ihm eine wertvolle Zeitersparnis, die er für seine Ausbildung und seine Hobbys nutzen kann.
- Es entfällt für ihn das lästige Abspülen von Kochtöpfen und Pfannen.
- Die Energiekostenersparnis senkt seine monatlichen Ausgaben.

Bevor wir Thomas eine Kaufempfehlung geben können, legen wir Kriterien fest, die wir mit den an der Schule möglichen Mitteln testen können oder lassen uns vom Fachmann beraten.

Ausstattung	Handhabung	Leistung	Umweltfreundlichkeit	Anschaffungspreis
Volumen des Garraumes, Art und Anzahl der Programme, Drehteller fest oder herausnehmbar, zusätzlicher Rost für Schalen, Grillfunktion, Heißluft, Beispiele für Speisenzubereitung	Einfache Einstellung der Programme, Wattzahl und Zeit, ausführliches Benutzerhandbuch mit Sicherheitshinweisen, Pflegeanleitung	Gesamtleistung, Anzahl der Leistungsstufen, Wattzahl stufenlos vorwählbar oder feste Wattstufen	Verbaute Materialien mit Hinweisen auf Wiederverwertbarkeit und Entsorgung, Verpackungsmaterial, Reinigungs- und Pflegemittel, Energieverbrauch und Energielabel	Vergleichbarer mittlerer Preis aus verschiedenen Geschäften, Garantiebedingungen, Kundendienst, Hotline bei Fragen
0–6 Punkte	0–6 Punkte	0–5 Punkte	0–5 Punkte	0–3 Punkte

Auswahl von Mikrowellen

Schüler testen die Funktion von Mikrowellengeräten.

Wie läuft unser Test ab?

Wir erkunden den Markt

In Elektrofachgeschäften, in Supermärkten und im Internet ist die Auswahl an Mikrowellen riesig. Wir informieren uns über die aktuellen Preise und vergleichen die Angebote.

Testgeräte vom örtlichen Fachhändler

Der örtliche Elektrofachhändler stellt uns drei Testgeräte (A, B und C) zur Verfügung und erklärt uns Bauteile und Wirkungsweise einer Mikrowelle. Er gibt uns Hinweise zum sicheren Umgang und beantwortet unsere Fragen zu den Geräten.

Wie testen wir die Geräte?

1. Wir vergleichen Ausstattung und elektrische Leistung der Geräte.

2. Bei der Handhabung stellen wir fest, dass die Einstellung mittels Drehschaltern schneller geht als über ein Tastdisplay.

3. Die Vorwahl der Leistungsstufen ist bei den Geräten unterschiedlich. Bei den Drehschalschaltern und den Tasten kann man 200, 400, 600 und 900 Watt einstellen, beim Displaygerät ist eine stufenlose Einstellung in Hunderterschritten von 100 bis 900 Watt möglich.

4. In Zusammenarbeit mit der Gruppe Ernährung und Soziales überprüfen wir das Erwärmen der Speisen mit gleicher Wattzahl und bei gleicher Zeitvorwahl. Dabei stellen wir keine Unterschiede fest.

5. Umweltfreundliche Verpackung aus Pappmaché wird nur bei einem Gerät verwendet. Hinweise zur Entsorgung und Reinigung sind bei allen Geräten vorhanden.

Dokumentation unserer Testergebnisse

Testkriterien	A	B	C
Ausstattung	6	4	3
Handhabung	5	4	5
Leistung	4	3	4
Umweltfreundlichkeit	3	4	5
Anschaffungspreis	0	1	3
Gesamtpunkte	18	16	20

Unsere Kaufempfehlung für Thomas

Wir empfehlen Thomas die Mikrowelle C,
- weil sie bedienerfreundlich ist,
- weil sie die für ihn ausreichende Ausstattung hat,
- weil sie vom Preis–Leistungsverhältnis am meisten bietet.

1. Erkläre die Bedeutung Preis-Leistungsverhältnis.

2. Interpretiere die Testergebnisse.

M

Reflexion des Projekts Test

In diesem Projekt hast du erfahren, dass es sinnvoll ist, vor einem Kauf die Angebote auf dem Markt zu vergleichen, damit eine Ware bzw. Dienstleistung und deren Qualität und Preis beurteilt werden können. Zusätzliche Hilfe bieten verschiedene Verbraucherschutzorganisationen, professionelle Prüfinstitute und eine Vielzahl von Testberichten im Internet oder Fachzeitschriften, wenn das eigene Sachwissen oder eigene Vergleiche nicht ausreichen. Im Projekt habt ihr anhand verschiedener Testverfahren Testergebnisse erzielt und sie ausgewertet. Sie waren für euch eine wichtige Entscheidungshilfe beim Kauf einer Ware oder einer Dienstleistung.

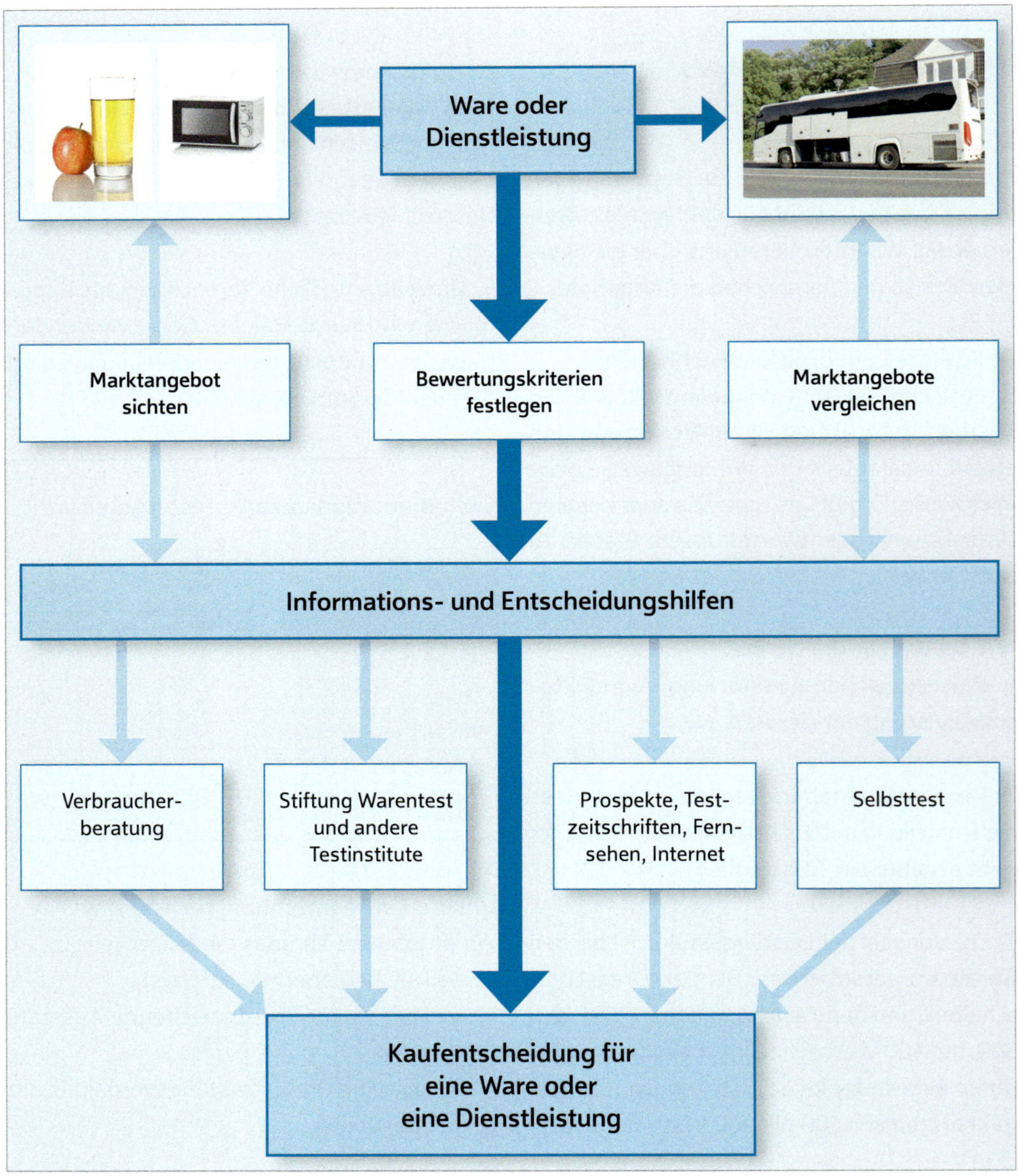

Erkläre die Zusammenhänge und Abhängigkeiten der Grafik in Form eines Kurzvortrags. Verdeutliche sie mit Beispielen.

Projekte in Zusammenarbeit mit den Fächern Technik sowie Ernährung und Soziales

In den berufsspezifischen Fächern „Technik“ sowie „Ernährung und Soziales“ geht es um die sachgerechte Anwendung von verschiedenen Fertigungsverfahren und die Überprüfung der Qualität eurer Produkte, die ihr im Unterricht herstellt. Solche Fertigungsverfahren habt ihr in eurem bisherigen Projekt (Wohnen oder Test oder selbstgewähltes Projekt) kennengelernt und teilweise angewendet.

Ihr habt euch angestrengt, damit euer Produkt bzw. eure Dienstleistung von guter Qualität war. Dies ist auch die Aufgabe eines jeden Betriebs (Handwerk/Industrie/Dienstleistung), wenn er erfolgreich bestehen will. Wie erreichen die Unternehmen dieses Ziel? Warum gab es für euch im Projekt Grenzen, dies technisch genauso gut umzusetzen wie die Betriebe?

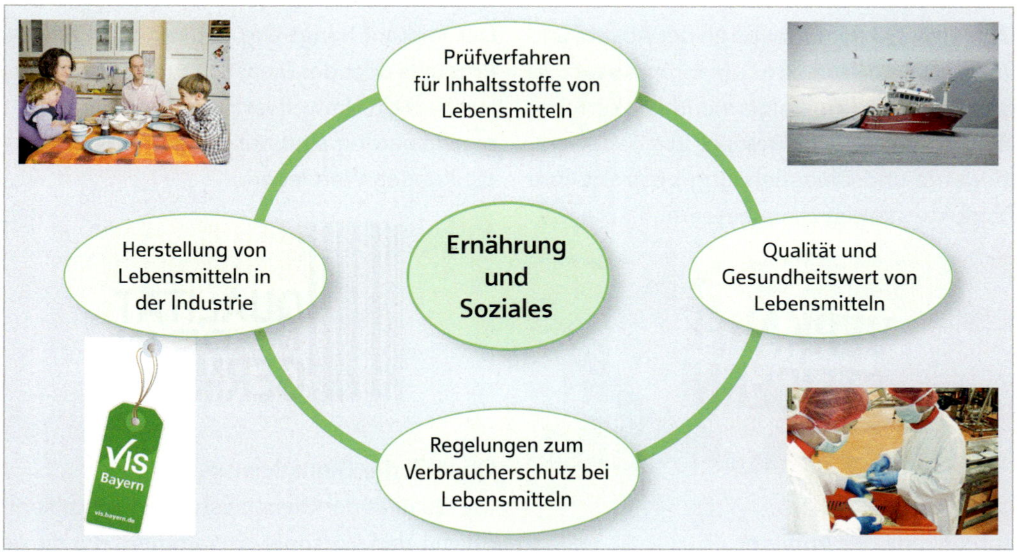

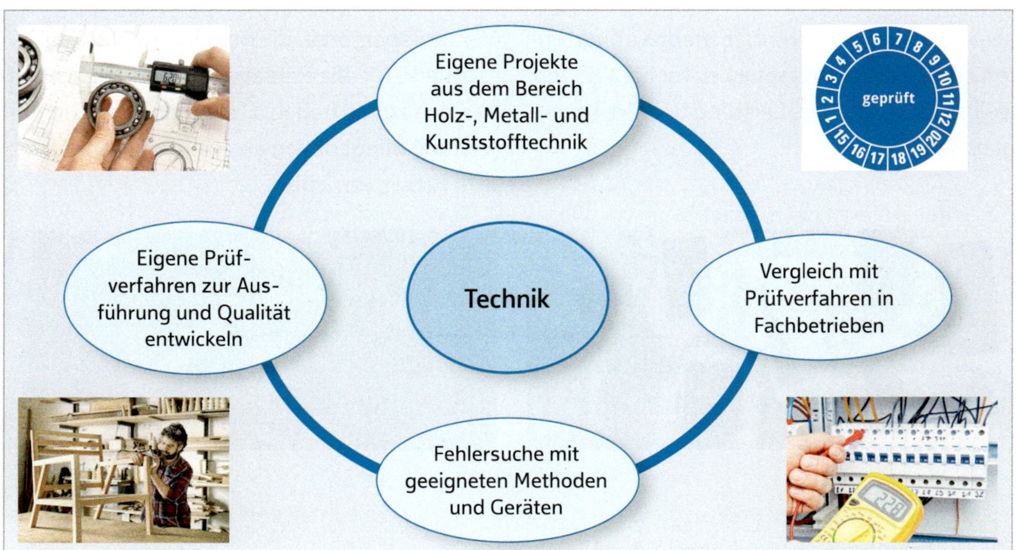

Warum achten Unternehmen auf die Qualität?

Unter **Qualität** eines Produkts bzw. einer Dienstleistung versteht man alle gewünschten Eigenschaften, die erfüllt werden sollen.

Absatz und Verkauf

Oberstes Ziel der Betriebe ist der Absatz und Verkauf ihrer Produkte. Um ihren Absatz zu gewährleisten, zu steigern und konkurrenzfähig zu bleiben, sind Betriebe aus Handwerk, Industrie und Dienstleistung bestrebt, ihre Produkte ständig zu verbessern.

Konkurrenz der Anbieter

Jeder Anbieter möchte besser und günstiger sein als sein Konkurrent. Je mehr Konkurrenten es gibt, desto besser ist es für die Kunden, weil sie die Produkte, Leistung und Preise vergleichen können.

Qualität der Produkte

Der Verkauf hängt eng mit der Qualität des Produkts oder der Dienstleistung zusammen. Haltbarkeit, Umweltverträglichkeit und Energieeinsparung sind nur einige Kriterien, auf die Kunden Wert legen.

Qualität der Dienstleistungen

Die Qualität der Dienstleistungen hängt sehr oft mit den Personen zusammen, die diese Dienstleistungen verrichten. Das gilt für das Verkaufspersonal, die Bedienung, die Pflegekraft und für alle Personen, die persönlich mit Kunden zu tun haben. Der Erfolg einer Dienstleistung hängt davon ab, wie gewissenhaft sie ihre Arbeit verrichten.

1. Interpretiere die Karikatur in der Bildleiste.

Siegel TÜV SÜD und geprüfte Sicherheit

Ein Hinweis auf geprüfte Sicherheit

Gesetzliche Vorschriften

Bevor ein Produkt verkauft wird, müssen gesetzliche Vorschriften eingehalten werden. Bestes Beispiel dafür ist die Zulassung für ein Kraftfahrzeug, das eine allgemeine Betriebserlaubnis benötigt. Diese Erlaubnis bekommt die Herstellerfirma nach Prüfung der Einhaltung der gesetzlich vorgeschriebenen Richtlinien.

Unter **„allgemeine Betriebserlaubnis“** (ABE) versteht man eine nach einer amtlichen Prüfung (bei Fahrzeugen das Kraftfahrtbundesamt) ausgestellten Erlaubnis zum Betrieb des Fahrzeugs.

Sicherheit von Produkten

Für ein Produkt, das auf den Markt kommt, gelten z. B. bei elektrischen Geräten besondere Sicherheitsbestimmungen. Diese Geräte müssen eine Prüfplakette aufweisen, die diese Sicherheit gewährleisten. Die Sicherheit wird durch betriebsinterne oder auch durch unabhängige Prüfunternehmen nachgewiesen, z. B. TÜV SÜD oder andere berechtigte Zertifizierungsstellen.

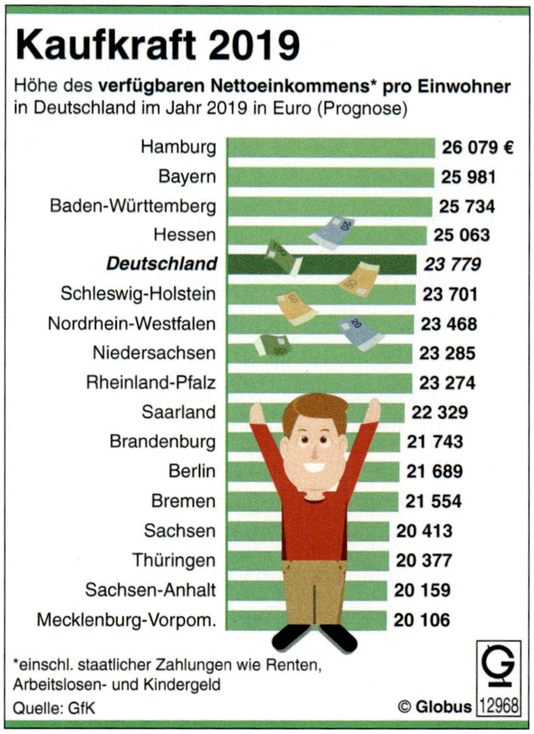

Allgemeine Wirtschaftslage und Kaufkraft der Kunden

Je besser die allgemeine Wirtschaftslage und je geringer die Arbeitslosigkeit in einem Land sind, desto mehr Geld steht den Kunden zur Verfügung. Dadurch steigt die Kaufkraft, mit ihr die Anzahl der Kaufinteressenten und damit auch der Absatz der Produkte.

Betriebe sind darauf angewiesen, dass die Kunden ihre Produkte kaufen bzw. ihre Dienstleistungen in Anspruch nehmen. Deshalb führen sie eigene Qualitätstests durch, die sich an den geltenden Bestimmungen und den Kundenwünschen orientieren.

2. Nenne weitere Gründe für Tests von Produkten und Dienstleistungen. Erkläre sie anhand eines Beispiels z. B. Pflegeberufe u. ä.

3. Interpretiere die Grafik zur Kaufkraft in den Bundesländern.

M

Mechanischer Belastungstest

DIN-Normen gibt es für viele Bereiche.

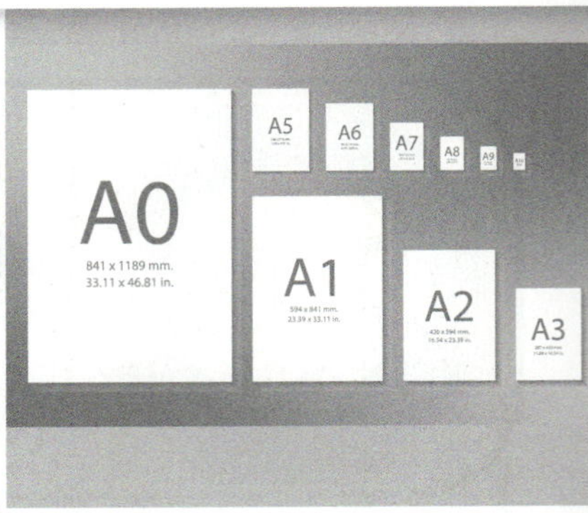

DIN-A4-Blatt

Wie gewährleisten Betriebe die Qualität ihrer Produkte?

Betriebe sind darauf angewiesen, dass ihre Produkte fehlerfrei und funktionsfähig an die Kunden geliefert werden. Deswegen ist die Qualitätssicherung ein wichtiger Bestandteil vor, während und nach der Produktion.

Mit welchen Maßnahmen sichern Betriebe die Qualität?

Erfüllen gesetzlicher Vorgaben

Welche Anforderungen muss das Produkt bzw. die Dienstleistung erfüllen? Dafür gibt es Vorschriften, die staatliche Zulassungs- und Überwachungsbehörden erlassen und überprüfen. Zusätzlich sind von der „Europäischen Union“ erlassene Gesetze zu beachten.

Das „Produktsicherheitsgesetz“ von 1977 soll den Verbraucher vor unsicheren Produkten schützen. Die Hersteller können danach verpflichtet werden, einen Rückruf durchzuführen und das Produkt vom Markt zu nehmen.

Einhalten allgemeiner Normen

Dazu zählen die sogenannten DIN- und ISO-Normen. Sie legen internationale Standards für ein Produkt fest, z. B. ein DIN-A4-Blatt hat die international anerkannten Maße von genau 210 x 297 mm. **DIN-Normen** werden vom DIN „Deutsches Institut für Normung“ (Sitz in Berlin) erarbeitet und sorgen für Vereinheitlichung z. B. von Maßen besonders im Bereich der Technik.

ISO:
International Organization for Standardization
auf Deutsch:
Internationale Organisation für Normung

ISO-Normen beschreiben international anerkannte Standards für viele Bereiche der Herstellung, des Umweltschutzes, der Dienstleistungen, der Produkte aller Art usw. Sie werden von der ISO, das ist die internationale Vereinigung der Normungsorganisation der einzelnen Länder, erarbeitet.

Anwendung neuer Testmethoden

Die produzierenden Betriebe versuchen, mit neuesten Testmethoden die Qualität ihrer Produkte sicherzustellen. Zum Beispiel werden mittels Computer- und Lasertechnik Produkte gescannt und genauestens vermessen. Bei Materialprüfungen wird besonderes Augenmerk auf die Halt- und Belastbarkeit, auf Schadstoffbelastung und Recyclingfähigkeit usw. gelegt. Im Lebensmittelbereich helfen verfeinerte Labortests gesundheitsgefährdende Schadstoffe zu erkennen.

Recherchiere im Internet DIN- und ISO-Normen zu bestimmten Bereichen z. B. ISO 9001 oder ISO 14001.

M

Qualitätsprüfung durch digitale Assistenzsysteme

ISO-Umweltmanagementzertifikat

Qualitätsmanagement im Betrieb

Viele Unternehmen entwickeln, je nach Branche, ihr eigenes Qualitätsmanagement. Dies hat zum Ziel, die Qualität der hergestellten Produkte oder Dienstleistungen zu gewährleisten, den Absatz zu steigern bzw. Dienstleistungen preiswert und qualitätsorientiert anzubieten.

Das Qualitätsmanagement umfasst:

Einhaltung der Qualitätsstandards

Produkte müssen allgemeingültige Qualitätsstandards bzw. Normen erfüllen, für die der Betrieb garantieren muss (Farben, Lebensmittel, Kunststoffe usw.).

Festlegung der Qualitätsmerkmale

Jeder Betrieb legt für sein Produkt spezifische Qualitätsmerkmale fest, mit denen er für sein Produkt auf dem Markt wirbt.

Zertifizierung der Qualität

Für den Absatz der Produkte werben viele Betriebe mit der Zertifizierung der Produkte. Auch die umweltbewussten Betriebe können sich z. B. zertifizieren lassen durch die ISO 14001 für ein gutes Umweltmanagement im Betrieb.

Qualitätskontrollen

Qualitätskontrollen werden während des Fertigungsprozesses stetig durchgeführt, damit Fehler rechtzeitig erkannt werden. Somit wird vermieden, dass an einem fehlerhaften Teil weitergearbeitet wird. Dies beginnt beim angelieferten Material, bei der Weiterverarbeitung bis zur Endkontrolle. Diese Kontrollen umfassen Funktions- und Materialprüfungen. Auch Stichproben werden genommen, um die Qualität zu gewährleisten. Endkontrollen sind z. B. bei der Lebensmittelverarbeitung wichtig. Speziell geschulte Mitarbeiter sortieren durch Augenschein unansehnliche oder fehlerhafte Ware aus.

Qualitätsmanagement umfasst alle Maßnahmen, die notwendig sind, um die Qualität eines Produkts oder einer Dienstleistung zu gewährleisten.

Qualifizierung der Mitarbeiter

In großen Betrieben sind Qualitätsprüfer in den Produktionsablauf eingebunden und haben eine besondere Ausbildung für umfangreiche Aufgaben wie:

- Sie führen Materialtests durch,
- prüfen nach Prüfvorgaben, erfassen Daten und werten sie aus,
- erstellen Prüfberichte,
- unterstützen die Mitarbeiter in der Fertigung bei der Qualitätssicherung,
- überprüfen z. B. die Funktionsfähigkeit und Sicherheit der Produkte,
- achten auf die Einhaltung der Normen und
- formulieren Vorschläge zur Qualitätsverbesserung usw.

M

Qualitätssicherung durch professionelle Testverfahren im Betrieb (Erkundung im Betrieb, Leittext)

Szenario:
Technische Verfahren und technische Ausstattung werden bei Testverfahren zur Qualitätssicherung der Produkte in den Betrieben eingesetzt. Erkundet in Betrieben, welche Testverfahren und Maßnahmen zur Qualitätssicherung bei der Produktion eingesetzt werden.

Aufgaben:
- Stellt fest, welche technischen Verfahren beim Test zum Einsatz kommen.
- Erklärt, welche standardisierten Testverfahren angewendet werden.
- Begründet, warum bestimmte standardisierte Testverfahren vorgeschrieben sind.
- Zeigt auf, welchen Anteil und welche Bedeutung die Digitalisierung im Bereich der automatisierten Testverfahren hat.
- Stellt übersichtlich (Mindmap) dar, welche Testkriterien (z.B. Passgenauigkeit, Maßgenauigkeit, Stabilität, Oberflächenbeschaffenheit) das Produkt erfüllen muss.
- Beobachtet, mit welchen technischen Vorrichtungen die Funktions- und Gebrauchsfähigkeit getestet wird.
- Formuliert, welche Sicherheitsanforderungen (Unfallvermeidung, Bedienungsfehler, Sachmängel, Brandschutz usw.) das Produkt erfüllen muss.
- Zeigt in einem Ablaufschema auf, welche Testverfahren das Produkt vom Beginn der Produktion bis zur Endkontrolle durchläuft.

Das müsst ihr tun:
- Bildet Arbeitsgruppen
- Bearbeitet folgende Arbeitsaufgaben:

1. Legt die Betriebe fest.
2. Erarbeitet die Erkundungsfragen.
3. Führt die Erkundung durch.
4. Präsentiert die Erkundungsergebnisse.
5. Beurteilt den Verlauf der Erkundung.

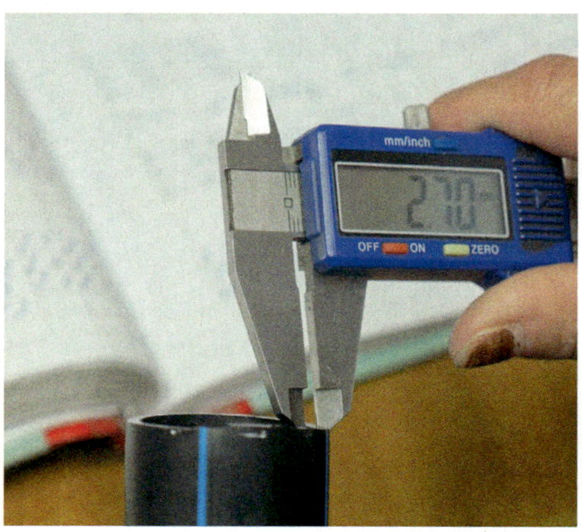

Maßanfertigung von Kücheneinrichtungen

Qualitätsmanagement bei der Küchenfertigung

Zum Leittext auf Seite 168 könnt ihr folgendes Beispiel zum Thema „Testen von Produkten" diskutieren und als Erkundung planen. Ihr könnt eure Testerfahrungen in der Schule mit Realsituationen in Betrieben ergänzen.

Die Möbelschreinerei von Schreinermeister Holzwurm hat sich auf die Fertigung von Einbauküchen nach den Vorstellungen ihrer Kunden spezialisiert. Mit moderner Technik, Fachkönnen und Qualitätsprodukten ist sie auf dem Markt konkurrenzfähig.

Wie garantiert die Schreinerei Holzwurm ihren hohen Anspruch an die Qualität ihrer maßgefertigten Kücheneinrichtungen?

Qualitätsmanagement umfasst ...

- Planung des Fertigungsablaufs mit Qualitätsprüfungen zur Funktionalität, Zuverlässigkeit, Genauigkeit, Bedienbarkeit, Verarbeitung, Materialauswahl usw.
- Verwenden von ökologischen und umweltverträglichen Rohstoffen

- Erkennen und Beheben von Produktionsfehlern beim Fertigungsablauf
- Eingangsprüfung des verwendeten Materials auf Fehler und Funktion

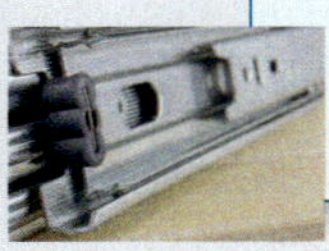

- Verwenden von zertifiziertem Holz aus heimischer Produktion

HOLZ VON HIER

- Beschäftigen von qualifizierten Schreinern
- Gewissenhafte Endprüfung im Betrieb und beim fachgerechten Aufbau der Küche beim Kunden

1. Formuliert Erkundungsfragen zu den Punkten des Qualitätsmanagements.
2. Recherchiert zu Gütezeichen, Ökolabels und Zertifizierung von Holz und Holzprodukten. Welche Bedeutung haben sie für den Verbraucher?

→ Starthilfe zu 2:
siehe auf Seite 84 im Kapitel Wirtschaft.

Reflexion des Projekts Qualitätssicherung

Das Kapitel Technik, die Projekte Testen von Waren und Dienstleistungen und das Wohnprojekt haben aufgezeigt, wie wichtig Produkttests für die Verbraucher sind, weil sie sie vor Fehlkäufen schützen. Deshalb sind für viele Produkte bestimmte Testverfahren vorgeschrieben, um deren Qualität zu untersuchen und zu sichern. Qualitätssicherung im Betrieb gewährleistet dem Verbraucher Produkte ohne Mängel, dem Betrieb einen guten Absatz seiner Produkte.

Beim Vergleich „Testdurchführung im Unterricht" und „professionelle Tests in Betrieben bzw. unabhängigen Testinstituten" wird deutlich, dass schulische Testvorhaben aufgrund fehlender Technik und geeigneter Testmethoden nicht aussagekräftig durchgeführt werden können.

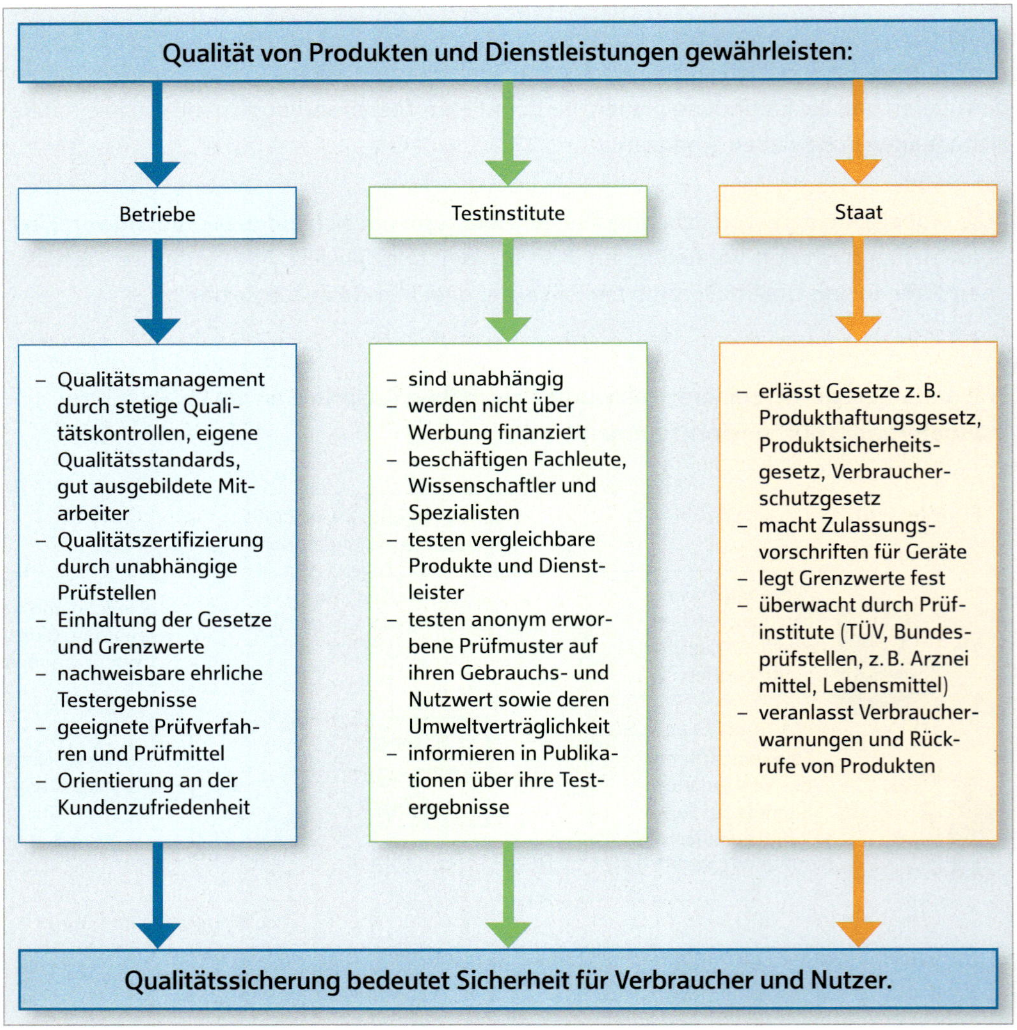

1. Erkläre die Zusammenhänge und Abhängigkeiten der Übersicht in Form eines Kurzvortrags. Verdeutliche diese durch Beispiele.
2. Informiere dich im Internet über die Aufgaben der Bundesprüfstelle für jugendgefährdende Medien (BPjM). Erstelle dazu eine Mindmap.

Lernbilanz

Am Ende dieses Kapitels kannst du …
- *erklären, in welchen Schritten ein Projekt durchgeführt wird,*
- *die Projektmethode bei einer Wohnungssuche anwenden,*
- *begründen, welche Vorteile dir die Projektmethode bei der Wohnungssuche bringt,*
- *die Projektmethode beim Testen von Waren oder Dienstleistungen anwenden,*
- *begründen, welche Vorteile dir die Testmethode bei einer Kaufentscheidung bringt,*
- *erklären, mit welchen Maßnahmen Betriebe die Qualität ihrer Produkte gewährleisten,*
- *erklären, welche Kriterien ein Qualitätsmanagement umfasst,*
- *erklären, warum es für die Zulassung von Produkten gesetzliche Vorschriften und Normen gibt.*

Mit folgenden Aufgaben kannst du überprüfen, ob du diese Kompetenzen erworben hast:

1. Warum ist die Analyse der persönlichen Situation für eine Wohnungssuche sinnvoll?

2. Formuliere eine Anzeige für die Wohnungssuche.

3. Was fällt alles unter Wohnungskosten? Erkläre sie anhand einer Mindmap.

4. Was versteht man unter Pflichten von Mieter und Vermieter? Erkläre mit Beispielen.

5. Ein Test soll über die Qualität einer Ware oder einer Dienstleistung Aufschluss geben. Welche Qualitätsanforderungen stellst du z. B. an eine Ess- oder Trinkware? Erkläre dies an Beispielen.

6. Welche Bedeutung haben die Verbraucherzentrale und die Stiftung Warentest für dich als Verbraucher?

7. Auswertung und Darstellung der Testergebnisse sind ein Teil eines Testprojektes. Erkläre einige Wertungsmöglichkeiten anhand eines Beispiels. Was sollte am Ende eines jeden Tests stehen und warum?

8. Erkläre, was man unter Qualität versteht. Gib eine kurze Definition.

9. Warum erlässt der Staat gesetzliche Vorschriften für Produkte und Dienstleistungen? Nenne Gründe, erkläre dies an einem Beispiel.

10. Was versteht man unter Qualitätsmanagement? Gib eine kurze Definition.

11. Welche Bedeutung haben unabhängige Qualitätstests für den Verbraucher? Nenne Gründe und erkläre sie an einem Beispiel, z. B. beim Kauf eines Handys.

12. Erstelle für die Lernkartei Karteikarten, auf denen du folgende Begriffe an einem Beispiel erklärst:

Qualität | Testverfahren | Qualitätsmanagement | Qualitätssicherung | ISO-Norm

Allgemeine Betriebserlaubnis (ABE) | Qualitätszertifizierung | Stiftung Warentest | DIN-Norm

Glossar

3D-Konstruktion (S. 13): Das Werkstück wird am Computer programmiert, sodass es am Bildschirm in alle Richtungen gedreht werden kann.

allgemeine Betriebserlaubnis (ABE) (S. 165): Darunter versteht man eine nach einer amtlichen Prüfung (bei Fahrzeugen durch das Kraftfahrtbundesamt) ausgestellten Erlaubnis zum Betrieb des Fahrzeugs.

Atypisch (S. 26) heißt so viel wie nicht normal; eine atypische Beschäftigung unterscheidet sich vom Normalarbeitsverhältnis in mindestens einem der folgenden Punkte: unbefristet – befristet, festes Arbeitsverhältnis – Leiharbeitsverhältnis, Vollzeit – Teilzeit.

autonomes Fahren (S. 14): Fortbewegung von Fahrzeugen, mobilen Robotern und fahrerlosen Transportsystemen, die sich weitgehend selbstständig verhalten

Betriebsverfassungsgesetz (BetrVG) (S. 81): In diesem Gesetz ist geregelt, wie die Mitarbeiter im Betrieb mitwirken und mitbestimmen können und dürfen.

Bonität (S. 112) bedeutet so viel wie Kreditwürdigkeit. Man hat ausreichend Geld, um Schulden zu begleichen. Ein hohes Einkommen und Immobilien, wie zum Beispiel ein Haus, haben einen positiven Einfluss auf die Bonität.

Bürgschaft (S. 112): Eine Bürgschaft ist ein Vertrag, durch den sich der Bürge bei einem Gläubiger für einen Dritten einsetzt und zusagt, dessen Schulden im Ernstfall zu übernehmen.

Bundesagentur für Arbeit (S. 60): Die BfA in Nürnberg ist für die Berufsberatung zuständig. In den Agenturen für Arbeit vor Ort gibt es Berufsberaterinnen und Berufsberater. Für die Mittelschulen gibt es jeweils einen festen Ansprechpartner für die Berufsberatung.

Cloud (S. 17): ein elektronischer Speicher „in der Wolke"; In Wirklichkeit wird auf einem Server gearbeitet, auf den jeder Berechtigte Zugriff hat.

dual (S. 34): von duo (lat.) = „zwei"

E-Commerce (S. 15): Handel und Dienstleistungen auf elektronischem Weg, meist über das Internet

EDV (S. 91) ist die Abkürzung für „elektronische Datenverarbeitung".

Effizient (S. 13) bedeutet hier, dass möglichst wenig Abfall bei der Produktion entsteht; Überschuss wird durch Recycling in den Produktionsprozess zurückgeführt.

erkunden (S. 85 und 89): Unter erkunden versteht man, dass du etwas beobachtest und Menschen befragst, um Informationen einzuholen. Dazu bereitest du dich möglichst selbstständig vor.

ETF (S. 107) ist die Abkürzung für „Exchange Trade Fund" auf Deutsch „börsengehandelter Fonds". Ein Fonds ist ein Geldtopf, aus dem Aktien gekauft werden.

Fonds (S. 109): Ein Fonds ist eine Geldreserve oder ein Topf. Mehrere Personen zahlen in den Topf Geld ein. Der Fondsmanager verwaltet den Topf und kauft mit dem Geld etwas. Jeder, der in den Topf Geld eingezahlt hat, erhält Zinsen oder eine Rendite. Mit Fonds kann man verschiedene Sachen kaufen, deshalb gibt es Aktienfonds, Immobilienfonds, Investmentfonds, Edelmetallfonds usw.

Giro (S. 90) (aus dem Italienischen) bedeutet so viel wie Kreis. Ein Girokonto ist ein Konto bei einer Bank oder Sparkasse, bei dem Geld gutgeschrieben oder abgebucht wird. Das Geld bleibt im Kreislauf.

global (S. 16): rund um den Erdball, weltweit

Grob fahrlässig (S. 102) bedeutet, dass man in einer bestimmten Situation sehr leichtsinnig war und nicht an die Folgen gedacht hat. Es grenzt fast schon an die Vermutung, man hätte es absichtlich gemacht.

Grundbuch (S. 110): Dies ist ein amtliches Register/Buch, in das geschrieben wird, wem welches Haus oder Grundstück gehört. Das Grundbuch wird beim zuständigen Amtsgericht geführt.

Impressum (S. 103): Jedes Buch, jede Zeitschrift und jede Internetseite hat ein Impressum. Dort stehen der Name und die Kontaktdaten der Person, die für das Ganze verantwortlich ist.

Innovation (S. 22) (lat. „Erneuerung") bedeutet für Betriebe die Entwicklung neuer Produktionsformen, neuer Werkstoffe, verbesserter Produkte, verbesserter Arbeitsorganisation.
Investitionskosten (S. 14): Neue Maschinen und Anlagen müssen angeschafft werden. Dafür muss das Unternehmen Geld ausgeben; es muss investieren.

ISO (S. 166): (= International Organization for Standardization) auf Deutsch: Internationale Organisation für Normung. Unabhängige nicht-staatliche Organisation mit Sitz in Genf (Schweiz), die Standardnormen für Industrie und Handel entwickelt.

kalkulieren (S. 141): Unter kalkulieren versteht man planen, berechnen, veranschlagen, vorausberechnen und überschlagen der Kosten, die für eine Wohnung anfallen können.

Kaltmiete (S. 141): Darunter versteht man die reine monatliche Miete ohne Nebenkosten.

Konjunktur (S. 122): So wird das Auf und Ab der Wirtschaft bezeichnet.

Kredit (S. 91): Ein Kredit ist ein Geldbetrag, den man sich ausleiht und dafür Zinsen zahlt.

Kriterien (S. 137) sind Kennzeichen, Merkmale, Eigenschaften eines Gegenstands.

Nachhaltigkeit (S. 150): Der Begriff Nachhaltigkeit stammt aus der Forstwirtschaft. Dort steht er für den Grundsatz, nicht mehr Bäume zu fällen, als auch nachwachsen können. So bleibt die Natur im Gleichgewicht.

NFC-Technik (S. 42 und 99): Die Near Field Communication ist ein internationaler Übertragungsstandard zum kontaktlosen Austausch von Daten über kurze Strecken von wenigen Zentimetern.

Leittextmethode (S. 89): Diese Methode kennst du bereits aus den Klassen 5–8. Es geht darum, mithilfe eines Textes etwas durchzuführen. Der Text leitet dich dabei.

Öffentliche Haushalte (S. 91) sind zum Beispiel Gemeinden, Städte oder Landkreise.

ökologisch (S. 84): Dieser Begriff bedeutet, dass es die Umwelt betrifft.

Partikel (S. 23) sind sehr kleine Teile, die eigentlich nur unter dem Mikroskop zu erkennen sind.

PIN (S. 96) = Persönliche Identifikationsnummer

Pochwerke (S. 70): Ein Pochwerk war eine Maschine, die zum Zerkleinern von Erzen diente.

Qualität (S. 164): Unter Qualität eines Produkts bzw. einer Dienstleistung versteht man alle gewünschten Eigenschaften, die erfüllt werden sollen.

Qualitätsmanagement (S. 167): Dieses umfasst alle Maßnahmen, die notwendig sind, um die Qualität eines Produkts oder einer Dienstleistung zu gewährleisten.

Rendite (S. 107): Die Rendite ist der Ertrag einer Geldanlage. Bekommt man hohe Zinsen, ist die Rendite hoch.

SCHUFA (S. 101): Die SCHUFA ist eine Firma, die Daten und Informationen über Personen und Kredite sammelt. Wenn du einen Kredit bei einer Bank verlangst, fragt sie erst bei der Schufa nach, ob du schon viele Kredite hast. SCHUFA ist die Abkürzung für „Schutzgemeinschaft für allgemeine Kreditsicherung".

Schwellenländer (S.19): Entwicklungsländer auf der Schwelle zum Industrieland, z. B. Bangladesch, Philippinen, Pakistan

Simulation (S. 105): Das Verb dazu heißt simulieren. Dies bedeutet so viel wie etwas nachstellen. Man tut so „als ob". Wenn man etwas übt, als wäre es ernst, dann simuliert man.

Smartwatch (S. 99): Eine Smartwatch ist eine elektronische Armbanduhr, die Funktionen hat wie ein Computer.

Sozialstaatsgebot (S. 120): Im Grundgesetz ist das Sozialstaatsgebot verankert (GG Art. 20). Das bedeutet, dass ein sozialer Ausgleich geschaffen werden muss zwischen Arm und Reich und dass Menschen in Notlagen Hilfen erhalten müssen.

Verantwortung (S. 81) bedeutet, dass man die Pflicht hat, in bestimmten Situationen dafür zu sorgen, dass das Richtige und Notwendige getan wird. Jeder von uns hat zum Beispiel eine gewisse Verantwortung gegenüber der Umwelt und seinen Mitmenschen.

Virtual Reality (S. 42): VR-Brillen sind kleine Monitore, die in eine Art Brille montiert sind und die man vor den Augen trägt. Der Betrachter hat den Eindruck, sich in dem dargestellten Raum zu bewegen.

Stichwortverzeichnis

Allgemeinzustand 139
Arbeit 4.0 12
Arbeitslosigkeit 28, 118

Banken 92
bargeldlos bezahlen 94, 100
Berufsausbildungsvertrag 66
Berufsberatung 60
Berufsfachschule 39
Berufsvorbereitungsjahr 40
Beschäftigungsverhältnisse 26
betriebliche Grundfunktionen 76
Bewerbung 52

Digitalisierung 13
duale Ausbildung 34

Erwerbsarbeit 10

Fortbildung 42

Globalisierung 17

Jugendarbeitsschutz 70

Kaufkraft 124
Konjunktur 118
Kostenkalkulation 141
Kredit 110
Kreditinstitute 90

Marktwirtschaft 116
Mindestanforderung 138

Nanotechnologie 23
Nichterwerbsarbeit 11

Personal 78
Projektprüfung 132

Qualifikation 24
Qualität 166
Qualitätsmanagement 167, 169
Qualitätssicherung 168

soziale Marktwirtschaft 116
soziale Sicherung 120
soziale Verantwortung 82
Sparen 106

Tertiarisierung 20
Überschuldung 111

Verwaltung 77
Vollbeschäftigung 118

Werkstoff 22
Wirtschaftsordnung 116
Wirtschaftswachstum 123

|adpic Bildagentur, Köln: B. Leitner 109 o. li. |akg-images GmbH, Berlin: 12, 72 o. 2. |Alamy Stock Photo, Abingdon/Oxfordshire: ART Collection 70 Rs. |Bayerisches Staatsministerium für Umwelt und Verbraucherschutz, München: Verbraucherportal Bayern vis. bayern.de 163. |Bertelsmann Stiftung, Gütersloh: Stifterverband Monitor Unternehmensengagement 2018 83 re. o., 83 re. u. |Berufsgenossenschaft Energie Textil Elektro Medienerzeugnisse (ETEM), Köln: 165 o. re. |bpk-Bildagentur, Berlin: 12 o. 1. |Bundesagentur für Arbeit, Nürnberg: 34, 58, 58 o. re., 58 u. re., 59 o. re., 59 u. li., 59 u. re. o., 60 u.; www. planet-beruf.de 53. |Bundesministerium für Familie, Senioren, Frauen und Jugend, Berlin: 39 o. re. |Colourbox.com, Odense: 157 u. re.; Amikishiyev, Elnur 34 li.; S. Gnatiuk 72. |Consumenta.de, Nürnberg: 155 u. |ddp images GmbH, Hamburg: Schlüter, Jens 58 o. Mi. |DIHK Deutscher Industrie- und Handelskammertag e.V., Berlin: 59 u. re. u. |DIN-Deutsches Institut für Normung e.V., Berlin: 166 u. re. |DIQZ | Deutsches Institut für Qualität & Zertifizierung GmbH, Kiel: 167 u. li. |Dörfler, Roland, Bayreuth: 61 o. li. |Drescher, Heinrich, Münster: 25, 46, 47 u., 48, 57 o. li., 57 o. re., 164 o. |Druwe & Polastri, Cremlingen/Weddel: 74, 91 u. o. |EURO Kartensysteme GmbH, Frankfurt am Main: 97 Rs. o., 97 Rs. u., 97 re. Mi., 97 re. u., 105 o. re. |Europäische Kommission, Berlin: 84 Rs. o. |Fischer, Martina, Hollfeld: 44 Rs., 44 o. li. |Forest Stewardship Council (FSC) Deutschland, Freiburg: 84 Rs. u. |fotolia.com, New York: 11 o. li., 16, 49 u., 163 re. 1; Alterfalter 24 Mi. Mi.; Atkins, P. 29 o. re.; Bartussek, Ingo 90 u. re. 1; blende11. photo 107 o. li.; bluedesign 108 o. li.; bluedesign/Boehmer, Oliver 114 li.; by-studio 72; Coloures-pic 105 o. li.; contrastwerkstatt 71 Rs. Mi., 78 o. li., 85 o. 4, 113 o. li. re.; detailblick 3, 32 u., 90 u. re. 4; dispicture 87 u. re.; dp@pic 74 o. li.; drubig-photo 110 o. li.; ehrenberg-bilder 36 re. 2, 36 re. 3; Emin Ozkan 152; euthymia 151 o. li.; eyewave 158 o. li., 162; FM2 7 o. Mi.; Föger, Reinhold 22 u. li. u.; fotogestoeber 115 re.; G. Sanders 10; Helix 113 o. li. li.; Herrndorff, M. 28 o. Mi.; I. Kruk 101 o. re.; industrieblick 110 o. Mi.; Jansa, Thomas 72; JiSign 14 u. re. o.; Kara 14 u. li., 29 o. li.; Kenishirotie 105 o. Mi.; Kneschke, R. 91 u. u.; Kneschke, Robert 50 o. li.; Liddy Hansdottir 7 Rs. 2; M. Schuppich 94 re. o.; Mainka, Markus 152 u. re. Mi.; Mindwalker 128 o. li.; Pfluegl, Franz 107 o. re.; Picture-Factory 90 u. re. 2; rdnzl 72; Rido 79; Sanders, G. 111 o. re.; SBH 153 Rs. u.; selensergen 7 o. re.; Simsek, Emir 93 u.; Trueffelpix 7 o. li., 148 o. re.; Vinten, Paul 110 o. re.; Wylezich, B. 54 o. li.; © Martina Berg 139 u. li. u. |Franke-Media.net, Leipzig: © Kreditkarte.net 99 re. 4. |Handwerkskammer für Oberfranken, Bayreuth: 23 o. re. |Handwerkskammer Oldenburg, Oldenburg: Ritzmann, Thorsten 43 u. |Holz von Hier gGmbH, Creußen: 169 u. re. o. |IHK Köln, Köln: Abdruck mit freundlicher Genehmigung des Deutschen Industrie- und Handelskammertages e.V. 67 o. |Imago, Berlin: masterpress 61 o. re.; Rainer Unkel 97 re. o.; Westend61 122. |iStockphoto.com, Calgary: 40 o. Mi.; 97 161; AJ_Watt 104 o. li.; AndreyPopov 169 o. re.; AntonMatveev 19 u. li.; aydinmutlu 167 Rs. u.; BrianAJackson 77 o. re.; Claudiad 47 o. li.; Clerkenwell 67 u.; danishkhan 17 o. li.; Debenport, Steve 58 o. li.; DHuss 153 o. li.; dusanpetkovic 45 o. re.; Filipovic018 154 u. li.; fmajor 156 o. re.; FotoDuets 143 o. re.; gilaxia 167 u. re.; gopixa 113 u.; gorodenkoff 85 o. 2; Guzaliia Filimonova 102 o. re.; ImPerfectLazybones 22 u. li. o.; industryview 38 re. o., 40 o. re., 68 li. u.; jacoblund 24 u. Mi.; jaroon 51 o. re. groß; kruwt 85 o. 1; kzenon 39; LewisTsePuiLung 19 u. re.; Mienny 18 re. u. li.; monkeybusinessimages 21 o. re., 34 re.; narvikk 157 o. Mi.; NicoElNino 77 o. li.; nullplus 29 o. Mi.; oversnap 157 o. re.; petrenkod 72 Mi. 4; photovs 169 u. re. u.; Pietryszek, Tomasz 156 u. re. o.; Piotr Wytrazek 169 u. li. u.; Prostock-Studio 77 o. Mi.; SerhiiBobyk 30 u. li.; simonkr 15 o. li.; slpu9945 18 re. o. li.; SQ_Studio 50 u. re. o.; Steve Debenport 148 o. li.; sturti Titel oben, 21 o. Mi., 21 u. li., 64 o. re., 137 o. li., 147 o. re.; style-photographs 69 li. u.; style-photography 24 u. re.; Tero Vesalainen 145 o. li.; TommasoT Titel Mitte, 22 o. li.; Viktor_Gladkov 72 u. li. u.; vizualni 137 u. li.; vm 15 o. Mi.; wakila 21 o. li.; webphotographeer 20 Rs.; wepix 139 u. re.; WichitS 90 o. li.; Wicki58 147 o. Mi.; XiXinXing 10; zazamaza 153 o. re. |Kartographie Michael Hermes, Hardegsen Hevensen: 13 o., 14 o., 20 u. li., 27 u., 96 li. Mi., 98 li. u., 107 u., 117 li., 117 re., 120 u., 160. |Kracke, Burkhard, Hannover: 92. |laif, Köln: David Butow/ReduxRedux 118 o. re. |LIO Design GmbH, Braunschweig: LAYOUTELEMENT 2, 34, 36, 39, 40, 52, 54, 55, 59. |Maier-Reimer, Nicola, Hamburg: 17 u. |Mastercard Europe SPRL, Frankfurt am Main: 2020, Maestro ist ein eingetragenes Markenzeichen und das Kreisdesign ist ein Markenzeichen von Mastercard International Incorporated. 96 Rs. u. |mauritius images GmbH, Mittenwald: age 7 Rs. 1. |Microsoft Deutschland GmbH, München: 114, 143. |Miller, Carla, Unna: 19. |Mithoff, Stephanie, Gehrden: 92. |OKAPIA KG - Michael Grzimek & Co., Frankfurt/M.: Robert Kneschke/Imagebroker 163 li. 1. |ORA Software GmbH, Mannheim: 68 re. |PantherMedia GmbH (panthermedia.net), München: 134 o. li., 151 Mi., 164 u. re. o., 166 o. Mi.; alho007 37 re. 3; AndreyPopov 46 o. re.; bozhdb 37 re. 4; diego.cervo 91 o. re.; GalaStudio 49 u. u.; greenpanther 27 o. Mi.; gufoto 37 re. 2; Ivanov, Aleksei 50 o. re.; Mainka, Markus 72; maron 55; photographyMK 30 o. re.; pp76 79 o. li.; Radiokafka 156 u. re. u.; Randolf Berold 113 o. re.; rclassenlayouts 72 re. u.; richterfoto 37 re. 1; Rukhlenko, Dmitry 109 o. re.; sanneberg 52 o. Mi.; tonsnoei 28 o. re.; tunagaga 46 o. li.; Wavebreakmedia 105 u. |Peter Wirtz Fotografie, Dormagen: 6 u. li., 41 u. 3, 56, 57, 57 u. re. o., 60 o. li., 60 o. re., 63 u., 66, 66, 86, 86, 86 o. Mi., 87 o. li., 87 o. re., 87 u. li., 88 o. li., 88 o. re., 89, 115 li. o., 115 li. u., 133, 158,

159 o. Mi., 159 o. li., 159 o. re. |Picture-Alliance GmbH, Frankfurt/M.: 63 Mi., 163 re. 2; Bildagentur-online/Joko 154 o. li.; dpa Themendienst/ Nolte, Benjamin 156 o. li.; dpa-infografik 12 u., 16 o. re., 20 u. re., 94, 104, 106 u., 116 li., 118 u., 119, 121, 123 re. o., 123 re. u., 125; dpa-infografik GmbH 124 u., 165 u.; dpa/ Kalaene, Jens 154 o. re.; dpa/dpaweb/Nestor Bachmann 71 o. re.; dpa/F. Rumpenhorst 8 o. re.; dpa/Gebhard, Andreas 81 o. li.; dpa/Maurer, Daniel 167 o. li.; dpa/Peter Steffen 85 o. 3; dpa/R. Jensen 20; dpa/Weigel, Armin 20 o. re.; epa Phototex 71 Rs. o.; imageBROKER/ Rosseforp 24 u. li.; Imaginechina/Gao yuwen 17; Kurt Zarski 24 o. li.; MTI/AP Photo/ Csaba Krizsan 16 o. li.; Schmidt, Hendrik/dpa-Zentralbild 32 o. re.; Stratmann, Oliver 140 o. li.; SZ Photo/Rumpf, Stephan 136 o. li.; Ulrich Baumgarten 59 o. li.; ZB/ Kalaene, Jens 157; ZB/Kalaene, Jens 63 o.; ZB/P. Pleul 26 o. re.; ZB/ Thieme, Wolfgang 24 Mi. re. |RAL gGmbH, Bonn: 84 Rs. Mi. |Shutterstock.com, New York: 11 u. li., 11 u. re. li.; Mayuree Moonhirun 160; Monkey Business Images 11 o. Mi.; Nadino 51 u.; rosym 7 Rs. 4. |Singer, Hannes, Isny: 45. |Stiftung Neanderthal Museum, Mettmann: 92 o. li. |Stiftung Warentest, Berlin: 151 re., 155 o. Mi.; M. Sauerbrey 155 o. re. |stock.adobe.com, Dublin: 88 u. re. 1, 88 u. re. 4, 103 o., 163 re. 3; . shock 44 o. re.; 1000 Words Photos 135 li.; AdKrieger 81 o. re.; adzicnatasa 114 re. u.; Africa Studio 6 o. li., 93 o. li., 164 u. li. u.; alephnull 22 o. Mi.; Alexander 157 u. li.; amino2003 95 o.; amnaj 72 li. 2; andrey gonchar 50 u. re. u. li.; AntonioDiaz 129, 139 u. li. Mi.; Anut21ng Photo 70 o. re.; Armyagov, Andrey 24 Mi. li.; ArTo 140 o. re.; Atkins, Peter 90 u. li.; Atstock Productions 50 u. re. u. re.; auremar 65, 147 o. li.; bakhtiarzein 167 o. re.; bedya 42 o. li.; beermedia 145 u.; benjaminnolte 163 re. 4; Berkmann, Daniel 98 li. o.; BERLINSTOCK 138 u. re. u.; bierwirm 158 o. re.; Birkelbach, Sonja 21 u. re.; bit24 18 li. re.; bluedesign 5 u., 128; Brown, Michael 120 li.; Buehner, Matthias 139; ColouresPic 128, 164 u. li. o.; contrastwerkstatt 82 re. re.; Daisy Daisy 123 li.; Dan Race 112 o. re.; davooda 88 u. re. 2; Dierks, Janina 132; Dmitry Vereshchagin 30 o. li.; dobok 101 o. li.; DOC RABE Media 3, 8 u., 27 o. re., 90 o. re.; Drobot Dean 41 u. 6; drubig-photo 136 o. re.; Edler von Rabenstein 102 Rs. u.; ehrenbergbilder Titel unten, 36 re. 4; Elnur 150 o. li.; elxeneize 140 o. Mi.; Eppele, Klaus 141 o. li.; eric 51 o. Mi. klein; Ernst, Daniel 26 o. li., 43 o. li., 49 o. li., 49 o. re.; estradaanton 69 re. u., 110 u.; fatihyalcin 168 re.; fireofheart 76; Firma V 82 re. li.; fizkes 100 u., 169 u. li. o.; flairimages 47 o. re.; fotoman1962 44 o. Mi; Gelpi 38 li. 1, 41 u. 1; georgejmclittle 24 o. re.; golubovy 12 o. 3; goodluz 29 u. li. u., 30, 82 li. o.; Gorodenkoff 23 u., 36 re. 1; grafikplusfoto 41 u. 5, 57, 57 u. li. o.; hanohiki 139 o. li., 146 o. li.; hans12 141 o. re.; hansenn 77 u.; Have a nice day 35 li., 38 li. 2, 41 u. 2; Honcharuk, Valerii 9; Hüttenhölscher, Jörg 140 u.; ii-graphics 93, 93 u., 113; ijeab 130 o. li.; Ilshat 51 o. li. groß; industrieblick 22 u. re., 28 o. li., 32 o. li., 40 o. li., 42 o. re., 163 li. 3; ivandanru 168 li.; JackF 33; Jackson, Brian 52 o. li., 106 o. li.; jariyawat 102 o. li.; Jongsirikul, Narong 15 o. re.; K. Thalhofer 76 o. Mi.; Kadmy 166 o. li.; kasto 45 o. li.; Kneschke, Robert 4, 10 o. li., 42 Rs. u., 74 u., 78 o. re.; Kris Tan 71 Rs. u.; Kurhan 80 o.; Kzenon 11 o. re.; lado2016 124; lagom 135 Mi.; lassedesignen 51 o. re. klein; LIGHTFIELD STUDIOS 27 o. li.; Ljupco Smokovski 136 u.; LStock-Studio 29 u. li. o.; Lucian_3D 112 o. li.; Lucky Dragon 24 o. Mi.; luismolinero 142 o., 144 o. li.; Lund, Jacob 35 re., 41 4; M. Schuppich 145 o. re.; M.Dörr & M.Frommherz 8 o. li.; m. mphoto 107 o. Mi.; markobe 138 o. re.; mavoimages 28 u., 163 li. 4; Meeerkat 102 re. o.; merklicht.de 112 u. li.; metamorworks 103 Rs. 2; mikele 137 o. re.; mirkomedia 54 o. re.; monami88 169 o. li.; Monkey Business 130 o. re.; motortion 6 o. re.; MQ-Illustrations 108 o. re.; nastyaofly 23 o. li.; New Africa 106 o. re., 139 u. li. o.; Ngampol 72 li. o.; nmann77 3, 64 u.; oatawa 79 o. re.; olly 7 Rs. 3; Onidji 23 o. Mi.; Palej, Patrick P. 12 o. 4; Pallavi 51 o. li. klein; pathdoc 80 u.; Photographee.eu 38 li. 3, 71 o. li.; photophonie 100 o. re.; picoStudio 152 o.; Picture-Factory 52 o. re.; Pixel-Shot 18 re. o. re., 26 o. Mi.; pololia 51 o. Mi. groß; Popov, Andrey 14 u. re. u., 95 Mi.; prakasitlalao 22 o. re.; Pro Vector Stock 88 u. re. 3; Ralf Kalytta 96 li. u.; Raths, Alexander 150 o. re.; rcfotostock 84 o., 91 o. li.; rh2010 82 li. u.; runzelkorn 146 o. Mi.; Ryzhov, Sergey 76 o. re.; Schmitt, Henry 20; sculpies 43 o. re.; Sergey Ryzhov 29 u. re.; sergojpg 153, 162; Seybert, Gerhard 56 o. re.; shkliarov 161; starsstudio 134 o. re.; Stockfotos-MG 64 o. li; stockpics 95 u.; strichfiguren.de 66 u. re.; sucharat 37 li.; Supinskaya, Mila 69 li. o.; sveta 70 o. li.; Svetlana 18 li. li.; svetlana_cherruty 18 re. u. re.; T. Michel 94 li. o.; tanyapoorin3597 166 o. re.; ToonPang 138 u. re. o.; Torbz 112 u. re.; tostphoto 76 o. li.; valiza14 75; Vasyl 69 re. o.; vector_v 103 Rs. 3; VectorShop 166 Rs. u.; vegefox.com 150 u. re. u.; Viacheslav Iakobchuk 11 u. re. re.; victor zastol'skiy 138 u. li.; Waler 68 li. o.; Wayhome Studio 135 re., 146 o. re.; weerapat1003 100 o. li.; WoGi 103 Rs. 1; Wylezich, Björn 150 u. re. o., 152 u. re. u., 162; Yakobchuk Olena 164 u. re. u.; Zerbor 54 o. Mi.; zyabich 42 o. Mi. |Süddeutsche Zeitung - Photo, München: Rumpf, Stephan 143 o. li. |toonpool.com, Berlin, Castrop-Rauxel: Marcus Gottfried 144 o. re. |TÜV SÜD AG, München: 165 o. li. |vario images, Bonn: 90 u. re. 3. |Verbraucherschutzministerium Rheinland-Pfalz/PCK, Mainz: 154 u. re. |Verbraucherzentrale Bayern e.V., München: 103 Rs. 4. |VISA Europe Service Inc., Frankfurt: 96 Rs. o. |Wolters-Design, Braunschweig: 120 o. Mi.